CITIZENSHIP

AND

MORAL
EDUCATION

VALUES IN ACTION

本书得到教育部"思想政治教育中青年杰出人才支持计划"
武汉大学自主科研项目（人文社会科学）资助

ROUTLEDGE
Taylor & Francis Group

公民身份
与道德教育

行动中的价值观

〔英〕**J. 马克·霍尔斯特德** (J. Mark Halstead)　／著
〔英〕**马克·A. 派克** (Mark A. Pike)

杨威／译

社会科学文献出版社
SOCIAL SCIENCES ACADEMIC PRESS (CHINA)

Citizenship and Moral Education: Values in Action 1st Edition / by J. Mark Halstead and Mark A. Pike / ISBN: 978 – 0415232432

Copyright© 2006 J. Mark Halstead & Mark A. Pike

好公民抑或好人？

——当代西方学校价值教育的路径与困境

（代译序）*

杨　威

对学生价值观发展的关注和价值教育的复兴，是新世纪西方学校德育所呈现出来的一个新特点。价值教育总是包含着对个体之善和社会之善的价值承诺，旨在使学生内化和实践这些价值观。个体之善，关涉人的德性、品格；社会之善，关涉社会的公共秩序、伦理规则。有关个体之善的教育，涉及价值教育中道德教育、品格教育的面向，其目标是让学生做一个"好人"；有关社会之善的教育，涉及价值教育中政治教育、公民教育的面向，其目标是让学生做一个"好公民"。近年来，西方价值教育呈现出两种不同的趋势，即以美德伦理学为基础的品格教育和以民主价值为基础的公民教育。[①] 前者主张发展诸如正直、诚实、忠诚等道德品格来彰显个体之善，后者强调培育自由、公正、宽容等公共价值观来建构社会之善；前者以塑造好人作为价值教育的使命，后者以培育好公民作为价值教育的目标；前者主张以品格教育来丰富价值教育的道德意蕴，后者着重用公民教育拓展价值教育的政治功能。这两种价值定位和路径选择的分野和冲突，构成了当代西方学校价值教育的基本特征，也折射出当代西方学校价值教育的内在困境。

---

* 原文刊发于《外国教育研究》2016 年第 6 期，本次出版时略有改动。

① T. McLaughlin and J. M. Halstead, *Education in Morality*, London：Routledge. 1999, pp. 137 – 138.

一 促进学生价值观发展的公民教育路径

公民教育在西方有着悠久的历史，担负着传承政治文化、为公共政治生活培育良好公民的职能。20世纪下半叶以来，随着西方各国政治结构的转型和公共文化的变迁，公民教育逐渐被引入学校教育中。从价值教育的角度而言，公民教育除了具有传授公民知识、培养公民技能的作用，还承载着促进学生参与公共政治生活，形成积极公民所需的各种价值观、态度、品性等价值意蕴。因此，以塑造好公民为价值取向的公民教育，就成为当代西方学校价值教育的一种基本路径。

1. 为了公民身份的教育：公民教育的价值向度

公民教育的目标包含三个主要方面：一是塑造知识丰富的公民；二是塑造负责任的积极公民；三是塑造自主的、具有批判性思维能力的公民。第一个目标仅仅指向公民知识教育，是有关公民身份的教育（education about citizenship），它不牵涉价值议题，因此较少有争议。传统公民教育主要采取的是知识授受模式，传授有关政府、个体权利的知识，这一模式在宪法、历史、社会研究等公民学课程教学中得到了突出体现。20世纪中叶，这种"价值无涉"（value-free）的公民教育模式较为流行。

但是，公民教育不同于一般知识技能教育的一点，在于它总是面向公共生活和公共行动，而在这个领域总是充满着各种复杂的价值议题和价值选择，仅靠教室中的公民教育是不能发展支撑积极公民所需的参与技能和习惯态度的。霍尔斯特德等人认为，在公民教育中，目标的选择都包含着或显或隐的价值判断，价值观渗透到公民教育的各个方面。教师必须关注这些核心的自由价值观，仔细思考，展开讨论，理解其实践意义，最后使它们成为支撑教学的价值依据，并将之传递给孩子和年轻人。① 这就必须超越传统的知识授受模式，发展一种融合知识、技能、价值观、行为品质等

---

① J. M. Halstead and Mark A. Pike, *Citizenship and Moral Education—Values in Action*, London: Routledge, 2006, p. 23.

为一体的新公民教育模式，即为了公民身份的教育（education for citizenship）。这种模式既要发展政治认知能力，而且要培育公共价值观和社会责任感，促进社会参与，是一个包含着传授政治知识和技能、处理价值议题和冲突、培育政治态度和公共精神、提升政治行为能力的整体。当代西方公民教育的一个发展趋势，就是更加强调公共价值观、社会责任感的培育，通过课程教学、审议对话、冲突解决、合作学习、社会参与等多种形式，促进学生对公共生活中的价值议题进行批判性思考。因此，公民教育内在地包含着公民价值观的向度，公民教育与价值教育之间具有内在的关联。

2. 政治自由主义：多元民主社会公民教育的价值指针

既然公民教育不可能是价值无涉而是充满着价值负荷（values-laden）的，那么面对当代西方公共生活中不断激化的党派对立、日益庞杂的意识形态光谱、相互冲突的价值观念，学校公民教育应该秉持何种价值立场？多元社会的公民教育应该建立在何种价值理念基础上？一个好公民应该具有什么样的价值观？这就成为困扰当代西方公民教育的价值难题。

在当代英美资本主义国家，许多学者纷纷从政治自由主义的立场来寻找支撑公民教育的价值依托。有学者认为，公民在一起共同生活需要一种共享的政治和公民价值观，政治自由主义能够提供这种价值框架，它可以在不侵犯个体自由的框架下使公民去追求各自善的观念。[1] 作为当代西方社会的主流政治哲学，政治自由主义的一个基本立场就是限制国家权力，捍卫个体权利和自由，特别是公民选择某种价值体系和生活方式的自由。政治自由主义在私人生活领域和公共生活领域、个体自由与国家权力之间进行了严格区分，同时也在个体价值观与公共价值观之间进行了理论切割，将个体价值观从公共价值观中独立出来，并赋予其优先地位。从政治自由主义的视角看，私人价值观是更加基本的"善观念"，它同公共价值观的最大不同，就是很难形成一种每个人都能接受的客观基础，具有不可通约性。而政府和国家必须采取一种中立立场，容许这些不同私人价值观共存，这

---

[1] J. M. Halstead and Mark A. Pike, *Citizenship and Moral Education—Values in Action*, London: Routledge, 2006, p. 166.

是对民主社会文化差异性和多元性的尊重。因此，言论和精神信仰的自由、价值判断和选择的自由，在美国被认为是宪法所认定的、不可侵犯的公民权利。任何公共机构和教育者都不能以牺牲这种权利为代价，去推行和传授某种价值观。这一理念为美国公共教育确立了宪政框架、法理边界，同样也成为当代美国公立学校价值教育不可逾越的"红线"。政治自由主义认为，什么是个体之善、什么是好的生活方式、如何做一个好人等，这些都是私人领域的问题。公立学校作为公共机构试图去干涉和影响学生的私人价值观，不仅在事实上是不可能的，而且在法理上也是与宪政原则相违背的。在政治自由主义理念指导下的公民教育，对公民的个体价值观采取存而不论和冷漠中立的立场，主张在宪政、正义的基本框架下发展对多元个体价值观的理解和宽容。简言之，公民教育并不要求学生必须做一个"好人"，它将私人价值观、个体之善的问题排除在外。

在政治自由主义框架下的公民教育，将个人价值观的问题交给个人，着重在学校中发展学生对某些公共价值观的承诺以及获得相应的公民美德。卡兰认为，如果教育要使学生成为公民，就必须帮助他们获得推动民主体制繁荣发展的公民美德和习性。① 而构成公民美德和习性的价值观，不是传统意义上的私人价值观，而是与民主宪政体制相匹配的公共价值观。麦考林认为，公共价值观是所有人最基本和不可逃避的价值观，这些价值观根植于法律中，通过权利的形式表达出来，包括诸如自由言论和公正等基本的民主原则。而在霍尔斯特德看来，这种共享和公民价值观主要有三个：自由、平等和理性。个体自由是满足个体欲望的自由，平等强调如何处理与他人的关系，理性提供了解决冲突的基本原则。② 总体来说，民主、多元主义、权利、私人领域与公共领域的区分、保护私有财产等政治与法律价值观，集中体现着政治自由主义在公民身份方面的价值立场。鼓励学生发展对这些公共价值观的忠诚，培育有助于公共价值观发展的公民美德和习

---

① E. Callan, *Creating Citizen: Political Education and Liberal Democracy*, Oxford: Clarendon Press, 1997, p. 35.

② J. M. Halstead and Mark A. Pike, *Citizenship and Moral Education—Values in Action*, London: Routledge, 2006, p. 28.

性，也成为当代英美自由主义公民教育理念的价值内核。

3. "不道德"的"好公民"：自由主义公民教育的悖论

自由主义公民教育以公共价值观为中心，意图在民主宪政、多元平等的政治原则和框架下为民主社会塑造良好公民，却将宗教信仰、人生价值、个体品格等私人意义世界放逐在公共教育之外。这种政治中立的立场，虽然以捍卫个体良心自由为圭臬，但是却在事实上造成了个体价值观在公民教育中的缺席。在当代自由主义公民教育中，个体之善与公共之善彼此割裂，"好公民"与"好人"彼此分离。这就产生了一个悖论：自由主义公民教育只允诺了"好公民"，却不期望造就"好人"；一个在公共生活中达致了政治之善的好公民，却不一定在私人生活中是一个好人；一个遵从了基本宪政原则和法律等"义务性价值观"（obligatory values）的好公民，不一定能够成为主动履行"分外之善"等"非义务性价值观"（non-obligatory values）的好人。一个好公民却并不一定是一个好人，政治上正确的个体不一定是道德的，自由主义公民教育在这个悖论中遭遇了理论和实践中的"阿喀琉斯之踵"。

导致这一悖论产生的根源，在于政治自由主义将私人道德价值观从公共政治生活中剥离的立场，这使得好公民与好人、公民教育与道德教育相互背离。在政治自由主义理念支撑下的公民教育，将公共政治生活与私人道德生活进行了切割，使政治伦理和私人道德分离开来，只为人们提供公共政治生活的基本价值原则和行为规范，却不提供日常私人道德生活中必要的价值指针和行为范式。自由主义虽然为学校公民教育提供了政治哲学的基础，却并没有提供一套系统的伦理学理论。事实证明，这种政治中立和道德无涉的公民教育路径，并不能为现代社会人们的道德生活、个体的品格修养提供充分的价值支撑。

很多学者开始反思这种拒绝道德价值观的公民教育理念的弊端。托尼认为，在公民教育和道德教育之间确定一个精确的界限是困难的。"道德教育和公民教育都是从属于价值教育这一更大范畴的下位概念。"[①] 克里克认

---

① J. Torney-Purta, "The Connections of Values Education and Civic Education. The IEA Civic Education Study in Twenty Countries," Paper presented at the Journal of Moral Education Conference, University of St Martin, Lancaster, 1996.

为，"任何不以道德价值观和推理为基础的公民教育都将是机械的和令人厌烦的，甚至是危险的"。① 霍尔斯特德对此进行了更加深刻的思考："如果说公民教育所处理的价值观主要是社会的公共价值观的话，那么道德教育则不仅要处理公共价值观而且还要处理私人美德和品格特质。道德教育的目标是要帮助儿童分辨对错，教他们成为好人，使他们合乎道德地行动。价值教育如果只是关注政治和公民价值，是不平衡的。儿童如果想成为成熟的、有知识的、忠诚的、具有批判精神的道德主体，能够面对日常生活中的道德挑战，他们还必须有机会去学习有关个人的道德价值观。道德教育因此是一种平衡公民教育的必要方式，它能够为判断法律和政治决策提供合理的伦理基础。"②

正是因为公民教育对于价值教育是不够的，需要用道德教育来进行平衡，于是以发展学生道德价值观为中心的品格教育路径应运而生。

二　促进学生价值观发展的品格教育路径

凯尔认为，自由主义公民教育有一个重要的缺漏，那就是它没有告诉人们一个人应该如何生活，或者应该成为什么样的人。美德则替代自由主义理性道德观成为核心。③ 根据这个观点，道德教育力图发展某种可欲的个体品质，使学生成为某种类型的人，这就是品格教育。品格教育着重关注个体道德价值观、道德品格的发展，主张向学生传递并使之内化某种特定的社会价值观，从而培养特定的道德品格和素质。这与自由主义公民教育对个体价值观存而不论、拒绝对个体道德价值观施加教育影响的理念，形成了鲜明对比，成为西方学校价值教育的第二种路径选择。

---

① B. Crick, "Values Education for Democracy and Citizenship," in D. Christie, H. Maitles and J. Halliday (eds.). *Values Education for Democracy and Citizenship*, Aberdeen: Gordon Cook Foundation, 1998, p. 19.

② J. M. Halstead and Mark A. Pike, *Citizenship and Moral Education—Values in Action*, London: Routledge, 2006, p. 166.

③ D. Carr, *Educating the Virtue: An Essay on the Philosophical Psychology of Moral Development and Education*, London: Routledge, 1991, p. 57.

1. 品格的回归：唤醒对个体道德价值观的关注

20 世纪 80 年代以来，从美国兴起的新品格教育运动逐渐影响了整个西方世界。道德价值观的失落和个体道德品格的沉沦，是品格教育运动持续得到关注的重要原因之一。而品格教育运动支持者们对于当代西方道德问题和学生品格问题的价值诊断，也为反思自由主义公民教育的弊端提供了理论启迪。艾齐厄尼认为："品格的衰落特别是对社会价值观的冷漠和拒绝，成为暴力犯罪、毒品泛滥、违法、滥交、社会歧视、学业成绩下降等社会问题产生的重要原因。塑造品格是坚守价值观的根本。如果没有品格教育，仅仅知道什么是正当，是无法将价值观付诸实践并将其融入生活中的。"①艾伯利则从美国文化价值观念的变革、社会品格文化的塑造等角度论述了品格教育的重要意义。他指出："品格的概念如果总得不到认可和肯定，那么它在文化中的缺席必然导致社会的粗俗和暴力。传授价值观是文明传承的重要部分，这意味着整个社会必须承担起这个艰巨的任务。品格之花不可能在拒绝承认个体道德之社会意义的纵欲主义文化中绽放。重塑品格也不是个人的事情，而是家庭、学校、教会、公民团体、社会组织、政府等机构的共同职责。"②

品格教育运动对品格的呼吁，从政治立场上看，体现了对政治自由主义在个体道德价值观上放任自流态度的批判，而从教育立场上看，则蕴含着对自由主义公民教育放逐个体道德品格弊端的反思。品格教育运动的支持者，意识到发展个体道德价值观以及塑造个体品格对于矫正自由主义公民文化和公民教育的弊端以及提升社会道德水平的重要意义，并且力图在学校教育中将道德价值观转化为学生的品格。

2. 将道德价值观转化为品格：品格教育的价值意蕴

将社会道德价值观转化为个体品格，是品格教育的主旨。品格教育不仅对支撑品格的社会共同价值观、核心价值观，进行了探索、厘定，而且

---

① Amitai Etzioni, "A Communitarian Position on Character Education," in William Damon (ed.), *Bring in a New Era in Character Education*, Stanford：Hoover Institution Press, 2002, p. 115.

② Don E. Eberly, *The Content of America's Character—Recovering Civic Virtue*, New York：Madison books, 1995, p. 1.

主张将这些实质性的价值观贯穿在具体的价值教学中。与自由主义公民教育在个体道德价值观上秉持中立的立场不同，品格教育明确厘定了支撑个体品格的道德价值观，而这种道德价值观总是与社会共同价值观（common values）、核心价值观（core values）、共享价值观（shared values）联系在一起。

品格教育第一个基本信念，是认为存在着"广泛共享的、客观的、重要的核心伦理价值观……这是形成良好品格的基础"。[①] 艾伯利指出："所有的价值观并非如自由主义者所宣称的那样都是平等有效的，只有某些道德的诉求才是合理的。"[②] 英国著名学者莫妮卡·泰勒也认为："教育不可能也一定不能是价值无涉的，共享价值观必须居于每个学校教育和宗教政策的中心，它必须通过课程、学生和教师的行为模式、日常的师生互动不断得到促进。"[③] 很多学者对这些核心价值观进行了厘定。里克纳主要将尊重和责任作为核心价值观；关注品格计划（character counts）主要关注信赖、尊重、责任、公平、关心和公民身份等核心价值观；品格教育伙伴计划（character education partnership）主要关注公平、诚实、同情、责任感、自尊、尊重他人等核心价值观。[④]

品格教育的第二个基本信念，是认为："如果教师不通过一种直接和毫不含糊的方式向孩子们提出这些核心伦理价值观，那么在道德滑坡和反社会行为不断严重的形势下，这就是一种失职行为。"[⑤]因此，品格教育主张教授美德（而不是有关美德的知识），塑造积极的、忠诚的公民和道德主体，并且通过直接的指导来达到这些目标。里克纳认为，公民和道德品格方面

---

① T. Lickona, "Eleven Principles of Effective Character Education," *Journal of Moral Education*, 1996（1），pp. 93 – 100.

② Don E. Eberly, *The Content of America's Character—Recovering Civic Virtue*, New York: Madison Books, 1995, p. 19.

③ Monica J. Taylor, "Voicing Their Values: Pupils' Moral and Cultural Experience," in J. Mark Halstead and Monica J. Taylor, *Values in Education and Education in Values*, London: The Falmer Press, 1996, p. 125.

④ J. S. Fishkin, *Beyond Subjective Morality*, New Haven: Yale University Press, 1984, p. 123.

⑤ W. J. Bennett, *The Books of Virtues: A Treasury of Great Moral Stories*, New York: Simon and Schuster, 1993, p. 56.

的指导，只有以系统和显性的形式呈现出来的时候，才是最有效的。他还在实践中"寻求一种直接或间接地传授道德价值观的方法，将这些价值观转化为实践从而发展品格"。①

由此可见，品格教育明确地表达了对品格与特定社会道德价值观之间的血肉联系，并且将传授道德价值观作为涵养品格的重要内容，这就赋予了品格教育以鲜明的价值指向和浓厚的道德意蕴。

3. "好人"教育的潜在威胁：不可扩展的品格教育

品格教育以形塑品格、培育美德为中心，力图克服自由主义公民教育在学生个体道德观上无所作为的弊端。但是，这种"好人"教育在西方多元民主政体和主流意识形态的架构下，却遭遇了激烈的批判。

风靡于美国的新品格教育运动，在文化上祭起了传统价值观、家庭价值观、宗教价值观的旗帜，要求公立学校、教师在传递这些价值观中发挥更积极的作用。这种文化立场和教育立场，遭到了自由主义左派的激烈反对。很多持有自由主义立场的政治家和学者认为，品格教育实际上是保守主义政治议程在公共教育领域里的延伸。他们认为，这种企图通过定义社会核心价值观来操控意识形态话语霸权的教育理念，非但不是治疗当下社会道德问题的解毒剂，反而会对公民的良心自由和批判性思考带来巨大威胁。当品格教育被定义为一种教条式、灌输式和非反思的活动时，品格教育和公民教育之间的紧张就产生了。

英国学者麦考林和霍尔斯特德等人将美国的新品格教育称为"不可扩展的品格教育"（non-expansive character education）。他们认为，这种品格教育之所以是不可扩展的理由如下：一是它错误地将社会和道德堕落的原因归于个体以价值观为基础的行为，却忽略了社会环境的影响；二是在核心价值观的伪装下，这种品格教育方法提供了一种特定的也是保守的道德观点，忽略了善观点的多样性，贬低了心灵的开放性；三是对核心价值观没有很好地进行定义，缺乏一种综合的理论框架来对核心价值观进行融会贯

<hr>

① T. Lickona, "A Comprehensive Approach to Character Education," in Don E. Eberly (ed.), *The Content of Character: Recovering Civic Virtue*, New York: Madison Books, 1995, p.142.

通的解释；四是道德服从压倒了判断、推理和独立批判等多样化的教育目标；五是很多品格教育计划在实践中并没有发展出有效或系统的教学法。规劝和傲慢掩盖了不充分的教育实践。① 这些批评，较为全面地分析了当代美国品格教育运动在理论和实践方面的缺失，也揭示了这场运动表面繁荣背后隐藏的危机和停顿不前的深层原因。

正是因为品格教育在意识形态和价值观方面缺乏自由主义式的"弹性"，在教育理念和方法方面缺乏对个体价值思维和选择能力的尊重，因而在持守自由主义公民教育立场的西方学者看来，这种品格教育是"不可扩展"的，同时也是保守的。

三　两种价值教育路径的分歧与冲突

公民教育与品格教育这两种路径的分野甚至对峙，是当代西方价值教育中一个奇特的现象。这背后的原因，值得我们深思。

1. 公民教育与品格教育的主要分歧

公民教育与品格教育之间的分歧主要体现在以下几个方面。

第一，对道德价值观、政治价值观与个体品格之间关系的理解不同。公民教育基于私人领域和公共领域的界分，认为个体道德价值观、品格与公共价值观、政治伦理之间不存在必然的联系，主张将道德价值观、个体品格排除在公民教育之外，重点关注政治价值观的培育。例如，古特曼认为，民主价值观不应该建立在某种道德基础之上，早期道德品格与观点的习得并不是民主价值观形成的动机，而恰好是民主价值观批判的对象。② 而品格教育则认为私人领域与公共领域、道德品格与政治伦理是不能截然分离的，道德价值观是政治价值观和社会价值观的核心与基础，个体品格是公民素养和公共文化健康发展的基石和保障。里克纳认为民主价值观需要

---

① T. McLaughlin and J. M. Halstead, *Education in Morality*, London：Routledge，1999，pp. 142 – 146.

② A. Gutmann, *Democratic Education*, Princeton：Princeton University Press，1999，p. 62.

有某种道德基础，如果没有后者作为保障，民主价值观不可能培育。① 夸克对此总结道：品格教育担心强调一种缺乏道德基础的政治素养和民主技能会使价值教育"政治化"，而公民教育则抱怨品格教育对某种好生活观点的提倡会使价值教育"道德化"。②

第二，公民教育和品格教育强调的重点不同。公民教育更加强调公共政治价值观而不是私人道德价值观，而品格教育更加强调道德价值观和品格塑造。公民教育的内容更多涉及政府、公民理论、历史等知识，程序与社会技能的学习，品格教育中的内容更多涉及道德观念、行为方式和良好礼仪的养成。

第三，公民教育和品格教育覆盖领域和教育时限不同。公民教育主要属于课程领域，尤其在美国，它是社会研究课程或公民学课程的主要组成部分。而品格教育则覆盖了独立课程、学术课程、课外活动、学校氛围、行为管理等学校生活的所有方面。从一般的教育时限看，品格教育更加注重在小学阶段进行，而公民教育普遍在中学阶段进行。

第四，公民教育和品格教育的基本方法不同。公民教育主要包含公民学课程中知识传授、批判性思考与服务性学习两种基本方法，而品格教育则依赖更加多样的方法。美国学者博科维茨等人总结了 33 种有效的品格教育方法。如同辈互动、直接教育、家庭和社区参与、榜样示范和指导、教师参与、校内活动、变革模式、社区服务、服务性学习等，每种具体的方法又有不同的类型。③

2. 公民教育与品格教育的基本价值冲突

好公民与好人作为两种不同的价值教育目标，公民教育与品格教育作为两种不同的价值教育路径，彼此所产生的分歧，源自各自所持的价值立

---

① T. Lickona, *Educating for Character: How Our Schools Can Teach Respect and Responsibility*, New York: Bantam Books, 1991, p. 45.

② Duck-joo Kwak, "Challenges for Values Education Today: In Search of a Humanistic Approach for the Cultivation of the Virtue of Private Citizenship," in D. N. Aspin and J. D. Chapman (eds.), *Values Education and Lifelong Learning*, The Netherlands: Springer, 2007, p. 148.

③ M. W. Berkowitz, and M. C. Bier, *What Works in Character Education: A Research-based Guide for Practitioners*, Washington, D. C.: Character Education Partnership, 2005, pp. 58 – 67.

场存在着根本差异。

品格教育要求一种明确的、共同的、清晰的价值立场作为价值支撑，在西方，这种立场通常是基于宗教和传统道德价值观的。因此，在品格教育模式下，道德价值观教育就成为核心和主要诉求，传授核心价值观与塑造品格之间具有紧密的联系。但是，现代公民教育对公民美德的理解，不是基于某种特定的社会道德价值观念，更反对将某种宗教价值观带入公共教育中，而是倾向于站在各种道德与宗教价值观的外部，在宪政和正义原则的框架下寻求支撑公民美德的公共价值观。公民教育反对以某种道德或宗教价值观作为价值支撑，将价值教育限定在公共美德和基本政治价值观上。它既不与某种传统的、特定的道德价值体系发生联系，也不同意利用公共教育对个体道德生活方式进行干预，强调自主、民主、自决等自由主义政治价值观，力求对现代社会的多元信仰和生活方式保持开放。品格教育则总是力图寻求一种共享的社会核心道德价值体系作为基础，将社会价值观作为个体品格的核心内容，力图覆盖个体的知识、情感、价值观、行为等多个层面，强调品格对于个体社会行为和政治行动的优先性、决定性。因此，品格教育对内体现为对特定社会道德价值观念的内化，对外则表现为对某种特定行为品质的训练，这就必然与公民教育所主张的道德宽容的价值原则和推崇个体自治的教育理念产生冲突。

在品格教育和公民教育的价值光谱中，可以看出道德与政治、社会核心价值观与个体道德价值观、共享价值观与多元价值观的冲突，也可以看到双方寻求价值共识的不同路径。品格教育与宗教、社会、核心价值观具有更紧密的联系，而公民教育则与政治、个体、多元价值观相互呼应。品格教育寻求一种基于道德的、全面的、广泛的价值共识，而公民教育持守一种基于政治的、有限度、中立的价值立场。品格教育的价值立场是最大主义的，公民教育的价值立场是最小主义的；品格教育意图为学校教育勾勒出某种共同价值观，公民教育则始终保持对多元价值观的敏感。在西方社会中，品格教育由于总是与传统的宗教道德价值观之间具有或公开或隐秘的联系，因此被自由主义左派认为具有保守主义的倾向。同时，自由主义公民教育也存在不可摆脱的内在悖论。它对私人领域、个体自决的过分强调，导致了个体价值与社会价值、私人领域与公共领域之间的对立；它在政治价值观上不偏不倚的中立立场，无力解决现实生活中的政治和价值观冲突；它在个体行为上诉诸最低限度的规范约束，使公民教育丧失了个体超越和价值引领的功能。公民教育政治中立和道德无涉的立场，事实上也助长了价值相对主义和道德虚无主义。

四　两种价值教育路径的融合与困境

公民教育与品格教育尽管在基本价值立场和实践操作等方面存在着歧异，但同时也存在着交集。公民教育需要品格教育来提供道德价值观和公民美德的支撑，品格教育需要用现代公民教育的价值理念更新自身的内容和方法体系。无论是在理论研究还是在实践运行中，公民教育与品格教育这两种价值教育的模式都呈现出某种融合的趋势。

1. 公民教育与品格教育的价值关联及互补

尽管自由主义公民教育与保守主义品格教育在价值立场和教育主张方面存在对立，但越来越多的西方学者已经意识到，公民教育与品格教育这两种路径在价值教育中是不能截然分开甚至相互对立的。公民教育需要品格教育，而品格教育要从公民教育入手；公民教育与品格教育之间存在着内在的价值关联。

第一，私人领域与公共领域、私人价值观与公共价值观之间是统一的。自由主义公民教育在私人领域与公共领域、私人价值观与公共价值观之间的切割是有问题的。麦考林指出，不仅在理论上区分公共价值观和私人价值观很困难，而且在实践中区分这两者更加困难。① 当代西方社会，一方面公共领域不断扩张形成了对私人领域的入侵②，另一方面过去很多被认为是

---

① T. McLaughlin, "Public Values, Private Values and Educational Responsibility," in E. Pybus and T. McLaughlin（eds.）, *Values, Education and Responsibility*, St Andrews：University of St Andrews Centre for Philosophy and Public Affairs, 1995, pp. 28 – 31.

② S. Hall, "Multicultural Citizens, Monocultural Citizenship?", in N. Pearce and J. Hallgarten（eds.）, *Tomorrow's Citizens：Critical Debates in Citizenship and Education*, London：Institute for Public Policy Research, 2000, p. 47.

私人领域的议题（如同性恋、堕胎等）现在成为公共议题①，这些都使得公共领域与私人领域之间的界限渐趋模糊，公共价值观与私人价值观在事实上难以分割。近年来，西方很多女性主义者也纷纷批评这种公私领域的划分以及公民教育，集中体现了由男性主导的公共生活的秩序（强调公民责任），但是却贬低了由女性主导的私人生活的价值（强调关心的责任）。② 菲利普斯认为，一个好公民并不意味着一个好妈妈、一个好邻居和一个好朋友。③ 而吉利根、诺丁斯等人则主张用"关心伦理"来打破这种由男性主导的二分模式，在个体的私人生活和公共生活之间架起以"关心"为核心的价值纽带。④

　　第二，个体道德价值观、品格教育与公共政治价值观、公民教育是彼此互补的。正是因为私人价值观和公共价值观之间存在着统一性，所以，品格教育与公民教育在学生价值观发展中也不能各自为政，必须结合起来。霍尔斯特德认为，公共价值观只能够覆盖道德生活的一部分，学生如果不能从公共和私人的视角去处理道德议题，将很难获得一种完整的理解。公共价值观非但不能拒斥道德价值观，反而需要得到后者的支撑。学生不仅需要从内部来理解公民教育，也需要从外部来发展一种对公民的道德批判，道德教育能够从外部为公民教育提供一种可供理解的道德原则和程序。⑤ 夸克认为品格教育与公民教育之间没有本质的不同，只是强调的重点有所差异。它们在价值教育中是互补的，而不是互竞的。公民教育和品格教育之间在知识基础上是最少重合，在技能上部分重合，而在习性上则高度重合。品格教育和公民教育中的行为倾向在很多方面也都是共同的，如公正、诚

---

① I. M. Young, *Justice and the Politics of Difference*, Princeton: Princeton University Press, 1990, pp. 119 - 121.

② V. Foster, "Feminist Theory and the Construction of Citizenship Education," in K. Kennedy (ed.), *Citizenship Education and the Modern State*, London: Falmer Press, 1997, p. 101.

③ A. Phillips, "Citizenship and Feminist Politics," in G. Anderews (ed.), *Citizenship*, London: Lawrence and Wishart, 1991, pp. 85 - 86.

④ S. Sevenhuijsen, *Citizenship and the Ethics of Care: Feminist Considerations on Justice, Morality and Politics*, London: Routledge, 1998, p. 99.

⑤ J. M. Halstead and Mark A. Pike, *Citizenship and Moral Education—Values in Action*, London: Routledge, 2006, p. 119.

实、责任感、平等等。很多品格教育的技能能够作为个体社会情绪管理的技能运用到公民教育中。① 从本质上看，自由民主社会都要求培育其公民具有某种特定的道德和公民价值观，同时也要求具有某种特定的美德。公民品格是民主社会的基石。因此，公民教育需要品格教育作为基础，并且以此作为起点；公民教育要建立在品格教育基础上，并且能够通过有效的品格教育来拓展其道德功能。

2. 公民教育与品格教育在价值教育中的融合发展

近年来，公民教育与品格教育在西方学校价值教育中出现逐渐融合的趋势。在这种融合中，有以下两种取向或模式。

第一，以公民美德为核心，使公民教育与品格教育融入道德教育中。这可以称为"从好公民向好人扩展"的模式，它主要强调公民美德的概念，将公民道德价值观和公共素质的培养作为公民教育的重点，从而将公民教育与道德教育结合起来。这一模式在英国较为流行。英国国家公民学课程将道德教育特别是公民美德教育纳入其中，将道德价值观融入学校公民学课程乃至全课程体系中，使之成为整个学校教育的中心。霍尔斯特德虽然反对不可扩展的品格教育，但是却主张可扩展的品格教育。这种品格教育包括更加严密的论证，更加复杂的品格发展观念，更加强调推理在品格发展以及特定美德和价值观中的作用，这种可扩展的品格教育一方面主要集中在那些对于系统性学习必需的基本价值观和素质上②，另一方面集中在发展公民美德，将实质性的品格素养同民主公民身份的普遍性要求联系起来，而不是直接将道德生活作为一个整体。③ 简言之，这种可扩展的品格教育，实际上就是以发展公共价值观和培育公民美德为目标的公民道德教育。

第二，在品格教育中强化公民价值观，从而统摄公民教育。这可以称为"以好人统摄好公民"的模式，主要以品格教育的模式来传授公民价值

---

① Duck-joo Kwak, "Challenges for Values Education Today: In Search of a Humanistic Approach for the Cultivation of the Virtue of Private Citizenship," in D. N. Aspin and J. D. Chapman (eds.), *Values Education and Lifelong Learning*, The Netherlands: Spinger, 2007, p. 147.

② H. Sockett, "Chemistry or Character?" in Molnar A. (ed.), *The Construction of Children's Character*, Chicago: National Society for the Study of Education, 1997, p. 47.

③ A. Gutmann, *Democratic Education*, Princeton: Princeton University Press, 1999, p. 57.

观和培育公民美德。这种模式被一些社群主义和保守主义者所推崇。欧洲很多国家实际上采取了政治保守主义的品格教育模式，在这种模式中，不仅包含了宗教、道德价值观方面的要求，而且也包含着民主公民的道德反思和行动能力，如公正、权威、参与、爱国主义、多样性、隐私、程序正当和权利。① 在美国，很多州都将公民价值观和公民美德的培养整合到品格教育中。如马里兰州的品格教育计划明确指出，公立学校应该传授两类价值观：一是影响个体品格目标的价值观，如诚实、正直、尊重他人权利；二是影响社区的公民价值观，如对权利的理解和公民责任的理解。这些目标体现了以品格教育包容公民教育的价值教育策略。

3. 公民教育与品格教育融合中的价值困境

虽然越来越多的学者意识到公民教育需要品格教育，公共价值观的发展与道德价值观的发展必须结合起来，而且也试图探索两者结合的方式，但是这里仍然有一个如何为公民教育与品格教育的融合确定一个统一价值框架的问题。

夸克认为，平衡公民教育与品格教育问题的关键，就在于如何避免走向"自我保护的利己主义"和"自以为是的道德主义"两个极端。"当今公立学校价值教育试图满足对混合公民身份（mixed citizenship）的社会需求，它要求每个公民掌握两种不同的道德语言，一种是个体生活领域的私人语言，一种是政治领域的公共语言。"② 质言之，就是如何使价值教育既避免极端自由主义在公民教育以及公共道德语言领域里的泛滥，又避免极端保守主义在品格教育以及私人道德语言领域里的宰制。前者会导致自我保护的利己主义，产生"不道德之好公民"的悖论，后者会导致自以为是的道德主义，潜藏着美德专制的威胁。而如何为私人道德语言和公共政治语言寻求一种共同的、可通约的价值语法，如何寻求公民教育与品格教育之间

---

① R. F. Butts, *The Morality of Democratic Citizenship: Goals for Civic Education in the Republic's Third Century*, Calabasas: Center for Civic Education, 1988, p. 46.

② Duck-joo Kwak, "Challenges for Values Education Today: In Search of a Humanistic Approach for the Cultivation of the Virtue of Private Citizenship," in D. N. Aspin and J. D. Chapman (eds.), *Values Education and Lifelong Learning*, The Netherlands: Springer, 2007, p. 148.

共同的价值框架？这就成为当代西方学校价值教育中的一个难以抉择的问题。目前西方学者在这个问题的回答上陷入了一个无法摆脱的理论困局。"公共价值观框架越具有实质性，那些与这些价值观不一致和感到被排除的人就越多；但是如果这种价值观框架越稀薄，它作为道德教育的一种方式依据越不充分。"① 既不能忽略和稀释公民教育中的道德价值意蕴，又无法为品格教育提出和建构实质性的价值框架，这就使得当代西方价值教育难以走出在公民教育和品格教育之间左右摇摆、进退失据的困境。

公民教育对于公共生活和公共价值观是重要和根本的，因为它是自由民主社会的基石，但仅有公民教育又是不够的，因为在更为多样的私人生活中人们需要有相应的价值指引、精神慰藉和行为规范，这就需要品格教育为个体提供一套赖以支撑的个体价值系统。传统西方社会主要是由宗教来料理私人精神生活，在当代西方社会，宗教虽然对于个体的"善观念"仍然有着强大的解释力，但是在日益世俗化进程中逐渐褪去其神圣的光环。品格教育要承担起料理私人精神生活的责任，必然面临诸多困境。一方面，在当代西方信仰自由、文化多元、尊重少数人权利的政治和公共生活框架内，以某种宗教信仰为基础的传统品格教育模式在私人生活中的作用日益被削弱。另一方面，在日益多元的社会中，新品格教育又很难为充满异质性的个体提供一种普遍可接受的、世俗的价值体系和行为规则。为个体品格发展厘定核心价值观和道德规范，是品格教育的前提性承诺。但是，何种价值观？谁的价值观？道德规则的合法性依据是什么？这些问题显然无法在价值中立的框架内解决，但又是新品格教育运动同时超越自由主义公民教育和传统宗教教育两种模式必须解决的难题。因此，支撑品格教育的价值观既不能太有实质性，也不能太稀薄。太有实质性，必然会有独断和绝对主义的嫌疑；太稀薄，又不足以发挥其道德批判、价值引领的功能。当代西方社会，宗教道德教育日益边缘化，公民教育日益政治化。前者意识形态诉求太强，而后者局限在公共价值观领域，都无法为个体道德提供

---

① J. M. Halstead and Mark A. Pike, *Citizenship and Moral Education—Values in Action*, London：Routledge，2006，p. 119.

价值支撑。品格教育似乎被寄希望于重新担负起这一神圣历史责任，但是，品格教育在形成一种社会共同认可的精神价值、生活方式和行为规则方面，既难以从宗教和文化传统中寻求某种共识，也缺乏来自世俗生活和政治法理的有效支撑。因此，当代西方的品格教育，力图摆脱宗教和政治意识形态的束缚，却无法为公共生活建构一种世俗的、公认的精神价值体系；力图超越公民教育的公共生活场域，却无法为个体生活提供一种强大的、合理的道德指针。这既是品格教育的困境，也是西方学校价值教育难以走出在个体价值观与公共价值观之间左右摇摆之怪圈的深层原因。

公民教育与品格教育在西方学校价值教育中的彼此需要但是却难以融合的困局，从某种意义上说是当代西方社会道德困境、政治困境在学校价值教育领域里的投影。宗教道德的祛魅、利益群体的多元化、个体行为的原子化、公共政治文化的凋敝等，造成了当代西方社会道德价值观念与政治意识形态的分化、断裂，这使得人们很难在个体道德生活和社会公共生活中寻找到一种连贯的、一致的、共同的价值共识，从而为学校公民教育和品格教育提供一种统一的、融通的价值体系和道德规范。这不仅是当代西方学校价值教育的现实处境，而且也昭示着整个西方社会道德文化和政治文化发展的内在困局。

目 录

缩写词

AGC　Advisory Group on Education Citizenship（公民教育咨询小组）

DfEE　Department for Education and Employment（教育与就业部）

DfES　Department for Education and Skills（教育与技能培训部）

EAL　English as an Additional Language（以英语作为第二语言）

ICT　Information and Communication Technology（信息通信技术）

LEA　Local Education Authority（地方教育局）

Ofsted　Office for Standards in Education（教育标准局）

PSHE　Personal, Social and Health Education（个人、社会与健康教育）

QCA　Qualifications and Curriculum Authority（课程与资格考试委员会）

RE　Religious Education（宗教教育）

SCAA　School Curriculum and Assessment Authority（学校课程与评估委员会）

导 论

在学校中从事公民身份与道德教育的教学，是一件特别令人兴奋同时又具有挑战性的事情。通过教学，儿童和年轻人有机会处理一系列引人入胜的、复杂的、刺激的和具有争议的道德与政治议题，这些议题不仅同他们自身，而且同社会紧密相关。在英国，公民学作为一门新的学科引入课程中，引起了人们对"学校应该教什么？"这一问题的广泛讨论。儿童和年轻人在学校中应该学什么？学校应该为儿童的毕生发展而不仅仅是未来的工作做准备，在这一点上共识正在形成。与此同时，这也是一个巨大的责任。使儿童具备未来就业所需的识数或识字水平是一个相对简单的任务。但是，儿童应该如何生活？他们为此应该做哪些准备？儿童应该形成哪些价值观？应该如何教会他们知道什么是正确的行为？为儿童步入自由民主社会的未来生活做准备，使他们在观念市场（marketplace of ideas）上能够理性应对，这可能比让他们在资本主义经济体系中胜任某一项工作更具挑战性。毕竟，现在市场上所提供的商品数量与类别之丰富是惊人的。

道德教育是公民身份至关重要、同时也是不可回避的重要方面。因为品质、价值观与技能、知识一样，都是培养而来的。让儿童理解自由民主的价值观或者选举体制的运作方式是一回事，而教会儿童信仰这些生活方式则是另一回事，这同时也提出了很多问题。对积极公民进行评估的必要性总是会受到道德模糊性问题的困扰。国家是否有权力通过这种方式干涉公民的私人生活？国家在提倡或灌输某种价值观或品质方面应该扮演什么角色？如果这些价值观或品质与儿童及其家庭的不一致该怎么办？学校是否应当教给儿童价值观？如果应当，哪些价值观应该被传授？又如何被传授？我们认为，学校和教师必然要教会儿童应该如何生活，同时学校必然有义务教给儿童价值观，因为这些价值观有助于促进他们的全面发展。我们将探讨这些价值观的来源、传授方法以及如何将其整合到相应的课程中。

许多教师在面对公民身份与道德教育时，都会备感焦虑，这有很多原因。其中最重要的原因是，教师在切近这些议题时，会有一种踩到危险底线的感觉。他们意识到学校里的价值观与家庭里的价值观是不一致的，从而不想去冒犯学生的价值观。事实上，尽管道德与公民教育在学校里是一种合法的活动，但社会各界对此却存在着迥然不同的期望。而教师也意识到他们不可能置身事外。社会期望学校开展针对年轻人的道德与公民教育，公民身份的教育现在也成为一种合法的诉求。与具体的活动形式一样，公民教育必然也会伴随着对某些价值观的提倡，会处理某些高度敏感并具有挑战性的议题。这就提出了教育的核心本质以及如何实现教育目标的问题。

教育政策制定者、学校管理者、教师培训人员、新老教师、研究者、实习教师、巡视员、学校董事会成员和普通读者，都会受到以上问题的困扰。而本书力图为他们思考和处理这些问题提供帮助。本书引导读者密切关注公民身份与道德教育的内在原则和价值观，强调公民身份与道德教育之间的联系，强调艺术和人文学科的重要性，强调批判性反思的必要性，从而着力展示公民身份与道德教育方面的争论。为了使读者充分关注这些最重要的议题，我们对于已经在其他地方进行了有效讨论的议题（包括公民身份与特殊教育之间的联系，科学与环境教育、信息与通信技术）将不作深入探讨。本书也适合那些对儿童道德与政治发展感兴趣、并关心道德与公民价值观代际传承问题的读者阅读。本书中绝大多数案例虽然来自英国的初等教育，但是本书对于理论以及内在原则的强调，将会引起更广泛的、包括对比较教育感兴趣的国外读者的兴趣，并会对他们有所助益。

我们不惜冒着过分简化的风险来为读者介绍本书的基本内容，以便掌握其梗概。本书的第一部分（第一章至第三章）将讨论"为什么"（Why）和"是什么"（What）的问题；第二部分（第四章至第七章）将讨论"在哪里"（Where）的问题；第三部分（第八章至第十一章）将讨论"如何做"（How）的问题。第一，在处理"为什么"和"是什么"的问题时，我们考察了那些必须传授的特定价值观，回答了它们为什么要传授的问题。

我们力图回答以下几个问题：什么是公民身份？什么是道德教育？为什么要设立这些科目？为什么当前公民身份要作为一门必修课来设立？用以支撑公民身份之现实架构和教学体系的哲学依据是什么？我们将对学校公民身份与道德教育的语境、概念进行澄清和解释。第二，我们将评估课程体系，检视公民身份与道德教育在艺术和人文学科的哪些方面能够得到体现。第三，我们将处理如何操作即探讨教学法的问题：教师如何教？学生如何学？如何评估教学效果？如何在学校中进行传授（delivered）？

在第一章中，我们将探索公民身份与道德的概念，并勾勒其在英国学校课程中的发展轨迹。我们认为，公民身份为具有不同信仰和背景的人们，搁置其在信仰、观点、偏好、兴趣等方面的差异，合作性地共同生活（live together co-operatively）在一起提供了凝聚力。作为公民共同生活在一起，需要建立一种共享的政治与公民价值观体系。因此，我们在第二章中提出，政治自由主义在不侵犯公民追求自身善观念的前提下提供了这种框架。但是，儿童要成为能够应对日常生活中各种道德挑战的成熟道德公民，不仅需要学习政治和公共价值观，还要学习个人道德价值观。因此，道德教育是公民身份教育的必要补充，同时也能与公民身份教育形成某种平衡。事实上，道德教育同时也为审视法律和政治决策的伦理适切性提供了基础。第三章，我们将从三个方面讨论公民身份教育的目标：一是帮助儿童理解公民角色；二是在实践中发展儿童对公民角色的承诺；三是引导其参与到对与公民角色相关的权利与责任问题的批判性反思中。与此同时，道德教育的目标将会涉及道德理解力的发展、道德承诺与行为的发展、道德自治与批判性反思的发展。

第四章将探讨批判性读写对公民身份的意义，其中包括沟通和识别技能的发展，同时考察语言、认同与价值观之间的关系。在第五章与第六章中，我们将指出，学生在艺术和人文学科中会遭遇到与他们作为公民和道德主体这些角色有关的议题。在这些领域中，学生也可以发展同情心、想象力、社会参与精神以及对道德与公共议题的广泛理解。在第七章中，我们将分析公民教育与个人、社会与健康教育（PSHE）之间在内容和路径上的共同点。但是，在这些学科（比如宗教教育）之外，单独设立道德教育也是合理的，因为道德教育为辨别和批判非正义的法律或者压迫性的政治行动提供了资源。

在第八章中，我们将展示学校提供公民身份教育（Citizenship provision）的七种模式。我们认为，将独立提供与整合提供的方式结合起来可能是最有效的。整合提供的方式不能建立在贪图便利的基础上，而要建立在如何使这些学科的公民教育功能发挥到最大的基础上。同时，我们也将探讨公民教育中的沟通技巧和信息通信技术的运用以及争议性问题的教学。第九章将对儿童学习价值观的不同方式进行探索，这些方式包括直接指导、观察、参与、行为指导和反思。其中教师示范、隐蔽课程、校园文化、学校礼仪和学校环境的作用也不可低估。在第十章中，我们将探讨公民身份评价的道德问题，同时也会指出这种评价所潜藏的危险，即它可能会导致过分强调塑造知情公民的目标，而在一定程度上忽视了塑造积极参与社区生活的忠诚自主公民（committed, autonomous citizens）的目标。在第十一章中，我们将论述当代公民身份与道德教育所面临的挑战，这些挑战包括教师和成年人在对待儿童时表达尊重的必要性，在学校政策和教育实践中体现社会正义的挑战，以及使儿童为不确定的未来做好准备的必要性。

本书的出版是多年来与众多人士共同探究、讨论和互动的产物，我们衷心地感谢那些给予我们道德鼓励和实践帮助的朋友和同事，尽管很难一一列举出他们的名字来。尤其感谢莫妮卡·泰勒（Monica Taylor）博士，她参与了该项计划的前期策划工作，没有她的帮助，本书将很难见之于世。珍妮·劳（Jenny Lowe）承担了琐碎的文献目录工作。比尔·里德海姆（Bill Leedham）和珍妮·路易斯（Jenny Lewis）博士分别就人文学科与科学教育问题提出了建议，马克·科廷厄姆（Mark Cottingham）、约翰·克肖（John Kershaw）审阅了本书初稿，来自家人的爱、支持和启发使我们克服了写作过程中的压力。杰里米·派克（Jeremy Pike）的出生，为完成本书提供了重要的动力。本书是真正合作的产物，第一章、第二章、第三章、第七章、第九章和第十一章主要由马克·霍尔斯特德撰写，第四章、第五章、第六章、第八章和第十章主要由马克·派克撰写。

第一部分

为何需要公民身份？
为何需要道德教育？

第一章　公民身份与道德教育的
概念与语境

一　公民身份的概念

与法国和美国以及其他国家不同，公民身份的概念在英国社会生活中并不总是占据中心地位。大卫·米勒甚至说道："公民身份仅仅在正式持有的护照意义上，才能被广大的英国人所理解。"（2000a，p. 26）但是，在过去10年里，多种因素叠加使得公民身份的概念逐渐在英国引起了关注。第一，一系列有关公民身份著作出版（Callan，1997；Crick，2000a，2001；Demaine，2004；Lister，1997；Miller，2000b），引起了新闻记者、政治家和学者对英国国民性（Britishness）问题的广泛讨论（参见 Crick，1998a；King，2005；Modood，1992；Parekh，1991）。第二，近年来一系列英国公民计划相继开展，包括《英国生活：公民之旅》（*Life in the UK Advisory Group*，2004）的出版，公民课程、移民考试、公民宣誓礼仪和身份证等政策的推行。第三，公民学作为核心课程被引入初等学校国家课程体系中，这正是本章所要集中探讨的问题。

公民身份到底是什么？如何对这一概念进行阐释？在最基本的层面上，公民身份指的是一个州、国家或类似政治共同体的成员。然而，即使在这一貌似简单的定义中，也有着几个复杂的层面。第一，我们需要对共同体这一定义进行仔细的澄清：换句话说，我们是谁的公民？第二，我们需要澄清公民身份给我们提供了什么利益，成员这个概念到底蕴含着什么权利和义务。国家对它的公民有何期望？这种成员身份是否为公民的首要认同？

国家对公民忠诚的要求程度到底如何？这两个问题还需要深入探讨。

有关第一个问题。自 18 世纪晚期以来，公民身份就与民族国家紧密相关。民族国家通常基于父母或出生地将个体认定为公民，为公民颁发正式文件，规定移民、难民和其他外国人是否和如何获得公民身份以及作为公民所享有的权利。但是，全球和国际经济、政治、军事和环境等外在因素，地区性、局部性的民族主义和大部分现代国家民族多样性的不断强化等内在因素，使民族国家的统治逐渐受到侵蚀并遭遇挑战。恩格尔（Engle）与奥乔亚（Ochoa）则将公民身份的概念扩展到个体与"家庭、宗教机构、工作单位、学校之间的关系"（1988，p. 17），这虽然有点太过泛化，但是，这些机构的确提出了对个体忠诚的实质性需求，而且都能够不同程度地民主地组织起来。而将公民身份的语义作超越民族—国家界限的使用，则成为当今一种越来越普遍的现象。"欧洲公民"（European citizenship）在 1993 年马斯特里赫特公约（the Maastricht Treaty）中，已经成为一个合法且有意义的概念，虽然它并不意图去取代国家公民（Davies, Sobisch, 1997; Hoffmeister, 2004）。许多穆斯林认为他们自己首先是乌玛（*umma*）——这一由穆斯林信众构成的世界性团体的公民，而许多基督徒则认为他们首先是天国的公民（参见第六章）。对于这些人来讲，对政治实体的忠诚居于次要地位。"世界公民"更多的是一种修辞性的概念，它更多地关注人类之间的相关性和相互依赖性以及普遍权利和责任（Demaine, 2004; Ibrahim, 2005; Lynch, 1992; Oxfam, 1997）。这种将公民忠诚扩展到国际性、区域性组织的诉求，增加了市民社会、政治和社会的维度，因此必然导致对政治认同的多层次理解。这种多重公民身份的定义一方面可能会丰富对公民身份的理解，另一方面也会带来一些问题。当公民所属群体的目标之间存在差异时，各种忠诚之间可能会相互冲突；当不同组织对公民个体提出同等的诉求时，忠诚会被削弱；尤其是公民忠诚的首要对象可能不再是民族—国家。

在论及公民的"成员感"时，公民身份通常会被认为是使具有不同信仰和背景的人们生活在一起的凝聚力。如贝纳（Beiner）将公民身份视为一种认同感，这种认同感可以"将不同公民捏合成一个组织有序且稳定的政治共同体，并且使公民对共同体的忠诚持续保持下去"（1995，p. 1）。在

2004 年英国文化协会的演讲中，时任首相乔登·布朗（Gordon Brown）在谈到英国的公民身份时，将其界定为"重新发现那些将我们凝聚在一起的共享价值观"——如自由、公民责任、公共服务、公平、地方民主，并达成一种共同的国家奋斗目标（Brown，2004）。米勒将公民身份视为一种"能够为不同公民判断国家对其有何种要求的参照点"（2000b，p. 41）。伊辛（Isin）和伍德（Wood）则认为公民身份由两个方面构成：一是共同的文化、象征和经济实践；二是民事（civil）、政治和社会的权利和义务（1999，p. 4）。而这两种审视公民身份的维度，值得深入研究。

第一个维度，即共享的文化与其他实践活动，它提醒我们注意这样一个事实：民族国家的公民身份与民族文化不可避免地联系在一起，这一点在语言、宗教、历史、传统以及四者的结合中都可以体现出来（Kymlicka，1999，pp. 94 – 97；Miller，2000a，pp. 31 – 33）。其他学者认为公民身份也可能涉及艺术、运动、休闲、环境、科技等相关议题。但是，太过于强调民族文化可能会导致"泰比特板球测试"（Tebbit Cricket test）效应，即只有当服从某种文化要求时，人们才有权利成为完全意义上的公民（参见 Andrews，1991，p. 13）。在一个多元文化的社会，尤其是当预设人们的首要认同来自其公民身份时，这种狭隘的公民观日益暴露出弊端。在一个基督徒、穆斯林、锡克教徒、印度教徒、犹太教徒、佛教徒、无神论者和其他人杂糅相处的社会里，文化实践方面的共性将是有限的。赫斯的"文化素养"（cultural literacy）的观念（Hirsch，1987）可能被视为一种文化上的压迫，至少在它被赤裸裸地理解为文化上的少数为了维系社会团结必须服从于文化上的多数时的情况下是如此（参见第五章）。可以肯定的是，2005 年伦敦爆炸案发生后，英国的某些少数族裔在有关"文化多元主义的失败"的争论中，日益感受到这种文化上的压迫感。如果公民身份与某种特定的文化形式联系过于紧密，将会给少数族裔带来很多潜在的问题（参见 Halsted，1995a，1995b，2003）。一些少数族裔甚至与大多数人在经济预设方面都缺乏共同点（比如穆斯林对待收支利率的态度，参见 Fahim Khan，1995；Mannan，1986）。正因为如此，某些穆斯林将英国公民身份考试视为一种"将西方价值观强加在他们身上"的企图（Jassat，2003，p. 1），这些穆斯林正在发起从宗教的意义上而不是从公民身份或者出生地的意义上定义其首要认同的运动（Halstead，2005b，pp. 145 – 146）。

第二个维度，即公民权利和义务，则较少有争议。科诺沃等人1999年发布的基于典型群体的研究报告（Conover et al.，1999）发现，英国人正是在这个维度上理解公民身份的。1950年，马歇尔（T. H. Marshall）将公民权利划分为三种类型：民事权利、政治权利和社会权利，这一观点成为半个世纪以来人们思考公民身份的基石（Bulmer and Rees，1996；Crick，2000a，pp. 7 – 8；Davies et al.，1999，pp. 2 – 3；Miller，2000b，p. 44）。民事权利是个体自由所必需的那些权利（包括财产权、陪审审判权等），政治权利是通过投票和其他方式参与政治权力运作的权利，社会权利是福利权、健康保障和教育权，以及共享社会遗产、经济财富与文明生活的权利。与权利相对应的是所有公民必须履行的义务。民事权利与遵守法律的义务相平衡，并且通过一系列公民美德，比如诚实、正派和自尊等展示出来（White，1996）。政治权利与人们对于国家的责任相平衡。迈克尔·沃尔泽（Michael Walzer）认为国家可以对其公民提出的合法期望包括：承诺或忠诚、战时捍卫国家安全、礼貌和守法、宽容、积极参与政治生活（1980，pp. 54 – 67）。社会权利与在社会生活中通过自愿活动、社区服务及其他体现积极公民的形式来帮助他人的责任相平衡（参见 Crick，2000a，p. 7；Twine，1994）。但是，公民责任反过来也会受到抗议权（比如公民认为某项税收是非正义的）或基于公民良知拒服兵役者（conscientious objector）（有限）权利的制衡（假如战争违背了大部分人的基本信念）。

"积极公民"（active citizenship）这一学校公民课程不可或缺的概念，其自身也是复杂的（Linsley and Rayment，2004；Potter，2002）。它既可能是积极参与各种影响社会运行活动的公民（Miller，2000a，p. 28），但也可能使人联想到那些热心的、乐意义务担任治安官的有产爱国者（Ignatieff，1991，p. 26），还可能是爱管闲事的、骑着自行车参加反猎狐运动的示威者（Phillips，1991，p. 77）。积极公民还可能是试图改变非正义的法律、监督自愿团体甚至偶尔参加示威游行与和平抗争活动的人（Crick，2000b，p. 78）。他们所关注的焦点在于积极参与社区的政治、经济和社会生活，而支撑其行动的动力是作为公民的义务感、责任感，以及对博爱精神、公共利益等价值的承诺。公民必须平等地尊重这些权利和义务，对个体自由、权利和平等的强调使积极公民成为对公民身份的一种自由主义式的理解。我们将在第二章对这一路径所蕴含的价值观和理论依据进行更加全面的阐释。但是，必须承认，并不是每个人都同意这些理论假设，也不是每个人都会选择成为此种意义上的积极公民。人们有权通过其他方式来践履积极公民的角色。

　　而在这种广义的自由主义公民身份概念之外，存在着许多不同的有关这一议题的视角和理论路径。许多人认为在一个后现代、全球化的时代，马歇尔（Marshall）式的自由主义公民身份理论是不充分的。伊辛（Isin）和伍德（Wood）探讨了公民身份和自我认同之间的关系，认为种族、性别、普世主义、技术以及其他方面的权利和认同，已经改变了我们对于公民身份的理解（Isin and Wood，1999）。还有学者从残疾人（Marks，2001）、性（Richardson，2001）、青年文化（Blackman and France，2001）、生态（Clark，2004）、女性主义（Dillabough and Arnot，2004；Lister，1997；Yeatman，2001）等视角对公民身份进行探讨。然而，这些新的探讨路径并不是对公民身份概念截然不同的重构，而只是提供了对权利、正义、平等、相互依赖、参与和归属感等核心价值观念的不同理解。

　　上文指出公民身份能够提供一种凝聚力，从而使具有不同信仰和背景的人们搁置其不同的政治立场、观点和偏好团结起来。如果要达到这一目标，就必须开展一系列活动，帮助下一代理解并发展其对公民角色的承诺。这正是本书要解决的中心议题。

二　英国公民教育的语境

　　20世纪英国学校并没有形成公民教育方面的持续传统，但是，这并不意味着将公民课作为2002年英国国家课程中的新的核心学科，并使之占据中学课时（还包括小学阶段在个人、社会与健康教育中的公民课内容）的5%，这一举措是没有根据的。1970年之前，教育哲学家（Dewey，1916/2002；

Oakeshott，1956）就已经对政治教育进行了探讨，官方文件（Ministry of Education，1949）也提及了政治教育的问题，有的时候学生也通过冠以"公民"或"英国宪法"等名称的课程来学习有关政治教育的内容。但是，所有这些都基于这样一个理论预设，即学生应该主要通过历史等学科来了解政治知识（Department of Education and Science，1967）。1970 年，英国将公民投票的年龄降低至 18 岁，这是公民教育历史上一个重要的转折点。学校有责任为儿童行使好这一新的权利做好准备。但是，这种准备应采取何种形式呢？戴维斯等人（Davies *et al.*，1999，pp. 16 - 22）认为在未来 30 年中，为公民身份所做的准备主要呈现出三种主要趋势。

·政治素养（political literacy）。这是政治教育计划（the Programme for Political Education）的目标。该计划得到汉萨德学会和政治学会（the Hansard Society and the Politics Association）的资助。其根本的哲学思想是发展政治理解和积极公民所需的技能（Crick and Porter，1978）。

·激进主义的路径与保守主义的反弹。20 世纪 80 年代一系列激进主义的教育计划纷纷涌现，其中包括"和平教育"（Peace Education，Hicks，1988）、"世界研究"（World Studies，Heater，1980）、"全球教育"（Global Education，Pike and Selby，1988）、生态教育、反种族主义与反性别歧视教育以及基于社会正义的教育路径。而少数的社会活动家认为这些激进的教育计划缺乏应有的制约，在政治上存在偏见，于是提出了一些针锋相对的教育举措（Cox and Scruton，1984；Marks，1984；Scruton，1985），并且也影响了政府的政策。

·为了公民身份的教育。这是议长委员会有关公民身份报告的主题（the Speaker's Commission on Citizenship，1990）。它也是国家课程（National Curriculum Council，1990a）中 5 个跨学科课程主题之一。1990 年公布的公民身份议题指南由 8 个部分构成：社区、多元主义、公民权利和责任、家庭问题专题、行动中的民主、公民与法律、工作与职业、闲暇与公共服务（National Curriculum Council，1990b）。尽管教师在讲授国家课程中这些新的核心与基础性主题时面临着较大压力，使得指南在很大程度上被忽略了，在我们看来这也是指南实施的有效性遭到批评（Beck，1998，pp. 97 - 102；Potter，2002，pp. 18 - 23）的主要原因。但其积极的效应之一，就是有关公民教育的出版物有了明显增长。

这些发展趋势在其他地方已经有了具体探讨（Batho，1990；Davies *et al.*，1999；Frazer，2000；Heater，2001；Kerr，1999），我们这里不再赘述。

1997 年，公民教育咨询小组（the Advisory Group on Education for Citizenship）成立，在主席伯纳德·克里克（Bernard Crick）教授的倡导下开展民主教育（the Teaching of Democracy）并于次年出版了该组织的年度报告（AGC，1998）。这些事件是英国公民教育史上的重要转折点。公民教育咨询小组提出了有效公民教育的明确定义，它主要包括三个要素——社会责任和道德责任、社区参与和政治素养——分别涵盖了知识、技能和价值观。同时，该组织出台了一个具有弹性的公民教育有效教学框架，并推荐将这些框架作为法定内容。教育咨询小组的报告（Advisory Group for Education，2000）对 16～19 岁学生教育与培养问题也做了同样的推荐。

咨询小组的工作直接导致了国家课程的修订，第一次将公民教育明确地纳入其中。2000 年 8 月起，公民身份成为小学"个人、社会与健康教育"［Personal，Social and Health Education（PSHE）］这一非法定课程体系（non-statutory framework）的内容之一。从 2002 年 8 月起，公民身份在中学成为 11～16 岁学生新的法定基础性学科。小学层次上的指南提出了 PSHE 和公民身份课程的四个要素，其中之一就是"为扮演积极公民角色而做准备"。为推进公民教育，许多案例和建议随之出台，其中全校参与的路径（whole-school approach）被加以特别推荐（QCA，2000a）。在中学阶段，国家课程文件制订了"关键阶段 3 与关键阶段 4"的学习和成绩目标计划，这主要基于公民身份的三个方面：

·成为知情的公民；

·发展质询和沟通的技能；

·发展参与以及负责任行动的技能。

（QCA/DfEE，1999a，pp. 6，14－15，31）

在关键阶段 4（如 16 岁）的结尾，对大部分学生的预期成绩水平做了这样的描述：

学生应对以下内容形成广泛的认知和理解：热点事件的研究；公民的权利、责任和义务；志愿者的角色；政府形式；公共服务的提供；刑事和司法体系。他们要获取、使用不同的信息，其中包括媒体信息，去形成和表达某种观点，要评价为社会带来不同层次变化方案的有效性。学生要积极参与学校和以社区为基础的实践活动，并展示出批判性地评价这些活动的意愿和承诺。他们要在对待自身和他人方面，展示出个人与群体的责任感。

（QCA/DfEE，1999a，p. 31）

有关公民教育具体的课程模式还没有制定出来，很多有关这门课程教学的决策，还有待各个学校作出专业的判断。我们将在第八章中对不同的教学模式进行探讨。虽然非法定的课程指南强调公民教育与其他学科的联系，但同时也强调，独立地提供公民教育，不管是通过全校参与的方式还是课外活动的方式，对于确保学校将其他课程所没有涉及的主题（比如政治素养）涵盖其中，是有必要的。有一点是非常明确的，即公民身份既包括正式课程的经验也包括隐蔽课程的经验，既包括学生对于学校生活的积极参与，也包括对当地社区事务的积极参与（QCA，2001a）。一些典型工作模式已经制定出来了，它们包括学习活动的建议、发展学生积极参与社会的理念、教师从事相应主题的教学指南等（QCA，2001b，2002a，2002b；参见 www. standard. dfes. gov. uk/schemes）。教育与技能培训部［the Department for Education and Skills（DfES）］也推出了一个有关公民身份的专题网站，其中包括公民基金会、CSV 以及其他致力于推进公民教育的自愿组织所提供的资源库、学校案例研究、课程发展计划（www. dfes. gov. uk/citizenship）。课程与资格考试委员会（the Qualifications and Curriculum Authority）制作了有关公民教育评估议题方面的范例（www. qca. org. uk），教育标准局（the Office for Standard in Education）出台了对公民教育情况进行巡视的方案，其中对该课程的标准进行了明确（www. ofsted. gov. uk）。

为了支持学校公民教育的工作，社会上也陆续发起了很多其他活动。一些大学教育系的教师培训机构（the Teacher Training Agency）推出了公民教育方面的研究生认证项目。作为一个学科性组织，公民教育协会（the Association for Citizenship Teaching）已经成立，推出了自己的期刊并定期举办年会。各种自愿性的部门组织也得到资金资助，用以提供公民教育所需的额外资源。比如，公民研究所（the Institute for Citizenship）针对青年人发展的特殊教育需求，提供公民教育方面的教育资源，并筹措资金支持有关公民教育影响问题的中长期研究项目。2002 年，教育与技能部委托国家教育研究基金会（the National Foundation for Educational Research）承担一个针对初中学生的为期 8 年的纵向研究（这些学生也是第一批接受完整的法定公民教育的学生）（kerr *et al.*，2003）。学习与技能发展机构（the Learning and Skills Development Agency）开展了一个试点计划，旨在探索针对 16 岁以上学生公民教育的最优方式。2005 年，教育研究国家基金会完成了对这项 16 岁以上学生公民发展计划的评估。2002 年，一个研究公民教育的综合性团体成立（以布里斯托尔为基地），最初的目标是研究公民教育对学校办学的影响以及教师教育的内涵（Deakin Crick *et al.*，2004，2005）。国际比较也为英国公民教育的发展作出了重要贡献（Hahn，1998；Ichilov，1998；Smith and Print，2003）。在这个领域里最重要的国际性研究项目，可能是国际教育成绩评估协会（the International Association for the Evaluation of Educational Achievement）的公民教育研究，这一研究旨在探讨促进民主社会里年轻人承担公民角色的方式（Torney-Purta *et al.*，1999，2001）。有关英国方面的数据，包含了第一阶段对英国公民教育发展的质性案例研究（Kerr，1999）和第二阶段以 14 岁学生为样本的有关公民知识、理解、态度、卷入程度和参与的调查（Kerr，2003）。

对于公民教育咨询小组的报告以及随之而来将公民教育引入国家课程

的举措，不可避免地存在着各种批评。虽然一部分人对基本的自由价值观表达了明确的赞同（参见第二章有关这一问题的讨论），但问题依然存在，如人权是否得到了充分的承认（参见 Osler, 2000），宽容与尊重这些价值观的复杂性问题（McLaughlin, 2000），如何应对社会变迁的挑战（Elliott, 2000），支持公民教育的不同群体之间在利益和关注点方面的冲突（Frazer, 2000, pp. 99 – 100）。其他的批评可以划分为保守的和激进的两类（Kristjansson, 2004, pp. 211 – 212）。就保守的而言，托勒（James Tooley）等批评者就认为，咨询小组的报告在政治上偏向左翼立场，没有很好地解释"道德贸易"（ethical trading）、"促成和平"（peace-making）和"可持续发展"（sustainable development）等基本概念（2000, p. 145）。同时也提出，既然在校外存在很多的发展公民身份的资源，将公民教育作为一门核心学科独立出来就没有合理性。他尤其反对"任何将更高位阶的价值观通过政府法令的形式带入到课程中"的做法（2000, p. 147）。激进的批评者则反对我们在本书第二章中所提出的支撑英国和其他西方国家公民教育模式的自由价值观。某些女性主义者批评公民身份强化了男性主导（Pateman, 1989, p. 14；参见 Okin, 1992；Phillips, 1991），某些后现代主义者认为当代社会已经碎片化，个体认同已经离散了，个体与社会之间的契约关系（据说这是公民身份赖以生成的基础）已经不复存在了（Gilbert, 1992, p. 59；参见 Wexler, 1990）。我们则倾向于认为，公民教育为儿童和年轻人对地区、国家、全球性问题进行思考提供了机会，为他们对自身信念和价值观进行思考提供了机会，同时为他们对渴望生活在其中的社会形式进行思考提供了机会。

三　道德的概念

有两种审视道德的主要方式：第一种方式回答"我应该成为什么样的人"的问题；第二种方式回答"我应该如何行动"的问题。当然，这两种方式是联系在一起的。这两个问题也可以用宗教的语言来进行重新表述：第一种认为道德包括一系列对美德或个人品质的评价；第二种认为道德是一套有关个人和社会行为的共同规则或原则。如果我们要较为圆融地理解道德的概念，就必须对这两种理解方式进行探究。

一些人认为，对于"我应该成为什么样的人"这个问题，最好的回答是让一个人成为他自己，按照自己的本性来生活。但是，这里有三个问题需要回答：第一，在人性善恶的问题上存在着歧异。霍布斯认为，人生来就是恶的，人性是肮脏和粗野的，然而卢梭则相信人生来是善良的，人性是纯真的。基督徒接受了原罪的教义，认为人性是需要救赎的。第二，相比其他的生物，人类是独特的，他们有能力作出有意识的决定（而不只是遵循本能的欲求），在某种意义上，他们要为自己的决定和行为负责。存在主义者将这一点推到了极端。既然所有的个体都是独一无二的，都能够自由地按照自己的选择来成就自己的本质，那么，对人性作出普遍的概括就是不可能的；个体必须承担他（她）要成为什么样的人的责任，向别人寻求建议或者让社会将我们塑造成"好公民"，这都背离了人性的本真（参见Sartre，1948/1971；Cooper，1999）。第三，大部分人类生活于群体中，因此必须遵守某些规则或习俗，以避免发生冲突。如霍布斯认为，人类生活于社会中，需要有一种"社会契约"来制约其邪恶的自然倾向，这一契约符合社会整体的最大利益（1651年/1996年）。如果将霍布斯的观点加以延伸，我们的道德感是在社会中建构的，社会通过各种方式强化了人的德行，家庭、学校和社区都要求儿童内化这些美德。对于那些拒绝与群体中的他人合作共处的人，要获得有意义的生活几乎是不可能的。我们很容易看出忠诚、友善、勇气、慷慨、同情等美德在群体生活中的重要价值。

至少从古希腊开始，美德的性质问题就不断被讨论。亚里士多德将美德与恰当的理性思维方式联系在一起。他说道："美德是与我们的选择有关的性格状态，美德对我们的意义是由理性以及人的实践智慧决定的。"（Aristotle，1962，1107a）美德是一种稳定的个人品质，它对于人的发展和福祉至关重要。有关美德的条目和美德分类的方法是多样的。基督教的"登山宝训"以"天国八福"的形式提供了有关美德的条目（其中称颂了那些使人和睦、仁慈、心灵纯净、善良温柔的人；参见 Matthew 5：3 - 12，*New English Bible*），圣徒保罗在"圣灵的果实"中提供了另外一些条目（仁爱、

喜乐、和平、忍耐、恩慈、良善、信实、温柔、节制；参见 Galatians 5：22，
New English Bible）。许多宗教不仅提供了美德条目，而且也提供了恶习的条
目（如天主教的四主德——谨慎、公正、坚韧、节制，七宗罪——傲慢、
贪婪、色欲、嫉妒、贪食、暴怒、懒惰），还提供了德行的角色榜样。当
然，人们对德行的理解随着时间和语境的变化而变化。麦金泰尔（MacInty-
re，1984）认为，文化背景和社会传统对于我们理解根植于其中的美德是至
关重要的。基于此，托马斯（Ungoed-Thomas）指出，弄清"教育的首要美
德"是非常重要的（1996，pp. 151 - 153）。他认为对于人（尤其是教育语
境中的人）来讲，首要的美德是"尊重"；对于课程来讲，首要的美德是
"真理"；对于社会来讲，首要的美德是"公平"；对于公民来讲，首要的美
德是"责任"。其他人可能并不同意这种排序：一些人将"关心"（caring）
作为最重要的美德（Gilligan，1982；Noddings，1984）；一些人将"爱"
（love）作为最重要的美德（Halstead，2005c；Wilson，1995）。无论我们如
何排列这些美德，请记住休谟的教诲，"知道美德是一回事，而按照美德的
要求去行动又是另一回事"（1739/2000，Book 3，Part 1，section 1）。"品
格"（character）这一概念，在美国道德教育中越来越流行。它既是一个人
美德和稳定品质所构成的总体的、独特的模式，又包含着个体按照这些品
质行动的行为方式。换言之，它包含着个人诚信、知行一致和目标坚定等
含义（McLaughlin and Halstead，1999，pp. 134 - 135；参见 Peters，1974，
pp. 245 - 251）。

　　"我应该成为什么样的人"实质是人性善恶的问题，而"我应该如何行
为"的核心是辨别正当与错误。当然，亚里士多德对第二个问题的回答是
理智地行动并做一个有德之人应为之事。但是，对于很多人来说，这个答
案并不能提供充分的指导，他们渴望寻求一套共享的准则以此作为道德行
为的指导。但是，这些准则是什么？我们如何知道何为正当？在回答这个
问题时，我们应该在外在强制性规范、内在强制性规范和理性选择规范之
间作出区分。

　　外在强制性规范可能有以下几种不同的来源：

·宗教。所有的宗教都有很多关于道德的表述，也都提供了行为的规范（如"十诫"、伊斯兰教法、黄金律）。但是，宗教的道德规范并非在任何场合中都是一致的，一个显而易见的事实是，即使没有宗教的支撑，道德在一定意义上也是可以独立存在的。

·法律。在西方，越来越多的人从法律的视角来判定行为的正当或错误，其基本假设是如果某种行为是不合法的，那么它必然也是不合乎道德的。但是，法律与道德的关系一直以来争讼不已（参见 Devlin, 1965；Hart, 1963）；1967 年，英国成人之间基于合意的同性性行为被合法化，这同时也改变了其内蕴的道德议题。这一行为的合法化并不意味着道德争论的终结，有关法律在道德价值观中的支撑作用问题，在西方仍然存在争议。

·社会化。正如我们所看到的，儿童通常要遵循一定的社会规范，并内化那些上一代人所同意或者只是理所当然觉得要遵守的规范。

·社会的统治阶级。马克思主义的意识形态认为，统治阶级的意志代表着普遍道德，而那些接受这些普遍道德的人则是"虚假意识"的牺牲品。

基于不同来源的迥然相异的规范体系，正好说明了它们不可能绝对是正当的。那么，可能存在某些总是正确的普遍道德规范吗？道德绝对主义者相信这些普遍道德规范是存在的，尽管它们在这些规范是什么的问题上看法不一。道德相对主义者认为所有的道德规则在各自的语境中都是同等有效的（Harman and Jarvis-Thomson, 1996）。针对绝对主义者，他们声称道德价值观总是应时而变的。奴隶制，今天在道德上是为我们所唾弃的，但是在过去几乎是大家普遍接受的。针对相对主义者，绝对主义者则声称很难相信诸如虐待儿童的行为在某些文化语境中是可接受的。而走出这两种理论僵局的路径有两条。其一是主观的路径（也可能是以信念为基础的），正如某些人所说："我虽然不知道这些规范是否普遍有效，但对于我来说它们是正当的。"其二是理性的路径，正如某些人所说："我不相信我们能够在道德问题上获得绝对的确定性，但是，我们必须确信道德判断应该尽可能地符合理性。"

主观主义有不同的观点。某些人（如情感主义者）认为，道德义务的基础，只能到有关同意或者反对的极端个人情感中去寻找。尽管休谟（1739/2000）赞同正是我们情感的一致性使得组织一个幸福社会成为可能，但是他仍然认为诸如"谋杀是错误的"这一道德陈述仅仅只是个人不同意谋杀这种行为的情感表达方式。艾耶尔（1936 年）发展了休谟的观点，认为道德陈述只是喜欢或者厌恶等情感的表达，道德辩论是徒劳和无意义的。其他主观主义者如摩尔（1903 年）认为，我们可以通过直觉来把握道德原则，而这些原则构成道德判断的基础。也就是说，个体将道德判断建立在"爱"的核心道德原则基础上，正是这些原则指示他在特定的情境下该如何按照爱的原则来行动。简言之，行为是以个体的价值图式为基础的，而正是这些价值图式赋予行为以道德意义。有趣的是，道德主观主义支持英国官方有关公民身份与道德教育的陈述。课程指导文件《公民身份教育》（*Education for Citizenship*）指出："应该帮助学生发展个体道德模式。"（National Curriculum Council，1990b，p. 4）讨论稿《精神与道德发展》（*Spiritual and Moral Development*）指出，在学校接受过道德教育的学生应该"学会表达自己的态度和价值观；……发展出一套社会可以接受的价值观和原则体系，从而为自己的行为提供指导"（SCAA，1995，p. 6）。20 世纪60 ~ 70 年代风靡美国的道德教育理论——价值澄清理论也体现了同样的哲学思想。

道德推理是用理性的方式将合理的道德原则运用于作出道德判断或决定的特定情境中。道德原则作为理性结构系统的组成部分，在其产生方式方面主要有四种道德理论。第一种是自然法理论。由 13 世纪代表基督教道德传统的托马斯·阿奎那提出，其理论基础是亚里士多德哲学（参见 Finnis，1980）。根据这种理论，万事万物都是基于某种自然目的（从设计的角度而言，这一点是显而易见的）而创造的，这一目的的实现就是我们应该追求的"善"。比如，既然生存是自然目的，那么保存生命就成为一个重要的道德原则。第二种是功利主义。这一理论由边沁（1799/1948）提出，在密尔（1863/1970）那里得到发展。功利主义认为行为的善恶应该由其结果来评判：在任何情况下，正当的行为应该是那些能够增进最大多数人最大幸福的行为。除了这个总原则，某些功利主义者提出，以整个社会幸福和痛苦的集体经验为基础去建构某种规则体系是可能的（Smart and Williams，1973）。第三种是义务论（有关责任和道德义务的科学）。康德认为，出于义务感（基于遵循强制性规则的动机）而作出的行为才是道德行为，一个人的道德生活始终处于义务感与自然本能二者的挣扎之中（Kant，1785/1948）。强制性规则（或"绝对律令"）能够从可普遍化的原则中合理地引申出来。这个可普遍化的原则是：你要这样行动，就像你的行动的准则通过你的意志成为一条普遍的自然法则一样。比如，一个人如果不希望接受每个人任意撒谎的事实，他就应该永远都不要撒谎。康德同时强调了道德义务以及个体道德移情能力的重要性。第四种是社会正义论。这以约翰·罗尔斯的著作为代表。他认为，一个正义和符合人性的社会应该最好由一群平等、理性和自利的个体来决定，这群个体在关涉其自身社会地位的"无知之幕"背后作出选择。他相信，这将会在个体自由与社会最少受惠者的公平之间产生适当的平衡，因为每个人都期望免受未来贫困生活的困扰。

在道德领域，对理性的过分依赖存在着许多问题。第一，诸如利他主义等美德，它为某些人的道德决定提供动机，但却并不符合理性框架。第二，事实上，人们对正当之事的认识并不必然保证他们会付诸实践。质言之，如果缺乏道德动机和意愿，道德推理的作用将会是有限的（Haydon，1999；Straughan，1999）。第三，理性自身可能并不是道德智慧的源泉，它实际上可能是道德中立的：理性既可能增进人类的福祉，又可能为人类带来灾难（如大屠杀）。后现代主义思想家福柯就认为，理性已经被权力阶层用于强化其统治地位和压迫下层阶级，从而被殖民化了。对于某些人而言，后现代主义已经将许多理所当然的、有关共同道德价值观和普遍道德真理的"宏大叙事"消解了。而取代这些"基础哲学"的是：没有路标的道德领域；道德信念和实践多元性的强化；道德不确定性和怀疑主义的增长；某些道德问题思考者近乎玩世不恭的超然态度；"单一议题"（single-issue）道德阵营的扩展；对多样性宽容的普遍强化（参见 Bauman，1993，1994）。麦金泰尔（1984 年）同意许多后现代主义者对于伦理学家运用理性方式的担忧，他寄希望于在社群生活中恢复道德传统。地方社区成功的关键是其社会成员的性格或美德，因此，我们必须回归亚里士多德的"美德理论"。这一理论强调模仿、习惯（habituation）以及通过指导和经验来发展道德敏感性，而不是对理性决策的训练。

四　英国道德教育的语境

自从教育产生就有了道德教育。长久以来，品格形成和德性发展一直处于教育的核心地位。但是，我们却对道德教育的早期历史缺乏必要的关注。伴随着公民教育的发展，1970 年（或之前几年）出现了英国道德教育历史上的转折点。在此之前，与许多其他国家一样，英国的道德教育是与宗教教育紧紧联系在一起的。而这一时期，许多举措同时推出，将道德教育推进到一个新的时代。成立于 1965 年的法明顿信托研究中心，开展了道德教育的研究（Wilson *et al.*, 1967；Wilson, 1973）。1967 年，学校道德教育委员会计划（Schools Council Project in Moral Education）设立，推出了大量理论著作和包括《生命线》在内的全新教学材料（McPhail *et al.*, 1972）。1971 年，在社会道德委员会（后来是诺勒姆基金会）的赞助下，《道德教育杂志》（*Journal of Moral Education*）创立。接下来几年，大量道德教育方法在学校中采用，尽管它们很少采取正式学科的形式（而在加拿大和马来西亚则相反）。基于这样一种假设，即好的道德通常是被捕捉而不是被传授（caught than taught）的，它一般被纳入宗教教育的视域（Halstead, 1996, p. 9）。有关道德教育基本问题，如道德动机以及儿童是否能被教育成好人的研究（Straughan, 1982, 1988）持续开展。

这一时期，道德教育在国际上尤其是在美国得到了广泛关注，其中有两种关键策略在英国的思想界产生重要影响。第一个是价值澄清（Raths *et al.*, 1966；Simon *et al.*, 1972）。价值澄清理论认为，价值观必须经过对后果的考量，从各种可能选项中自由选择，个体必须珍视、公开认可和践履这些价值观，并且不断重复这种行为。这一理论基于这样的一个假设：在一个多元的社会，企图向儿童强加某种价值观是错误的。儿童更加关注那些经过自身思考和自主决定的价值观。价值澄清理论因其根植于虚幻的相对主义和无视人们在价值问题上可能犯错的事实，受到广泛的批评（Kilpat-rick，1992，ch. 4）。尽管如此，我们还是可以看到价值澄清在英国人文学科课程计划（School Council，1970）中的影响。英国学校对教材和资料的运用方式也可能是以这一理论为基础的（参见第六章）。第二个策略是科尔伯格的道德推理路径（1971 年）。这一路径的核心理念是，应向儿童提供"道德两难故事"，鼓励儿童进行讨论，帮助他们意识到现有道德思维模式的不足，并刺激他们向更高层次的认知水平发展（Blatt and Kohlberg，1975）。20 世纪 70 年代，这一理论在道德发展研究领域居于主导地位。但是对于这一理论也有不少批评意见，比如，有学者认为它贬低了社会、文化和宗教因素对于人们道德价值观的影响，它低估了处理争议问题之前学习基本价值观的必要性，它没有对关心、责任、爱等女性主义伦理价值观给予充分关注（Gilligan，1982；Noddings，1984）。

　　英国现有的道德教育路径是以 1988 年颁布的教育改革法案为理论基础的，它要求公立学校提供一个平衡且广泛的基础课程体系，关注"学生在学校和社会生活中的精神的、道德的、文化的、心理的和身体的发展"，从而"为其成年后的生活提供机会、责任感和经验"（Great Britain Statutes，1988，p. 1）。而真正将道德教育纳入官方议事日程的是 1992 年学校教育法案的法律规定，其中要求学校必须对学生以上五个方面的发展进行督查。自此，教育标准局（Ofsted）逐渐明确了道德发展的具体含义，并于 2004年发布了"促进和评估学生精神、道德、社会和文化发展"的指南。1993年，国家课程委员会以讨论稿的形式颁布了"精神与道德发展"的官方指南（SCAA，1995）。该文件明确指出了学校应该提倡的道德价值观，但是，在如何传授这些价值观、有哪些可以利用的资源等问题上却并没有提供具体的指导意见。1996 年，教育和社会价值观国家论坛创立，提出了有关自我、人际关系、社会和生态环境方面的共同价值观的声明。莫里公司的民意调查表明，人们在这些价值观方面存在着广泛的社会共识。这些价值观被纳入现有的国家课程手册中（QCA/DfEE，1999b，pp. 147 - 149）。这些都对教师培训提出了潜在的要求，但是事实证据（缺乏实证研究）却表明，在职前教师教育中，道德教育的培训仍然存在空白。尽管如此，教育标准局的报告仍然提出，学生的道德发展总体情况是良好的，学校采取了一种协同和持续的教育方法，教师"以有意识或者无意识的形式为学生提供了一种价值观的道德框架"（Ofsted，2004b，p. 15）。

尽管对未来充满自信，但是仍然有许多严峻的问题有待回答。道德教育的特点是什么？我们对道德教育到底了解多少？教师和家长在道德领域里能够做什么？为实现道德教育的目标，教师和家长需要哪些资源和支持？如何评估道德教育的成败？道德教育现实的、可期望的目标是什么？道德教育与公民教育的关系是什么？哪些领域的理论研究是最急需的？（参见 Taylor，1996，pp. 9 – 19）

自 1997 年开始，道德教育随着公民教育逐渐崛起，至少在一些政府领导人和学者的观念中是这样的。这可能是因为人们意识到这二者都与发展学生对于社会共享的、共识的价值观的理解有关。也可能是因为道德教育不得不适应未来社会（家庭生活、工作方式、文化多样性、媒介权力、恐怖主义的出现、反社会行为等）快速变迁的趋势，这些都使年轻人对当前的政治进程产生越来越强烈的幻灭感。也可能是因为人们认识到，公民应该具有相应的道德义务，道德美德与公民美德是有内在关联的，素养具有道德与政治的双重维度（参见第四章）。不管出于何种原因，公民教育国家课程都力图将道德教育囊括其中。公民教育旨在帮助学生成为：

> 知晓其责任和义务的、有思考力且负责任的公民。它促进学生在精神、道德、社会与文化方面的发展，使他们在课堂内外都变得更加自信和有责任心。它鼓励学生在学校生活、邻里生活、社区生活与更广的世界生活中发挥积极的作用。

> （DfEE/QCA，1999c，p. 183）

最后，让我们用警示之语来进行总结。对道德责任感的突出强调可能是政府政治议程的一部分，但如果将其局限在未来道德教育的领域，则会使道德教育只剩下贫乏的形式。霍尔斯特德（2006 年）认为，"道德"是一个宽泛的概念，如果只是或者主要通过公民教育来传授它的话，将会导致概念的曲解。学生既需要学习诸如爱、正义、公平等概念，又需要习得同情、道德想象力和道德判断力。如果学生要学会批判地回应支撑公民身份的价值观，道德教育必须提供其所需的主要原则和技能。如果说道德价值观是一个人之所以成为人的重要组成部分，那么它们必须成为整个教育的核心，而不只是局限于某些课程上。这也是我们为何主张将公民教育贯穿在整个课程体系中的原因。

第二章 公民身份与道德教育中的根本价值观

本章旨在强调这一事实：价值观不仅是道德教育的核心，也是公民身份的核心，还力图阐释教师公开而自信地谈论价值观的必要性。价值观问题是无法逃遁的。作出提供公民教育的决定，其前提性的假定是公民教育对于儿童（同时对于整个社会）是有意义的。正如我们将在下一章所看到的，任何目标选择都包含着显性的或隐性的价值判断，价值观渗透在公民教育策划与教学的各个方面。最重要的是，这门学科本身就包含着价值观的传授。但是，到底传递的是什么样的价值观呢？本章认为，自由主义及其对于自由、平等、理性的强调，为英国提供了最重要的基本价值观框架，自由主义价值观普遍地渗透在公立学校的课程体系中，尤其渗透在公民学课程中。基于此，我们认为，教师有必要对这些核心自由价值观有所认识，有所思考，并且与同事们进行辩论，理解其具体的实践意义，最终为支撑他们教育工作的价值观以及传递给儿童和年轻人的价值观提供一种合法性证明。

在具体解释公民教育语境中的"自由主义"概念之前，我们要厘清"价值观"的定义。本章分为六个部分。第一，对价值观的概念进行审视，我们认为，价值观是指人们判断事物好坏、正当、可欲或者是否值得尊重的原则。第二，考察学校在价值观发展中的角色，以及当代社会价值多元视域中这种角色的复杂性。第三，理解任何社会里支撑公民身份或道德教育的价值观最好的方式，是从考察将社会凝聚在一起的共同价值观框架开始。在英国以及其他西方社会，自由价值观正好发挥了这一功能。第四，考察自由主义价值观与公民教育之间的关系，尤其是从政治、法律和经济等社会生活的维度对这一问题进行思考。第五，考察自由主义价值观与道德教育尤其是道德推理的关系。第六，思考自由主义理论面临的主要挑战，论证自由社会里应对多元意识形态的可行之法。

一　什么是价值观？

在过去的 20 年里，开展了很多有关价值观的调查（Abrams *et al.* , 1985；Barker *et al.* , 1992；Francis and Kay，1995），但是，在对"价值观"这一概念的理解上仍然存在着许多争议。玛丽·沃诺克（Mary Warnock）将价值观定义为"共享的偏好"（shared preferences）。她写道："价值就是我们喜欢或者不喜欢什么东西……这个定义里的关键词是'我们'。只要一谈到价值观的问题，我们就得假定为人类……享有某些特定的偏好。"（1996，p. 46）

但是，我们发现沃诺克的定义存在两个问题。第一，它混淆了私人价值观与公共价值观，或者至少没有在二者之间作出区分（我们承认弄清这种区分的复杂性，但是，它确实有意义。参见 Pike，2004d）。私人价值观可能是偏好，但却并不是共享的。拉斯思（Raths）等人将价值观定义为"个体引以为豪并愿意公开认可的信念、态度或情感"，强调了价值观的个人维度，当然，这样一种定义是同论证价值澄清作为道德教育之路径的目标相适应的。另外，公共价值观是共享的，但正如很多学者所承认的，它比偏好更为基本。如谢弗和斯特朗（Shaver and Strong）认为价值观是我们判断事物好坏、是否值得或者可欲的标准和原则（1976，p. 15）。正是从这个意义上讲，如果缺乏某些共享价值观，一个社会将无法存续，社会行为（如教学或者学校管理）将无法展开。第二，沃诺克的定义混淆了"价值观"与"珍视某些事物"（valuing something）。我可能非常享受将猫放在膝盖上的舒适状态，但这并不会成为我的一种价值观。当我们谈论某个事物的价值时（正如短语"value-added"），总是涉及其意义，而当我们珍视某个事物时，总是对其意义作出了较高的预期。但是，今天价值观（values）看起来更多地是指我们作出价值判断的标准或者说是价值判断赖以建立的原则。

在本书中，我们对霍尔斯特德和泰勒（Halstead and Taylor，2000a，p. 3）的定义进行了一定的调整。价值观是人们在公共领域里行为正当性的原则和基本信念，是私人行为的总体指针；它们是对"什么东西是值得的"这一问题的持久信仰，是人们奋斗的理想，以及判断某种行为是否良善、正当、可欲或者值得尊重的广义标准。典型的价值观包括正义、平等、自由、公平、幸福、安全、真理。价值观因此能够与某些相关联甚至有时相互重叠的概念相区别，如"美德"（virtues）（美德是指诸如诚信、慷慨、勇气、忠诚或者善意等个人品质或个性特征）和"态度"（attitudes）（态度是指习得的某种倾向或者以某种可预期的方式行为的素质，比如开放、宽容、尊重和不带偏见）。

对于大多数教师来说，这个定义作为公立（国家）学校公民教育的基础是合适的，它在有关价值观是主观还是客观的争论中居于中间立场。在这个争论中，一个极端是将价值观视为一系列价值判断的主观标准。这可能与后现代、相对主义的观点有关，这一观点认为没有某种价值观看起来比其他价值观更加具有客观性。这一观点有时也会声称它能够为解决文化多元社会里的价值观争议提供一种有效方法："你有你的价值观，我也我的价值观。"而另一个极端则是将价值观视为是绝对的，它适用于任何空间和任何时间。在这种观点看来，无论是在任何情境下，某些人类行为总是正确的或者总是错误的。在这两个极端之间，有一种观点认为，某些价值观比如人权或者机会平等，具有某种客观的性质，这可能是因为"某些社会安排和行为模式更有助于促进人类福祉"（Beck，1990，p. 3）。因此，这些价值观可以通过一种系统的和客观的方式来进行探究，尽管这种观点也承认价值观是社会建构的产物，从一定程度上意识到价值观会随着时间的变化与群体或社会的变化而发生变化。

有必要指出，存在着不同类型的价值观。它们通常会以意识形态为基础进行分类（如自由主义的、天主教的、马克思主义的、女性主义的、福音派基督教的、伊斯兰的或者人道主义的价值观），或者以不同学科或者社会生活不同部门对价值观进行分类（如政治的、公民的、经济的、法律的、文化的、社会的、道德的、精神的、审美的、科学的、宗教的、生态的或者与健康相关的价值观）。公民身份与政治的、公民的、经济的和法律的价值观最为相关，但是，正如在本书第二部分所论述的，从更加广泛的价值观来审视公民身份，将有助于丰富我们对于公民身份之可能性的理解。

二　学校在价值观发展中的角色

价值观不仅与道德教育的内容而且也与公民身份的内容相互交织在一起。比如，机会平等、民主、宽容、公平竞争和法治，这些都是价值观。从事公民教育的人，不仅只是要学生理解这些价值观及其在社会制度中所扮演的角色，而且要通过某种方式使之内化为自身的一部分，并且在实践中发展对这些价值观的承诺。同样的理由，如果人们只是懂得很多伦理学理论及其对于社会道德行为的意义而并没有真正将其外化为行为，我们也很难称他们为在道德上受过教育的人。要成为一个在道德上受过教育的公民，一个人必须（a）理解关键的道德原则及其重要性，（b）通过反思的过程而不是被简单灌输的过程达到这种理解，（c）在实践中道德地行为。因此，教师在公民身份与道德教育中扮演的角色都包含着价值观的传授。

一些教师最初可能对此感到不太适应。他们可能会对将价值观传授给学生的期望表示反对。这可能基于两个理由：第一，价值观是个体的私事，将价值观强加于某人在原则上是错误的（这一观点是道德教育的价值澄清法的主要论据；参见 Raths *et al.*，1966）；第二，当代社会有如此多样的价值观，以至于不可能在某种特定的框架下找到共识。沃诺克（Warnock）就曾发出警告，要避免使性教育成为"口头上的道德说教"（1979，p. 89）。当然，在使用"道德说教"（moralistic）这个词语时，沃诺克实际上提出了问题。因为，这个词语暗含了一种道德上过分教条的路径，而这种路径本身就其定义来说是反教育（anti-educational）的。但是，我们认为，传授不包含某种价值观框架的公民教育或道德知识，在实践中是不可能的，这并不是一个将价值观"强加"（imposition）给学生的问题。事实上，有很多论据都支持这样一个观点，价值观的学习（learning values）［而不只是**有关价值观的学习**（learning *about* values）］必须被认为是任何公民教育或道德教

育的基本组成部分:

·某些价值观对于任何文明社会都是必要的（如人权、宽容、对人的尊重或反种族主义），学生有必要学习这些价值观。

·尽管社会在文化上是多样的，但并不意味着社会中的公民没有某些共同的价值观。这些价值观可能是那些处于社会政治体系内核的价值观（如民主和法律面前人人平等），学生如果要成为完全意义上的公民，进行政治参与，必须认同这些价值观。

·某些个人品质对于社会整体来说是如此重要，教师不可能在这些品质问题上保持中立态度。比如，对于大多数父母来说，儿童在成长的过程中是否表现出关心、负责任、诚实的品质并不是无关紧要的事情。这些虽然是道德价值观，但却构成了广义上理解什么是合格公民的一部分。

·在对公民身份进行研究时，学生将不可避免地接触到很多的价值观，如果缺乏对这些价值观的系统反思和讨论，学生很可能会以一种有害的方式而不是理性的方式来发展他们的价值观。

·如果学校没有为学生提供直接的帮助和指导，而是放任学生自己择取价值观，那么这将会使他们暴露在那些不怎么关心学生健康成长机构的影响甚至操纵下。这说明了，对支撑公民身份的价值观应该进行探索和公开的表达，从而使教师增强向学生提供指导的自信心。

尽管理解公民身份和道德的过程以及更广义上的价值观发展的过程开始于儿童早期并且贯穿在生命历程之中，学校还是通过提供讨论、反思和提升理解力的机会，在影响这一进程方面发挥着独特的作用。公立学校在价值观发展方面扮演着三个显著的（也许并不总是相容的）角色。第一，作为一个公共机构，学校应该体现社会赖以建立和维系的价值观。这并不意味着学校应该毫无批判地呈现这些价值观，因为发展批判性理解力是所有学校的中心任务。但是，学校有责任确保它所施加的影响应该是平衡的，这部分是因为学校毕竟代表着社会中官方的观点。学校的影响力有助于抵消学生从别处所择取的某些极端观点和价值观。这种影响力越是建立在反思、公开辩论和对共享价值观进行民主探寻的基础上，那么，它在塑造儿童价值观方面就越具有合理性。第二，学校应该填补学生在知识和理解力，包括在价值观之重要性方面的知识漏洞。学校在评估学生的理解力，并根据现实需要对相应的教育举措进行调整方面居于有利地位。"需要"的概念将我们思考的视角拉回到价值观问题上，因为描述某种事物的必要性，意味着对其做出一种积极的价值判断，我们正是立足于我们的价值观才作出这种判断。第三，可能是学校最重要的角色，那就是通过对价值观发展施加各种影响力，帮助学生选择合理的道路。学校的影响同其他影响因素一道进入学生的意识领域，它们共同形成学生建构其公民和道德价值观的原材料。但是，如何对价值观发展中这些不同影响因素进行筛选、评价、综合、鉴别、判断，学生需要得到相应的帮助。学校在发展这些核心技能方面具有独特作用。学生倾向于用不同方式来理解公民教育和道德价值观（比如，极端一点的例子，某些团体回避包括投票在内的所有政治活动，理由是"权利是由上帝授予的"，他们并不是属于这个世界中的公民），但是，从自由主义的视角看，这可能并不是一个问题，只要他们的决定是理性反思而不是灌输的结果，只要对公共利益没有构成损害。

教师要帮助学生通过对公民和道德价值观承诺的思考，成长为具有批判性反思能力的成年人，这就不仅意味着教师自身必须对什么是价值观领域里的批判性反思能力有明确的感知，而且意味着他们必须了解支撑公民身份与道德教育的价值观，具备对这些价值观进行批判性讨论的经验以及将这些价值观与儿童不同的需要和经验联系起来的能力。下文将试图探讨如何提升这些反思能力。

三　核心的自由主义价值观

如果公民身份与道德教育的部分角色是促进对社会核心价值观的反思与承诺，那么首先得确认这些核心价值观是什么。其中一条路径是对我们社会中理所当然的事物进行质疑，比如：

· 为什么人们被允许去做某些通常被认为是令人生厌的事情，比如，为了双层玻璃这种小事而打电话骚扰我们，或者试图在别人家门口传教？

· 当议会选举议员时，为什么遵循"一人一票"的原则，而不是让那些政治知识渊博的人拥有更多的票数？

· 为什么根据人们的收入水平而不是他们眼睛的颜色来征税？

对于以上这些问题可以有不同的答案，但最终，第一个问题的答案会与自由相关，第二个问题的答案会与平等相关，第三个问题的答案会与理性相关。即使我们扩大这些问题的范围，自由、平等与理性这三种价值观同样支撑着这些问题的答案。

我已经在其他著作中对三种基本的自由主义价值观进行了论述（参见Halstead，2005a）。自由主义很难去界定，因为它存在着不同的解释。对自由主义最好的理解方式，也许是将它与非自由主义的世界观比如极权主义（totalitarianism）相比较。这里，我们采取一种较为宽泛的对自由主义的理解，它包含着从保守主义（pace Scruton，1984，p.192ff）到某种形式的社会主义的广泛政治理论，但其核心思想体现在当代哲学家罗尔斯、德沃金、哈特、柏林、拉兹、古德曼、马塞多和金里卡的著作中。从历史的角度而言，自由主义有着新教的根源，这使它们之间有很多的共同点。但是从哲学的角度而言，自由主义可以说是在两种核心价值观或原则的冲突中产生的。

第一个是个人自由——这是一种摆脱任意的外在约束去追求个人利益和需求以及实现个体潜能的自由。第二个是所有个体在这些自由方面都享有平等的权利，这就意味着在社会结构和实践中平等地尊重所有个体，同时拒绝对任何个体的任意歧视。它反对根据某些人比别人享有更多的自由权而将人们划分成三六九等（如奴隶制），其最为强烈的表现形式是力图将人们的生活机遇均等化或者平等地分配财富与权力。自由与平等这两种价值观之间处于一种紧张的状态。人们拥有的自由越多，则他们最终达到平等的可能性就越小，反之亦然。一些自由主义者认为自由是更加重要的价值观（Hayek，1960；Berlin，1969），而其他人认为平等更重要（Dworkin，1978；Gutmann，1980；Hart，1984）。正是这种紧张关系部分使得对第三种核心的自由主义价值观的需求逐渐上升，即自洽理性（consistent rationality）。自洽理性确保所有的决定和行为都是建立在逻辑上自洽的合理理由基础上，它排除了对教条毫无批判的接受（不管是基于权威或者启示）。

　　总体来说，这三个价值观为自由主义的世界观提供了基础。根据这一世界观，人类的某些行为，包括偏见、不宽容、非正义和压迫等，都被排除在外。而其他的行为则被认为是基本的，尽管在将其付诸实践的方式上仍然存在激烈的争论。个体自治的原则——个体确定行为方案的自由——取决于自由与理性这两个核心价值观。国家公正、个体宽容与尊重的原则结合了理性以及权利面前人人平等的核心价值观。人们期望自由主义的国家在宗教事务上表现出官方的中立性，同时在公民的宗教信仰不对其他个体或公共利益产生危害的前提下，平等地尊重所有个体良心的自由。而公正解决冲突的原则同时与自由、平等与理性等相关。

　　在这三个价值观和原则的基础上，有可能建构一种政治、法律、经济与伦理的自由主义理论。这三个价值观首先是公民身份的核心，最终也是道德教育的核心。我们必须将这三者紧密结合起来进行审视。

四　自由主义价值观与公民身份

　　政治与法律通常是自由主义争论的最核心的场域。自由主义者认为，民主是抗衡专制的最理性的方式，也是确保公民实现自身最大利益之平等权利的最优方式。多元主义被认为是应对国家生活中的多样性问题最为理性的方式。国家自身并不是目的，"其存在是为了规制个体之间为了其私人目的而产生的竞争"（Strike，1982，p.5）。它提供了保护公共利益以及确保社会正义的方式。自由主义坚持法治，通过保护个体人身以及财产的方式以避免伤害和维系社会秩序。人权（包括女性、儿童以及少数族裔的权利）、言论自由、反对审查制度、种族平等、禁止通过刑法来强制推行私人道德价值观（Hart，1963）等，这些关键的自由主义条款都在法律体系中被奉为神明。

权利是自由主义的核心。某些权利是基本的（比如生命权和免受奴役的权利），如果没有它们，以上三个核心的自由主义价值观都将无法实现。其他权利则通过理性争论的方式来实现，理性争论是公平解决冲突和维护普遍人类福祉的最适宜的方式。这些权利即使在自由主义者中也都是向辩论开放的，有的时候甚至不得不通过斗争的方式来加以实现，尽管它们都有基于自由主义伦理学的合理诉求。这些权利通常由法律来表述与界定，包括受教育权、享受低价住房的权利、免费医疗的权利、最低工资保障权。这些权利通常与社会角色、人际关系以及权力分配有关（比如女性权利、家长权利）。有的时候，这些权利仅仅只是某种欲望和需求的修辞性表达或者对于某些特定社会目标的偏好，比如，学生权利和动物权利。权利如果不植入一定的社会或者制度结构中，缺乏实现权利的硬件设施，那么它将只是某种诉求或者需要。权利通常只有在矫正非正义现象的需求中才能被唤醒。

一般而言，自由主义不推崇某种特定的好生活观念。在一个自由社会，众多的生活方式、信仰、偏好、职业角色和生活计划构成了一个观念市场（marketplace of ideas）。自由主义在私人领域与公共领域之间作出了重要的区分。比如，宗教信仰对于个体来说就是一件私人的、自愿的事情（尽管宗教实践是一种建立在有关个人自由的核心自由主义价值观基础上的道德权利）。因此，自由国家被期望在宗教事务上表现出政治中立的立场，并尊重个体的良心自由，这被某些人称为"自由主义的沉默"（liberal silence）（参见 Costa，2004，p. 8）。如果不这样做，国家将会面临着利用某种形而上的和宗教的诉求、某种终极信念、国家权威与合法性的象征来扭曲观念市场的指控（Fishkin，1984，p. 154）。但是，在公共领域，自由国家有责任促进以上所说的政治价值观。

在自由主义政治理论中，存在着几个主要的争论，它们包括：民主所需要的代表（这是为了满足利益保护的需要）和参与（这将有利于促进人类发展）的程度；政治自由主义是某种广泛的自由主义世界观的必要组成部分，还是不同的世界观之间的重叠共识（Rawls，1993）；民族主义与自由主义价值观的兼容性问题（参见 Miller，2000b）；公民权利与国家权力之间如何平衡；右翼对稳定、不干涉、自由企业、自主性、价值的强调与左翼对平等主义以及反对社会不公的强调之间的紧张关系，换言之，就是认为应该根据按劳取酬的人同认为应该按需取酬的人之间的紧张。

尽管国家会对经济运行进行必要干预，以确保自由公平竞争，防止因财富与福利明显的分配不公所导致的伤害，自由主义经济理论仍然坚持私有财产具有合法性，支持自由市场经济的理念。但是，争论仍然存在。比如，哈耶克（Hayek，1960）等人固守着旧有的自由放任的自由主义原则，而更多的现代自由主义者则强调政府在货币政策或者福利分配方面应该加强控制；有的人支持资本主义自由企业，而有的人则希望看到在财富与收入方面通过诸如提供最低工资标准或者累进税等方式进行必要的再分配；有的人强调企业的自由以及效率，而有的人则支持提升工业民主。而自由主义在这些争论方面并没有形成某种明确的立场。

这一部分所论及的价值观以及各种争论与学校公民教育的关系并没有得到应有的关注，这里提出的很多议题将会在学生未来的学习课程中占据中心地位。

五　自由主义价值观与道德教育

自由主义不仅与政治、经济相关联，而且与伦理也相关联，正因为如此，它为学校道德教育提供了重要基础。然而，自由主义所提供的并非是一个统一的伦理理论。我们在第一章中指出，自由主义道德理论中存在着一个主要的区分：边沁与密尔认为"善"（good）具有优先性，因此他们根据后果来判断行为和决定的道德性；而康德等人则认为"正当"（right）具有优先性，因此他们根据一系列道德义务来判断行为和决定的道德性。前者的代表性观点是功利主义，功利主义认为公共机构与个人行为的正当性可以通过其对最大多数人的最大幸福的促进作用来衡量；而后者则依据道德义务的产生方式发展出一系列不同的观点。这些观点包括直觉主义（它试图将一系列彼此没有关联的低层次行为准则整合为一个连贯的整体，它与哲学所推崇的"常识"最为接近），分配正义（正如我们所看到的，分配正义自身也可作不同的理解，一个极端是只给予人们机会的平等，另一个极端则是满足最少受惠者的需求）。自由主义道德理论也可视为某种可供选择的宗教道德，它将行为准则建立在理性原则之上而非从宗教权威或者启示演绎而来的规定之上（尽管宗教规则与自由主义道德规则二者在实践中可能会有重要的交集）。

从自由主义的视角看，在个体的层次上，以三个核心的自由主义价值观为基础的人类行为方式至关重要。这些行为方式包括：讲真话、遵守承诺、公正对待他人、尊重自己与他人、避免伤害他人、控制自己的生活和身体、宽容多样性，履行责任、支持理性解决冲突、认同法治、同意为了保护他人利益而约束自己的行为。根据这一观点，道德被认为是一系列通过与核心的自由主义价值观之间的联系来获得理性确证的行为规范或准则。在道德上受过教育的公民，是那些以这些规范来思考并内化这些规范的人。实践中的道德行为也是一种理性的行为，它要根据特定的境遇经由仔细反思来决定如何行为，既要考虑行为的原则，同时也考虑行为的可能后果。劳伦斯·科尔伯格的道德教育理论（第一章有所讨论）直接指向道德推理能力的发展。

自由主义对道德的解释中容易被忽视的一点是，一个人应该过一种什么样的生活或者说一个人要成为什么样的人。另外一种自由主义的理性道德观使得"美德"（virtues）成为中心议题（Carr，1991）。根据这种理论，道德教育要发展可欲的个人品质，使学生成为某种类型的人。其中的一个理论版本是"品格教育"（character education），"品格教育"意图向学生推荐某些得到认可的美德，通过一系列课堂以及课外活动推动学生将这些美德体现在生活中（Lickona，1991）。除了在实践中所遇到的困难，"品格教育"在确认哪些品质是美德（我们怎样在爱国主义、谦虚与有志向之间进行排序？）上也存在困难，有的时候表面上好的品质也可能会导致不幸的结果。它们很难与理性这一核心的自由主义价值观脱离开来。

六　对自由主义价值观框架的挑战

　　当然，即使是在西方国家，自由主义价值观也并不总是得到一致认同的。马克思主义（参见 Harris，1979；Matthews，1980）、存在主义（参见 Cooper，1999）、极端女性主义（参见 Graham，1994）、后现代主义（参见 Hutcheon，2003）以及包括天主教（参见 Arthur，1994；Burns，1992）、福音派基督教（Pike，2004d，2005a）以及伊斯兰教（Haltstead，2004）在内的各种宗教世界观都对自由主义价值观提出了重要挑战。对于笃信这些世界观的人来说，自由主义可能只是一个有关善的更具挑战性的版本。比如，让·鲍德里亚（Jean Baudrillard）的后现代主义向理性这一核心的自由主义价值观提出了严肃的挑战（1983，1992）。另外，伊斯兰教的世界观将价值观建立在神圣启示基础上，并且发展出一种与自由主义在几个关键点上互相冲突的教育理论。在伊斯兰教看来，教育的终极目标是塑造儿童的信仰——使他们成为好的穆斯林——他们不鼓励儿童去质疑信仰的根基而是使他们根据长者的权威去接受这些信仰。自由主义者如何回应这些观点呢？有人认为这是无法容忍的，建议国家应该进行干预，保护儿童权利，以使他们从这种文化环境中解放出来，从而成长为具有自主性的成年人（Raz，1986，p.424）。但是，这种基于自由原则而进行的干预，因为其对社会分裂的影响以及由此引发的社会冲突，在道德合法性上应该进行斟酌。我们最希冀的是一种建立在良心自由、尊重多样、探求共享公共价值观等自由主义价值观基础上的、更为宽容和更具文化敏感性的路径。这种路径应该允许非自由主义者的生活方式（比如社群、传统、文化）的存在，以便使人们都能够按照各自的选择去追寻对善的理解，只要他们不对别人产生伤害或者反对公共利益。

第三章　公民身份与道德教育的目标

有时，人们认为今天英国公众尤其是年轻人，对于政治的兴趣跌落到有史以来的低点。这种说法的历史确切性虽然无法考证，但对年轻人中的政治冷漠和犬儒主义的洞察，的确是 2002 年将公民教育引入初等学校必修课程的主要原因。吉登斯（Giddens）谨慎地指出："公民教育能够改善年轻人的生活和学习经验。"（2000，p. 14）但是，对于这门学科将会达到什么目标，许多人又赋予了过高的期望。公民教育咨询小组认为，公民教育要处理年轻人对于政治的厌倦以及无效能感，改变他们对于制度化权威的怀疑，降低犯罪率，最终改变国家的政治文化（AGG，1998，pp. 7，14 – 16；参见 Crick，2000b，p. 80）。哈格里夫斯（Hargreaves）认为，公民教育要为凝聚多元社会提供支撑（1994，p. 37）。也有一种普遍的假设认为，公民身份能够更加普遍地提供一种重要且可被广泛接受的道德教育和价值教育方式（Crick，1998a；Halstead and Taylor，2000b，p. 170）。

在改善年轻人的生活与改善国家的政治文化这两个目标之间，很明显地存在着潜在的冲突，尽管它们总是结合在一起的。究竟如何合适地、现实地处理好二者在公民身份中的关系？在第一章中，我们已经简略地谈论了国家对其公民可能有哪些合法的期望。这一章将会就目标的议题展开论述（参见 Rowe and Newton，1997）。第一部分将在以下三个标题下检视公民教育的目标：知情的公民、积极的公民和批判反思的公民。为便于比较，第二部分运用了同样的结构对道德教育的目标进行检视。第三部分探讨了实现这些目标的策略，尤其是将公民服从（civic confirmity）和品格教育这两种封闭的路径与更加开放的路径进行了比较。最后，探讨了对于学校、教师和课程而言，开放的路径其具体含义是什么。

一　公民教育的目标

公民教育可以作狭义或者广义的理解。狭义的公民教育旨在培养"能在投票中处理好由民主辩论提出的政治观点的公民",而广义的公民教育旨在培养"能够致力于公共社会事业的公民"(Pearce and Hallgarten, 2000, p. 7)。狭义的公民教育是**有关**公民身份的教育(education *about* citizenship),它用来培养知情的或者有政治素养的公民。广义的公民教育是**为了**公民身份的教育(education *for* citizenship),换句话说,这种教育是为了培养献身于某种公共价值观或者实践的积极公民。这种意义上的公民教育不仅包括政治素养而且也包括道德和社会责任感以及社会参与精神。在公民教育方面,还存在着第三种目标体系——塑造能够积极参与政治辩论、讨论和运动,推动社会变革,具备自主与批判反思精神的公民。以下,我们将就公民教育这三种目标的特征进行更加具体的探究。

(一) 塑造知情的公民

没人能够否认这一目标的重要性,但对某些人来说,这个目标只是公民教育唯一合法的目标。按照这一观点,公民教育是一种价值无涉的活动,它的目标离塑造积极、忠诚的公民很远,只是提供有关公民身份的知识。它的任务是一种认知性的任务,旨在扩展儿童有关政治观念、政治制度、政治议题的知识和理解。如此,公民身份就成为一门包含知识、理解和技能的学科。比如,学生了解他们从公共机构中所获得的权利,有关国家需要保障的公民权利以及与之相应的义务。塑造知情或者具有政治素养(参见 Beck, 1998, p. 108; Davies *et al.*, 1999, p. 17)的公民,这一目标与道德教育的目标之间没有任何交集。

对政治素养的强调使得我们相对容易地构造出公民教育学科所要达到的目标清单:

·地方以及中央政府,选举与政治制度;

·司法体系，法院、警察局、犯罪与惩罚；

·教育；

·民主与参与；

·公民权利与义务；

·多元主义、文化多元主义，多样性与社会团结；

·社会制度，健康与社会福利；

·国际组织；

·国家认同和爱国主义；

·多重公民身份：地区、国家、欧洲和全球/国际；

·机会平等与种族关系；

·自由主义价值观、公民美德与支撑社会的基本原则；

·其他的意识形态；

·经济，包括通货膨胀、自由市场经济、证券市场、税收系统、抵押，保险；

·战争；

·时事与媒体角色；

·对地球的重任；

·争议性问题——理解双方的观点；

·为不可知的未来做好准备。

这里，我们有充分的理由将此作为公民教育的主要目标。第一，对于儿童来说，使他们具备政治素养后离开学校，比在校期间拥有志愿服务以及其他社会参与的经验更加重要（Davies et al.，1999，p. 21）。事实上，正如恩格尔（Engle）和奥乔亚（Ochoa）所指出的，成为一个知情的公民是一种责任，因为公民如果不知情，那么他参与民主的行动将是不负责任的（1988，p. 16）。无论如何，知识自身是有力量的（AGC，1998，p. 20）。第二，基于知识和理解的路径能够避免许多负载价值观（value-laden）的路径所遭遇的麻烦（Beck，1998，pp. 103 – 108），包括对公民教育应该促进哪些价值观缺乏共识的问题，信仰、态度与价值观的灌输在自由主义教育中的地位问题。这一点可以与宗教教育进行比较，宗教教育过去鼓励对于基督教信仰的接受，但现在却旨在塑造具备各种宗教知识并对其抱有同情理解的人。第三，这一模式避免了在价值教育评价过程中所出现的问题，使得监控和评价变得更加直接。学生所获得的知识和理解力能够通过英国普通教育证书考试（GCSE）以及其他评价和考试形式来测试（Cross，2000）。第四，根据前文所指出的事实，许多教师对于他们在价值教育中的角色表示犹豫，不愿意参与其中（参见 Halstead and Taylor，2000b，p. 170；Passy，2003），一种基于价值无涉的公民教育路径可能有助于更好实现长期的目标。

这一目标是没有争议的，问题在于它到底能够走多远，对于很多人来说，答案是否定的。

（二）塑造忠诚、积极的公民

如果公民教育的目标不仅是发展政治素养，而且是激发道德与社会责任感以及社会参与精神，那么它就不仅包括知识与观念的发展，还包括价值观、性格、技能、能力、承诺的发展（AGC，1998，pp. 11 – 13，44 – 45）。但是，一旦我们承认公民教育、价值教育与承诺之间存在某种关联，一系列与这一学科目标相关的复杂问题便随之而来。鉴于在公民美德和共享价值观这些本学科的基础问题上缺乏共识，第一个问题就与公民教育所合理鼓励的忠诚与承诺有关（参见 McLaughlin，1992，pp. 242 – 243）。公民身份语境中的"承诺"（commitment）到底有什么含义？如何定义"忠诚公民"？一个忠诚的公民应该具备什么样的美德？这些美德能够教吗？第二个复杂的问题与学校在学生价值观发展中的角色有关。学校是社会化的主要机构吗？学校是否只反映社会流行的价值观？学校是否应该在引领社会变迁方面扮演更加积极和更具批判性的角色（参见 Halstead and Taylor，2000a，pp. 15 – 16）？我们必须对这些问题进行更加详细的阐述。

对于公民教育所发展的忠诚与承诺而言，有一些是没有争议的。我们都期望所有学生都学会遵守法律，自觉纳税，履行作为公民的其他法定义务，都发展出对社会运行不可或缺的共享价值观的认同。这些问题在下文中将会进行充分探讨。除此之外，还有各种合法而多样的行为模式。显然，并不是所有人都渴望积极参与社区的政治、公民和社会生活，并不是所有人都希望组织邻里守望计划、参与反猎狐行动或者支持汽车共享行动（car-sharing）。一些人可能只会选择一种不会质疑政治与经济现状的有益的邻里生活。但是与这些非义务性价值观（non-obligatory values）相比，公民教育至少应该向学生推荐成为积极公民的更加多样化的方式，鼓励学生对不同生活方式的意义进行严肃的反思。

大部分公民教育的支持者都认为，学校在发展学生价值观中的角色涉及广泛的民主价值观，它们包括公共责任感、超越个人利益的能力、对远大目标的追求，以及对更广泛的政治共同体的认同意愿（Miller，2000，pp. 28 - 29）。如果没有这些共同的价值观、理念和程序，一个民主社会"不仅缺乏凝聚力和稳定性，而且缺乏自由、平等、宽容以及道德与文明生活所应该具有的其他许多特征"（McLaughlin and Halstead，1999，p. 148）。怀特（White，1996）认为，使民主得以彰显的不是特定的制度与程序，而是正义、自由和尊重个人自治等价值观。只有每个公民学会民主地运用他们的知识和技能，民主才能运行。如果教育的目标是将学生培养成公民，那么它必须帮助他们获得相应的公民美德或者对于民主制度的繁荣所要求的公民习性（参见 Callan，1997；Kymlicka，1999，pp. 79 - 84；McLaughlin and Halstead，1999，pp. 146 - 155）。

有关公共价值观与私人价值观之间的区别，这一议题很早就已经涉及了，但如果将公共价值观的教育作为公民教育的中心，那么更加深入地分析这种区别是有必要的。麦考林对公共价值观的概念作出了以下概括：

> 由于公共价值观的基本性或无可逃避性，它们对所有人都具有约束力。公共价值观通常根植于法律中，或者通过权利的形式来表达，它们包括类似于基本社会道德的事物以及言论自由、正义等一系列基本民主原则。自由社会的公共价值观也包括个人自治的理念以及个体在正义框架内通过对"基本善"（primary goods）（基本权利、自由和机会）的分配最大限度地追求善观念的自由。自由的目标是将这些公共

价值观明确化，将人们从各种充满争议的预设和判断中解脱出来，从而使持不同观点的人们之间形成共同的行为原则。

（1995，pp. 26 – 27）

　　从自由主义的视角看，私人价值观超越了公共框架，对于人类善而言更具有实质性。私人价值观既有某种程度的合理性，又存在某种程度的争议，但是，它们与公共价值观的区别在于，私人价值观缺乏一种每个人在作出对自己最合适的价值选择时的终极客观依据。因此，只要是在正义框架内，自由国家就应该允许在私人价值观问题上广泛差异性的存在，并在这些差异中采取一种中立的立场。政府应该尊重这些差异性和多样性，推动自由国家的多元化发展。

　　在这样一个国家中，将学生培养成公民的教育任务，必然包含着鼓励学生发展一种对公共价值观的实质性承诺以及培育使公共价值观蓬勃发展的公民美德或公民习性（参见第六章）。这些公民美德包括对他人不同的信仰、价值观、承诺的宽容及尊重的态度。这也大致体现着公民教育咨询小组最终报告［the Final Report of the Advisory Group on Citizenship（AGC，1998）］所采取的立场，公民学国家课程（National Curriculum for Citizenship）也正是建立在这种立场上。培养积极公民的基本要素包含着这些实质性的价值观和习性。它们包括了关心公共利益、对人类尊严与平等的信仰、负责任的行为、宽容的行为、勇气、开放、有礼、尊重法制、秉持机会均等、注重人类权利等（AGC，1998，pp. 44 – 45）。

　　包含着实践活动经验的方法和策略最有可能成功地实现以上目标。这些活动包括校内与校外活动。在校内，通过合作性活动，鼓励学生发展一种民主的氛围。通过建立学校议事会，使学生参与到班级、学校或者其他民主决策形式包括更富有挑战性的公正团体的建构中（Halstead and Taylor，2000b，pp. 175 – 189）。我们将在第九章详细讨论这些可能性。在校外，学生参与到各种形式的社区服务和社区活动、慈善活动、环境保护以及其他志愿活动中。这些经验为学生提供了将他们对社会正义、和平解决冲突、机会均等、反种族主义等价值观的承诺付诸实践的机会。当这些活动与学生对其内蕴的社会及道德意义的反思相结合时，就能够最有效地塑造积极而忠诚的公民。这一点将会在下文中讨论。

这一目标很大程度上也是与道德教育相重叠的（参见 Beck，1998，ch. 4）。事实上，正如克里克（Crick）所说，"任何不以道德价值观和推理为基础的公民教育都将是机械的、令人生厌的，甚至是危险的"（1998a，p. 19）。公民教育与道德教育之间的边界可能并不是那么清晰。托尼－普塔（Torney-Purta）认为，道德教育和公民教育都是隶属于广义价值教育的亚型（1996 年）。反之，克里克则将个人与社会教育（PSE）、道德教育或所谓的针对价值观念的教育，视为塑造良好公民必要的但非充分的条件（1998a，p. 19）。但事实是，仍然存在一种关系没有被严肃地进行讨论。在几年前所进行的一项有关教师对公民教育态度的调查中，教师们普遍地认为公民身份的道德维度远远比其法律或政治维度重要。他们所指的道德维度是意识到他人利益、社会利益的重要性并以此作为行动的依据，学会运用关心、无私、合作的语言，遵守社会义务并展示对于他们公民身份观念的尊重（Davies *et al.*，1999，p. 50）。

（三）塑造自治、具有批判性反思精神的公民

如前所述，公民教育需要有对社会公共价值观的承诺以及以这些价值观为基础的实践活动（参见 McLaughlin，1995，pp. 27 – 30）。但同时这里也可能存在塑造消极公民的危险。这些公民遵守所在国家的法律，承认社会秩序的必要性，接受法定的义务与责任，他们爱国并且认同权威机构在处理人类事物中的重要性，但是，他们却从未质疑或挑战那些非正义的法律或者参与到任何形式的政治运动中。这里缺失的是一种公民教育的批判性要素。正如欧洲议会的民主公民教育（Education for Democratic Citizenship）项目中指出的："民主公民教育主要或者从根本上说不是灌输民主规范，更多的是发展反思性和创造性的角色，加强积极参与和质疑的能力。"（引自 Bottery，2003，p. 116）只有把对社会公共价值观的承诺同批判性反思与挑战权威的意愿结合起来，公民教育对公民个体和社会才是最有效的。让我们进一步详细探讨这种批判性反思所包含的内容。

鼓励学生对社会的公共价值观以及积极公民的特性进行探索、讨论和批判性反思，至少有以下三个方面是至关重要的。

第一，必须对公民身份的性质和义务及其对于个体发展的意义进行反思。这包括：

　　·自我，包括个体的认同感与价值感、个体与更广泛社会组织之间的联系；

　　·公民身份、技能、气质和理解力方面的实践以及从积极公民中所能学习的经验；

　　·正义、公平、个体自治、责任感、尊重、宽容、开放等公民价值观以及如何理解这些价值观对于公民生活的重要性。

第二，必须有对社会需求的反思。社会多样性的不断增强（如具有挑衅性的种族主义和宗教偏见）、权力滥用现象的不断出现（如人权的践踏和非正义的法律）以及人们对权利平等（如具有挑衅性的性别主义和对同性恋的憎恨）等基本原则重要性认识的不断强化，催生了这些社会需求，并要求人们对这些社会需求进行反思。

第三，必须有对与公民身份有关的困境和争议的反思。比如，在某种特定情况下，是否有放弃公民权利和责任的权利？在公民身份所要求的责任与个体对家庭、教会、雇主与足球队等其他群体或者组织的责任之间如何进行平衡？经济价值观是否与公民身份的价值观之间存在冲突？个体如何将自身利益与尊重、照顾他人利益的责任结合起来？

正如最好将对社会价值观的承诺置于社会参与和合作性行动等实践性的社会活动中考察一样，批判性反思也有必要与各种形式的活动以及普林特和科尔曼（Print and Coleman）所说的"文明的政治参与"（enlightened political engagement）（2003，p. 130）联系起来。帕克力图在批判性理解与反思［他称之为"民主启蒙"（democratic enlightenment）］同政治参与之间建立联系。

> 政治参与指公民身份中的行动或者参与性的领域。它包括从投票、接触政府官员到审议公共问题、竞选、参与公民不服从行动、抵制、罢工、反抗以及其他形式的直接行动。民主启蒙指那些塑造政治参与的道德知识、规则和承诺，其中包括民主生活理念的知识、对自由和正义的承诺等。
>
> （2001，p. 99）

在前面所提到的有关教师对于公民教育态度的调查中，很多的教师持有这样一种观点：尽管社会和谐是重要的，但是，公民不应该无条件地维系社会和谐。比如，一名教师说："我认为有时一个好公民也应该制造一点社会波动……有时一个好公民也应该反抗权威。"（Davies *et al.*，1999，pp. 53 – 54）

学生到底能在多大程度上参与到这种积极公民的活动中？在学校所表述的华丽辞藻（即强调批判性反思的必要性以及对政治参与、院外活动和抗议行动的理解）与现实（这更多地与学会服从和接受权威有关）之间好像总是存在着巨大差异。在对 24 个国家公民教育的研究报告中，托尼－珀塔（Torney-Purta）等人指出："公民教育的愿景一般强调批判性思维的发展或者价值观的教育，但现实却常常是知识的传授。"（1999，p. 34）我们的观点是，公民教育的一个基本目标是塑造能够参与政治辩论、讨论和积极合理地改变现实的政治运动的、具有批判性反思能力的公民。在本书的第二部分，我们将强调艺术和人文学科在发展批判性意识和批判性反思能力方面的重要作用。

二 道德教育的目标

公民教育的价值观与社会的公共价值观有关，而道德教育则不仅与公共价值观有关，而且与个体的美德或品格特质有关。道德教育的目标通常可以被简单表述为——帮助儿童辨别对错、教导儿童成为好人、使儿童道德地行为（参见 Houghton，1998）。但是，即使稍加思考我们就会意识到这些简单的目标背后隐藏着很多复杂的议题。"对"与"错"是相对的还是绝对的？"成为一个好人"意味着什么（参见 Straughan，1988）？如果儿童只是被训练遵守道德规则，即使他们不知道为什么这样做，这是"道德地行为"所必需的吗？质言之，他们是否必须基于正当的理由做正确的事情？道德是对某种外在强制性规则的遵循？还是自主抉择、学会如何将道德原则运用到特定情境中？抑或是成为某种特定的人？

在认识这些复杂议题时，很多道德教育方面的研究者都指出，只有澄清道德教育的最终产品——"在道德上受过教育的人"（Wilson，1973，pp. 21 - 25；Elias，1989，ch. 2），我们才能获得对道德教育含义的恰当理解。换句话说，一个人需要具备什么品质、特性、技能、能力、知识和理解力，才能被视为在道德上受过教育的人？以下，我们将根据在道德上受过教育的人的三个特征，将道德教育的目标定义为：这样的人应该是知情的、积极有为的和具有批判反思精神的人。这种教育过程开始于家庭，在宗教组织或其他社会组织中得到强化，并贯穿一个人的终生。在道德发展的影响因素中，学校是最重要的。

（一）塑造在道德上知情的主体（informed moral agents）

这一目标可以在三个不同层次上实现。第一，引导学生了解特定的道德传统。这既可以是一个正式的、通常是宗教的传统，也可能是一个非正式的、以家庭为基础的传统（参见 Harris，1989，ch. 2；Thompson 2004a，2004b）。有研究表明，无论是否在成年人有意识的指导下，儿童都有可能在两岁前发展出某种道德感（Kagan and Lamb，1987）。家庭里的人际关系和互动（如嬉戏、冲突和家庭仪式）使他们从生命早期就开始熟悉某种普遍的、正式的道德传统（Dunn，1987）。从教育的视角看，这个过程是必要的，因为儿童能够从中学习如何道德地行动。宗教抚养（religious upbringing）是使儿童较为清晰地了解道德信念与实践体系的有效方式。只要对儿童未来的自治能力给予应有的尊重，他们在成年后就会在接受或者拒绝这一传统之间作出选择。内化传统是重要的，因为道德学习不可能在真空中发生。

但是，威尔逊等人认为，第二个层次既不是对以家庭为基础的道德或以信仰为基础的道德的进一步优化，从而确保其与更广泛的社会期望相一致，也不是通过重复的实践使这种德行转变为习惯，直至其成为人的第二天性（参见 Aristotle, 1953, p. 56; Lickona, 1991, p. 62; Straughan, 1982）。事实上，威尔逊认为道德教育不是将某种特定的内容以某种所谓道德问题上的正确答案的形式传授给学生（Wilson, 1996, p. 90）。道德教育的终极重要性在于对原则和程序的理解，如果做到了这一点，内容将会自然地呈现出来（the content will look after itself）（Hare, 1979, p. 104）。根据威尔逊的观点，第二层次包括发展学生对道德原则和道德程序的理解力，他将其称为作出正确（理性）道德决定所需要的"素质"（equipment）。这些素质大致包括以下内容：

- 对美德性质或道德议题相关概念的理解；
- 辨识个体行为所需遵循的准则或原则；
- 对他人或本人情感的意识，认同他人并向他人表达关心的能力；
- 对周围环境的认知，与某种给定的道德境遇有关的事实性认知；
- 处理与他人关系以及做出道德决定的实践智慧。

（Wilson, 1996, pp. 85 – 92）

在道德上受过教育的人所具备的这些要素，是在对如何道德地思考和行为及其背后所蕴含的必要条件进行审慎思考的基础上而得出的。里克纳就非常强调理解力与道德情感（包括良心、自尊、同情、对善的热爱、自我控制以及谦逊）之间的联系（Lickona, 1991, pp. 56 – 61）。

第三个层次是对道德进行更加学术化的研究，包括对功利主义与康德伦理学等道德理论的研究以及将这些研究运用于实际道德问题和困境的技能。其他的学术研究领域还包括道德发展的心理学理论，道德与宗教、法律之间的关系，道德与精神、情感之间的关系等。

（二）塑造坚定的（committed）、积极的道德主体

大多数人都同意这一点：发展道德理解力的目标就其本身而言是不够

的，如果不将它引向道德行为，就无法实现这一目标。比如，威尔逊认为，道德理解力的各种构成要素必须同实际的境遇相联系，只有这样，人们的行为才能与道德决定真正一致（Wilson，1990，pp. 128 - 129）。事实上，道德行为不仅是道德教育的一种手段，而且也是道德教育的一种成果。家庭、学校和社区都为与他人进行正式互动提供了重要环境，这为道德学习创造了许多机会。任何合作性的社会活动，如体育竞赛、组织慈善活动、驾驶船只或者经营企业，在道德上都具有教育性，尤其当这些活动所引出的特定道德议题构成讨论与反思焦点的时候。

但是，道德理解与道德行为之间的联系并不总是直接的。对规则或道德原则的遵守（通过接受"善"与"正当"等概念的普遍特征）并不能保证一个人总是在实践中能够达到这些原则的要求——尽管很多人在艰难的情况下，仍然能够继续道德地行为。要达到这些原则的要求，不仅要有动机而且要有意志力。在斯特劳恩的《我应该，但是》一书中，作者检视了道德理解与道德行为之间的复杂关系，特别是对教育中的意志力问题进行了深入研究（Straughan，1982）。威尔逊认为，道德动机是鼓励学生认真对待完整的生命形式，或者对那些我们称之为道德的东西进行思考，因其自身的缘故而欣赏它并希望成为其中的一部分（Wilson and Cowell，1987，p. 35）。这与让学生按照"正确的答案"行为毫无关系，因为道德行为本身就是一种报偿（ibid.，p. 34）。因此，道德教育的目标之一，就是让学生理解道德在生命中的重要性，使他们具备相应的道德勇气，去做自己所认为和感觉是正确的事情。

（三）塑造自治的、具有批判性反思精神的道德主体

只是向学生呈现各种不同的道德观点并且让他们按照自己的喜好自由选择，这种做法很显然是错误的。教师必须在两种倾向中把握好尺度，一方面是暗示在道德领域没有正确答案，完全是一种个人偏好，另一方面是试图向学生强加某种正确答案。否定"正确答案"（right answers）的可能性，将会忽视道德相对主义所带来的巨大困境（参见 Wilson，1990，ch. 3）。但是，将正确答案向学生和盘托出也是无法接受的。如前所述，这是因为学生需要通过理性的自主训练，经由合适的程序，才能逐渐接近这些正确答案。道德教育的最终目标是塑造独立的、具有批判性反思精神的道德推理者（moral reasoners）。这包括（尤其是）学习如何正确地使用语言，使学生能够清晰而理性地思考和讨论道德问题，并且使他们在面对任何道德议题时都能够摆脱偏见、幻想或其他非理性情绪的影响。

发展批判性反思的技能，可以从对实践和道德行为的反思开始。如前所述，任何合作性的社会活动在道德上都是具有教育性的，只要由此产生的特定道德议题成为讨论和反思的焦点。反思包含着提问，比如，我是否应该这样做，还能采取其他什么方式，其他方式为什么更好，别人怎么看待我的行为。这种反思也构成了科尔伯格道德教育方法的核心，这种方法强调通过对道德两难问题的讨论发展道德推理能力（Kohlberg, 1969; Colby and Kohlberg, 1987）。道德想象力也是反思的重要部分。它不仅有助于引导我们走进他人的世界观并了解行为和决定如何影响他们，而且能够使我们设想那些超出我们自身体验之外的各种可能性（Harris, 1989, pp. 72 - 74; Kekes, 1999）。对批判性反思的讨论再一次强调了公民身份与道德教育之间的联系。因为它是处理公民身份中的道德议题甚至任何社会争议所必须具备的核心技能。

三　公民身份与道德教育目标的实现

（一）对开放性路径的需要

从前面的论述中可以清晰地看到，我们拒绝在公民身份与道德教育中采取一种粗陋的灌输式路径。作为一门学科，英国的宗教教育在最近30年里，已经完成了从过去很多人所认为的灌输基督教真理，向鼓励不同信仰者之间相互理解、尊重所有信仰者和无信仰者的转变。因此，我们也拒绝通过国家仪式或抑制批判性反思的教育形式来强化某种狭隘的爱国主义的公民教育。我们强烈建议应该采取一种认可多样性并且涵盖全球性和跨文化议题的更加开放的路径。伯特利为我们描绘了未来公民教育发展的某种可能的黯淡景象。在那里，课程只是用来塑造圆滑的、谦卑的、志得意满的劳动者，或者无声地、持续地、下意识地引导个体盲目认同粗陋的国家主义价值观（Bottery，2003，pp. 118 - 119）。同样的危险，也存在于美国品格教育所推崇的道德教育路径中。在这种路径中，学生被教诲并要求践行诚实、勇气等品格直至其成为第二天性。但是，在这一过程中，学生并没有理解如此行为的理由，没有进行任何形式的道德推理，也没有提及所内蕴的民主价值观（参见 McLaughlin and Halstead，1999）。其问题在于，对价值观（无论这些价值观是从圣经、社会共识还是其他什么地方获得其权威性的）的灌输看起来比尊重学生并帮助他们成为自治的道德主体更为优先。事实上，运用这种方式，学生有可能内化任何内容甚至是争议性的价值观。但这并不适用于品格教育的所有计划。比如，里克纳就曾表明，他更倾向于从道德教育的不同路径甚至包括价值澄清来对品格教育进行综合的研究（Lickona，1991）。但是，许多案例都表明，品格教育似乎对学生的批判性独立精神表示了拒绝，以规定和禁止为基础建构其自身理论体系。克里斯·约翰逊就曾担忧地指出，英国的公民教育与美国的品格教育之间有太多共同点（Kristjansson，2004，p. 210）。在我们看来，所有这些路径的错误之处都在于它们对个体缺乏应有的尊重，没有促进学生的理解力、批判性反思精神的发展以及自由意志的训练。

在公民身份与道德教育方面更为开放的路径，意味着要认识到，一个人不能运用传授数学或历史事实的方法来传授道德"知识"。道德"知识"总是关涉判断，在发展学生作出道德判断能力上并没有简单路径。它也不是对各种可欲的行为结果达成共识并培训教师运用最优的方式来实现它们。正如本章前面所述，作出道德判断的能力包含一系列复杂的技能，包括对道德规范或原则的理解力和遵守、对他人情感的觉知、有关道德决定所依据的语境和特定因素的知识以及严肃对待道德问题的动机。这些技能都必须经由一个长期的过程，通过具有导向性的参与和反思得以发展，从而使学生逐渐理解为什么某些行为对他人更为可取，有关首选行为（preferred behaviours）的判断是如何根据特定环境的不同、所涉当事人的不同以及结果的不同而发生变化。

（二）开放性路径对不同学校类型的意义

由此提出的一个问题是，教会学校在这种情况下是否允许开展公民身份与道德教育。初看起来，教会学校会被认为更倾向于将学生束缚在封闭的世界观中，强迫学生接受一套给定的信仰与价值观系统，这些都不利于学生发展成为自治的、具有批判性反思精神的公民（参见 Halstead and McLaughlin，2005）。根据这种观点，将所有儿童送到公立学校可能更为合适。假如公立学校要做到平等地尊重所有儿童，那么它就不能将某种具有较大争议的宗教或其他世界观作为真理进行倡导，或者期望儿童遵从这些世界观。公立学校唯一能够倡导的是诸如正义、真理、宽容、尊重他人等社会的公共价值观。但是，我们认为：第一，公共价值观只提供了道德教育的一部分内容，使儿童从小就了解更具实质性的宗教/道德传统，有利于他们学习如何道德地行为；第二，很多群体仍然将他们的道德理解建立在宗教教育上。剥夺这些群体成员向自己的孩子传授其信仰和世界观的权利，强迫他们将孩子送入可能削弱其道德信仰的学校，是一种具有压迫性的举措；第三，强烈的自我意识、认同感和群体归属感，对于成为完整的公民是重要的前提条件，这些在教会学校中都可以得到有效的发展；第四，在成为教会群体的一员与成为一名公民之间存在着重要的平行关系。因此，我们认为如果满足以下两个条件，公民身份与道德教育这门学科在教会学校中应该不存在问题：它们不能削弱公民的核心价值观；它们必须传授跨文化的理解和尊重（Halstead，2003；Pike，2005a）。教会学校的存在，保障了儿童维系其首属认同（primary identity）的自由，这种认同并不建立在国籍预设的基础上（Halstead，2005b）。

（三）开放性路径对于教师的意义

虽然知识和理解力是公民身份与道德教育的重要组成部分，这也并不意味着教师只是简单的知识传递者。如果教师要以一种开放性的方式使学生发展成为积极的、忠诚的和具有反思精神的公民和道德主体，他们就必须认识到学生不仅从正式教学中而且也从非正式环境中进行学习。这些非正式环境包括教师所树立的榜样以及教师对教室中不可避免发生的意外事件的利用。杰克逊等人认为，非正式学习最为重要。"我们认为，学校教育中的无意识成果，教师以及管理者预先没有料到的成果，相比那些经过计划并且有意识寻求的成果，具有更为重要的道德意义。"（Jackson *et al.*，1993，p. 44）这给教师提出了多方面的要求，也对教师培训具有重要意义（Jackson *et al.*，1999，ch. 7）。必须帮助教师对他们有关公民身份的观点进行批判性反思，从而使他们对自身的价值观和假设有所觉知。教师也有必要理解自身作为道德榜样的角色内涵，这不仅包括他们赋予角色的专业关怀和责任感，而且包括他们向学生呈现的道德角色以及由此表现出的对学生的尊重。尊重学生部分意味着教师要乐于倾听学生声音的意愿，乐于了解学生的立场、信仰和公民及伦理价值观。所有这些，我们将要在接下来的章节尤其是第九章中进行详细探讨。

（四）开放性路径对于课程的意义

每一门学科对于公民身份与道德教育的教学都有潜在的作用。举例来说，科学对国家的经济、政治、军事、医学和文化生活的重要性不断凸显，因此，科学教育与公民身份之间不可避免地存在联系。事实上，有关这两个学科之间关系的研究文献正呈现出不断增长的态势（戴维斯对此进行了卓有成效的批判性综述，Davies，2004）。年轻人要对公共生活产生影响，科学教育将会赋予他们所需的知识和理解力，也有助于训练其在得出结论前对证据进行权衡等批判性思考的能力。科学能增强人们从全球视野观照公民身份的意识，认识到我们作为公民的责任，这种责任包括对全人类的忠诚（Bourn，2004）。罗特布拉特提醒我们不仅要关注当前科学进步对世界公民的积极影响（如交通、通信以及信息技术的发展），而且要注意科学进步所带来的某些消极影响（如大规模杀伤性武器）（Rotblat，2002）。年轻人应该更多关注当代生活中最具挑战性的伦理议题，如能量与资源使用、化石燃料的使用、干细胞研究、基因治疗、核燃料与核电站、克隆、氯氟烃、转基因食品、污染、生态问题、可持续发展、胎儿超声检查、基因工程、免疫以及电子发射塔、电站与手机基站的选址等问题，这些都产生于科学之中。科学，远非过去所说的是价值中立的，而是提供了很多伦理争论和道德教育的素材（Jones，1998）。科学的性质以及开展科学探索的方法，同时也有助于激发批判性的理性思考。理性和开放性的思考、将判断建立在最可靠的证据之上、提出问题、获得信息、得出平衡性的结论、理解后果、平等对待他人的观点——所有这些技能都是年轻公民发展的核心，这些技能也都能够借助科学教育得到发展。

事实上，科学与公民身份的关系是双向的。公民身份能够激发公众对科学的参与，这就要求公民对科学技术具有一种积极（而不是消极）的态度，理解科学方法的基本过程和价值以及对于实验方法和预测能力的终极追求（Edmonds，2005）。如果公民要发展文化素养，就必须要拓展对主要科学理念的普遍性理解，而通过公民教育所接受的有关批判性反思和辩论的训练，将有助于公民更好地参与科学问题的理性讨论和民主辩论。

公民身份与道德教育同时也能影响和丰富其他学科的教学。在本书的第二部分，我们将探讨公民身份与道德教育同语言与文学、艺术、人文学科、宗教教育及个人、社会与健康教育之间的联系。之所以选择这些学科，是因为它们不仅从一定意义上丰富了公民身份的理论视野，而且进一步深化了本章中所探讨的对公民身份与道德教育的理解，包括对关键概念和原则、理性求解、批判的开放精神以及积极守诺、个体自治、批判反思等主要价值观的理解。

第二部分

课程中的公民身份与
道德教育

第四章　公民身份与道德教育中的
语言与文学

　　为什么本书要花一整章来探讨语言、文学与公民身份之间的关系？在一开始我们不妨先思考一些文学领域的著名学者和研究人员的最新观点，以便逐渐理解语言与文学在公民身份与道德教育中地位不断提升的重要意义：

　　　　文学在民主社会里具有推动变革（transformative potential）的潜能。

　　　　　　　　　　　　　　　　　　　　　　　　　　　（Hall，2003，p. 178）

　　　　民主议程需要批判性读写（critical literacy）——它承认社会权力的差异性，力图实现一个更加平等、正义和具有同情心的社会……批判性读写认为读写指导可以准许（empower）并导向变革性的行动。

　　　　　　　　　　　　　　　　　　　　　　　　（Powell *et al.*，2005，p. 13）

　　　　阅读是我们的道德责任……如果学习阅读能在理解怎样生活的问题上为我们提供更多的、有意义的可能性选项，我们就可以说，阅读是我们的道德责任，因此，作为教师，教会学生阅读也是一种道德责任。

　　　　　　　　　　　　　　　　　　　　　　　　　　　（Harrison，2004，p. 6）

　　当我们讨论道德教育时，语言为什么成为一个议题？为什么民主与文学的关系问题在当前得到了全新的审视？教师或者教材所使用的语言如何促进特定的价值观？这些都是下文将要尝试回答的问题。本章主要涉及以下几个方面的问题。第一，在"为了民主行动和社会正义的批判性读写"

这一部分中，将探索批判性读写与公民教育之间的潜在协同关系。我们将通过案例研究来展示文学如何促进儿童的政治参与以及作为公民的生态保护意识。第二，在"语言学习与价值观"这一部分中，我们将检视语言与信仰之间的关系，并关注如何教育那些将英语作为第二外语（English as an Additional Language）的儿童，使他们的声音得到倾听，权利得到尊重。第三，在"语言与公民认同"这一部分中，通过检视家庭与学校之间沟通不一致的问题，来探讨价值观如何发展的问题，以及语言如何用来促进可能得不到儿童所在家庭与社区支持的主流价值观发展的问题。

一　民主行动和社会正义的批判性读写

批判性读写旨在塑造具有批判性文学素养的公民。如今人们普遍接受的一个观点，那就是一个人首先要学会读写，然后才能逐渐以某种方式习得批判精神。事实上，从生命早期开始，文学素养的培养就能够与批判精神的培养、阅读与解释世界能力的培养同时进行。正如弗瑞尔和马塞多的著名教材《读写：阅读词语与世界》（Friere and Macedo，1987）的标题中所暗示的，理解词语与理解世界是联系在一起的。一个人要想成为积极公民，不仅要具备沟通能力，而且要对其所栖居的世界有充分的辨别能力，从而做到在其中有效地沟通。

因此，"阅读"一词不再仅仅表示语音方面的解码或读出单词的能力，而是指涉对社会生活中的各种偏见和隐性议程（hidden agendas）的解码，以及对各种文化"语境"中所蕴含的信仰和态度的理解。如同霍尔所指出的，"批判性读写挑战社会的不平等，促进社会正义和强烈的参与性民主，这种民主强调，权力并不专属于某些人（如特定的利益群体或者富人），而是属于所有人"（Hall，2003，p. 175）。儿童只有成为具有辨别能力的读者并且能够分辨不公正和社会排斥现象，才能更好地为正义和包容的目标而奋斗。具有批判精神的读者不是对现实消极的接受者，而要敢于将其形诸文字并进行拷问。当他们阅读时，通常会提出如下问题：谁拥有权力？谁占有资源？谁有能力带来变革？谁是弱者？谁具有依赖性？谁对改变现实环境无能为力？谁是领导者？谁是追随者？哪些内容或者哪些人在文本中被忽略了？哪些内容或哪些人又被囊括其中？哪些人或者哪些内容被自然地展示？哪些人或者哪些内容又不被自然地描述？哪些人拥有何种价值观？他们从哪里获得这些价值观？雷伊和刘易斯（Wray and Lewis，1997）将其概括为以下问题："谁制造了这些文本？"以及"他或她这样做的资格是什么？"批判性读写旨在辨别支撑这些文本所持立场的价值观，这些价值观从何而来以及如何被合法化。的确，阅读不可避免地是一种社会—政治活动（socio-political activity）（Harrison，2004）。

　　非中立性是读写教育的特征之一，但需要指出的是，那些在读写上采取社会—政治视角的人并不必然会为民主目标奋斗。戈培尔十分了解宣传的力量，今天很多压迫人民的政体也是如此。理解读写的社会—政治意义，并不会自然而然地导致社会权力更加平等和公正的分配。那些具有较高读写能力的人，既可以从善的动机出发也可以从恶的动机出发，运用他们所掌握的知识操纵社会朝某种方向发展。于是，批判性读写这门学科便与民主转型关联起来。

　　"批判性读写认为读写教育从来不是中立的，它总是包含着某种意识形态或理论的视角"（Powell *et al.*，2005，p.13）。因此，批判性读写为公民教育者提供了探索其中所蕴含的理论视角的机会。"读写的批判性观点将整体性的教育理念带入政治领域"（*ibid.*，p.14），并且特别关注宗教、种族、残疾人、性别、社会经济地位和民主方面的议题。

　　批判性读写的能力，包括批判性的媒体素养和解读大众文化的文本及产品的能力，这些能力应该在公民教育中得到促进。公民教育是呈现大众文化政治维度的良好平台。"以技能为基础的教学模式认为读写指导只能是中立的，与之相反，批判性读写是带有'政治意图'的，它旨在促进民主的基本信条：自由、正义和平等。"（Powell *et al.*，2005，p.14）批判性读写同当前的公民教育在目标上是一致的，二者都致力于促进某种行为模式的发展，"培养积极的阅读者与写作者，使他们在置身于复杂的社会和文化语境时，能在某种程度上自觉地形成自身支持或反对的文本立场"（Hall，2003，p.187）。

（一）英国国家读写策略（National Literacy Strategy）与公民身份

新工党几乎是同时启动了读写和公民教育计划。未来的某个时间节点，学者们可能会回溯并且反思这一具有反讽意味的事件。读写的社会—政治立场倡导"读写在民主社会中具有推动社会变革的潜能"（Hall，2003，p. 178），这是公民教育从业人员的目标，但是，国家读写策略看起来好像更加关注语言技能。"英国的读写策略严重地受到认知心理学的影响"（ibid.，p. 109），而忽略了上述的社会—政治视角。这不利于发挥读写与公民教育之间相互协同的效应。"最纯粹的认知心理学视角将读写看作是价值无涉的，它更多地关注技能而非文化知识。"（ibid.，p. 189）在英格兰和威尔士绝大部分公立学校的儿童中，似乎很多人都认同这种观点（Pike，2003b，2003f，2004a）。年龄较小的儿童强调发音和识字，年龄较大的学生强调对信息文本的理解。

最近颁布的关键阶段 3 国家策略（Key Stage 3 National Strategy）文件，标题为《公民读写》（DfES，2004c），在这个文件中描述了批判性读写能力缺乏的现象，并且由地方教育局的读写顾问提出了相应的培训方案。这篇文件的引言部分承诺："读写培训旨在建立并推广当前公民教育中有利于学生读写技能发展的有益经验。"目标之一就是展示注重读写的教学如何提升公民教育中的理解力（ibid.，p. 1）。那些对此抱有希望的公民教育者可能要失望了。

为更好地理解《公民读写》，只需要摘录"关键阶段 3 国家策略——英语教育框架：7 岁、8 岁和 9 岁"（DfEE/QCA，2001）中的某些引人关注的目标就够了。其重点主要包括"对词语的日常用法与特定学科语境中用法的区别上，如 bill, lobby, convention, race 等词"（7 岁，W21），以及"精确地定义和使用词语，包括它们在特定语境中的确切含义"（7 岁，W14）。尽管理解"bill"与"lobby"这些近义词可能对公民教育有利，但是，却很难将其归为"批判性读写"。让我们再把注意力转移到 8 岁（SL10）的目标——英语 1（说与听）"在交谈中使用提问、假设、推断"，以及 9 岁的目标——英语 3（写作）"将多样信息整合为连贯、复杂的阐释"。知道如何正确拼写"政府"（government）、"委员会"（committee）、"民主"（democ-racy）、"议会"（parliament）、"可持续的"（sustainable）等词语，虽然是有益的，但仅仅对词语（word）的强调是无法培养具有世界（world）意识的读者的。实际上，过分强调词语有可能导致某种陈腐且扭曲的简单化倾向。词语宾果游戏（word bingo）可以用于词语定义的教学，但对于理解"大屠杀"（holocaust）是"一场巨大的屠杀或生灵的涂炭"（a huge slaughter or destruction of life）或者"正义"（justice）是"依法行政"（administration of law），这种游戏可能会受到质疑。

《公民读写》所建议的某些活动确实有利于公民教育的开展。针对议员候选人以及诸如庇护所、乐施会等慈善事业等问题所设计的内容是有价值的。社会规范及其作用方式的内容也是如此。在威廉姆·戈尔丁（William Golding）的《蝇王》中，描写了杰克（Jack）与拉尔夫（Ralph）各自的领导风格，在这些描述中就探讨了领导素养的问题。因为这部小说激发了对社会构成之基础的问题的思考（DfES，2004c，p. 27）。鼓励儿童对11～14岁少年投票模式（统计数据源自 BBC 网站）的民主意蕴问题进行反思就与此有关。第五部分中着重从不同角度（学校、城镇、国家、世界），对车辆拥堵等问题进行思考与写作也是适宜的。尽管学生完成了《公民读写》的学习，学会了正确拼写词语，这些可能对他们的公民学课程有所帮助，并且使他们能够从描述投票模式之政治意义等议题的网站中获取相应的信息，但是，这并不意味着通过这些活动，他们就成为更具批判性精神的读者。

（二）多元文化民主中批判性读写的承诺

我们之前已经对英国读写的认知—心理学路径进行了评价，案例研究将更好地展示读写与公民身份之间的相互作用。在这个案例里，"读写更多的是从词语中发现意义，而不仅仅是发展一套技能"（Powell *et al.*，2005，p. v）。这些作者承认读写指导通常是与经济目标的实现以及通过培养技能熟练的劳动力提升 GDP 联系在一起。但是，他们也相信，批判性读写"在实现更加强大的民主方面具有重要意义"（*ibid.*，p. 12），因为"在一个多元文化社会，实现平等这一目标意味着每个人都有权发出自己的声音"（*ibid.*，p. 13）。

这个案例的主人公是生活在美国阿巴拉契亚山脉以南贫困地区的孩子们。这里经济和文化开发非常盛行，丰富的煤炭和林木资源使山地成为大企业竞相追逐的肥肉。这种开发模式最近的例子之一，是针对肯塔基最高峰——黑山（Black Mountain）的露天开采计划，这一计划导致了生态灾难。杰萨曼县罗森瓦尔德－邓巴小学的孩子们从社会研究（social studies）课程中得知了这个开采计划，于是通过负责任的民主质询程序，发起了一次阻止这种生态破坏举动的行动。孩子们"采取批判性的立场，既与该地区从露天开采计划中获利的群体，也同反对这一计划的群体进行了谈话"（Powell *et al.*，2005，p. 16）。他们与以开矿为生的煤矿主和家庭以及希望将这一开采计划继续下去的人进行了访谈。其中一个孩子说道，"我们反对开采计划，但也应该知道其他人的立场"（*ibid.*，p. 16）。

这些正在上四年级的孩子们为此举行了一场公共听证会。他们与矿业公司的代笔会晤，研究该公司的网站，了解开采申请的程序以及矿业公司如何提供其开采行动生态影响的信息。这些孩子们参与了一系列有目的的读写活动，发展了作为公民的能力，了解到社会不同阶层都有各自的利益诉求，而这些诉求都需要进行评估和平衡。这些孩子们具有批判性阅读能力，能在商业语境（如用以说服公众的公司网站）中察觉出偏见，还能在事实与媒体报道的观点之间作出区分，这些都是宝贵的民主资产。无疑，"这种批判性读写必然包含着面对知识和文本（包括演说和写作）的非中立性，以及与某种强大的民主体系保持一致"。黑山开采计划的案例"无可争辩地展示了孩子们通过批判性读写的学习，是如何发挥民主社会里读写的变革潜能的"（Powell *et al.*，2005，p. 18）。孩子们的努力引起了媒体的关注，最终达成了一项妥协性的方案，1850 英亩的山林避免了砍伐和开采的命运，得以保存下来。

考虑到英国读写政策过于强调技能的倾向，以及批判性读写通常被边缘化（在《公民读写》等文件以及许多课堂中）的现实，我们应该特别注意参与阿巴拉契亚计划的教师所得出的结论及其对于英国民主的意义：

作为多元文化社会里的读写教师，我们面临着一个选择。我们可以将读写仅作为一套技能来讲授，也可以赋予读写教育以更深层的含义。通过保护黑山行动计划，参与其中的学生发现了语词——他们的语词——具有改变社会的影响力。

（Powell et al.，2005，p. 19）

来自南部阿巴拉契亚地区（这一地区相对于美国其他地区而言是落后的，而且远离政治权力的中心）的孩子们促进了社会变革。作为积极公民，他们为处在严峻形势中的英国教育工作者提供了激励。

二　语言学习与价值观

语言不可能在道德的真空中习得，因为它是迄今为止人类所创造的最复杂的符号系统。语言影响着我们所创造的意义世界，通过我们所使用的语言，能够探查我们的信仰、价值观。实际上，这种象征性知识总是建立在对世界的信仰和价值观上。因此，"语言与文化课程，可以有效地支持或质疑那些用以进行社会排斥的政治议程"（Osler and Starkey，2000，p. 220）。语言不是中立的媒介。奥斯勒和斯塔基（Osler and Starkey）在《公民身份与语言学习》（2005 年）一书中举例说明，一个人的世界观如何通过其所使用的语言来得到体现，即使这种语言最初看起来好像是中立的。一门法语课程提供了一个例句作为时态处理的主题："总的来说，如果移民家庭说法语的话，他们将更容易适应新生活。"（ibid.，p. 34）我们能够很容易地将这里的"法语"替换成"英语"，也能在公民学的教材中找到这样的例句。这一陈述在许多读者看来好像是中立的。但是，进一步的分析将会揭示其中隐藏的假定：把重点放在移民群体而非当地人应该怎么做上，这一陈述里隐含着一种有缺陷的移民模式。强调要作出适应的是移民群体，而不是当地人。很多移民到法国的人将法语作为母语，因此提升了他们的社会地位，但这并不是重点。与此截然不同的逻辑起点可以是："如果得到法国人的欢迎，移民家庭将更容易适应新生活。"（ibid.）

刻板印象在语言教育教材里经常会产生。最近推出的跨文化学习（intercultural learning）项目强调了要将文化理解的需求与语言学习的需求结合在一起。这个计划是，学习德语的美国学生与学习英语的德国学生，通过电子邮件在一起合作一个学期，使每个学生都能够与操所学语言的当地国民进行直接交流。然而，其中一些美国学生却"因对搭档的仇恨而终止了这种交流，退出了合作计划，并产生了针对德国人的新的偏见"（Smith and Shortt，2005，p.4）。这种反应是由社会互动模式中简单但深刻的文化差异所导致的：

> 相对于典型的美国沟通模式，德国人在谈话中会更加直接和更早地表达批评意见，这被视为一种正常情况。而在日常美国人的谈话中，他们总是倾向于委婉地或者在先给予积极评价的情况下来表达这种批评意见。正是因为忽视了双方沟通风格的根本差异，一些美国学生才会得出结论，他们的德国搭档是粗鲁和缺乏同情心的。同样，一些德国学生则强化了美国学生狭隘和不诚恳的刻板印象。
>
> （Smith and Shortt，2005，p.4）

当我们理解了语言是所有教育指导行为得以发生的中介，就会对将公民教育整合到课程中这一点有所确信，这正是本书所主张的。这种中介的非中立性，使我们认识到，将文化和语言结合在一起而不是割裂开来是多么重要。

公民身份力求促进对异文化的理解，但事实是现代外语学习正在呈现出急剧下降——或者委婉地说——不协调的状态。最近出台了14岁以上学生不必学习现代外语的政策：

> 与关键阶段3（11～14岁）公民身份研究计划是不一致的。这一计划包含着"从地区到全球""人权""对全球性问题的辩论"的内容（Qualifications and Curriculum Authority，2001b，p.6）。公民身份内蕴着国际性，但在这里却假定所有其他国家都只按照英语来说话、行动和思考。
>
> （Leighton，2004，p.168）

很明显，英国的读写和语言教育，远远没有对公民教育目标发挥支撑性作用。斯塔基（Starkey）指出，欧洲议会鼓励多学科学习的方法，"所有学科都与学生在伦理、政治、社会、文化和哲学等方面的学习相关"。英国目前有关公民身份的主张却是相互割裂的而非整合一体的（参见第八章），这也许是英国表明其非欧洲公民身份的另一种立场。

我们的教学方式会向学习者发出重要的信息。参与性学习方式不仅是语言教学方面的良好范例，而且对民主公民身份的教育也发挥着促进作用（Osler and Starkey，2005，p. 21）。如果教师没有在理解课堂所有学生包括少数族裔学生的语言需求方面作出表率，就会与他们在公民学课程中所讲授的英国多样化的宗教与族群认同以及相互尊重与理解的必要性（QCA/DfEE，1999a，KS4 1b，p. 15）完全不相一致。质询和沟通的技能要在公民学课程中讲授。学生要学会"用口头来表达、论证和捍卫自己的看法"（*ibid.*，KS4 2b，p. 15），并且"运用书写来表达自己在有关政治、精神、道德、社会或文化议题、问题或事件"（*ibid.*，KS4 2a，p. 15）方面的观点。如果教师没有在他们的教学中向孩子们展示如何去包容少数族裔的诉求，那么仅仅是一味地赞美包容性社会的好处，是没有任何意义的。

为了进一步了解将英语作为第二语言学生的需求，使从事公民学课程教学的教师了解包含在《力争上游：理解以白人为主学校少数族裔学生的教育需求》（DfES，2004a）中的指导思想，这一点尤为重要。利兹大学的里恩·卡梅隆（Lynn Cameron）教授在这个领域为英国教育标准局开展了有价值的工作。国立小学和关键阶段 3 策略也出版了针对将英语作为第二语言学生的教学指导意见。《英语入门与参与：针对将英语作为第二语言学生的教学》（DfES，2002a）与《释放潜能：在关键阶段 3 上提升少数族裔的学习成绩》（DfES，2002b）中所提供的材料也非常有用。限于篇幅，本章无法对在这一领域里所开展的卓有成效的工作进行总结。第八章将会描述一些关键的策略和路径，这些策略和路径是包容性课堂（inclusive classrooms）的象征，包容性课堂为公民身份的教学提供了示范。

采取支持少数族裔学生学习的策略，对于 2/3 的英国学校都具有十分重要的意义。在这些通常被称为"以白人为主的学校"里，少数族裔学生的比例不到5%（DfES，2004a，p. 2）。将尊重少数族裔作为一种民主需求，是本书的一个关键主题。以白人为主的学校都需要强调这个特定的议题，以显示对代表学校中不同少数族裔群体的尊重。认识并且尊重少数族裔中的多样性，而不是将所有少数族裔学生都作为一个同质的群体，是包容性课堂真正成功的关键。

三　语言与公民的身份认同

社会语言学家理所当然地认为，语言是与身份认同紧密联系在一起的。但事实上我们从来没有听说从事公民教育的教师向孩子们讲授有关语言、语音或方言的知识。学习公民学课程的学生，必须了解英国社会多样的民族、地区、宗教与种族认同的起源及意义，了解相互尊重与理解的必要性（QCA/DfEE，1999a，p. 15，Strand 1b）。如果学生不能领会不同群体语言的重要性，这一点是无法做到的。如果不能理解不同社区表达和沟通方式的重要性，也不能恰当理解这些群体的身份认同。对于从事公民教育的人来说，语言并不是一个多余的选项。

文化认同由语言来定义，这一点可以通过苏嘉塔·巴特（Sujata Bhatt）《寻找我的母语》（*Search for My Tongue*）中的几行诗句来说明。这首诗是每年很多学生在普通中学教育证书英语考试中都需要学习的。诸如此类的文本在公民学课程中的潜在功能应该得到充分发挥，这不仅是因为它们有助于学生探索语言的重要性，而且有助于理解英国各种少数族裔的身份认同。在这首短诗中，苏嘉塔·巴特写道：

> 我感觉自己说出了母语，同时也说出了完整的语言。
> 因为，我的语言在夜晚的梦里回归了。
> 我的语言，我的母语，像花儿一样在嘴里盛开。
> 我的语言，我的母语，像花儿一样在嘴里成熟。

以上出现在修订过的梵文手稿中的诗句，过去是由古吉拉特语和其他亚洲语言写就的。拉丁语和古吉拉特语手稿中的这些诗句中所蕴含的内容，体现了巴特在两种语言和两种文化背景中的冲突。巴特表达了对失去母语——古吉拉特语的恐惧，她感到母语在她的嘴里死亡了。她拒斥并说出它，却只发现母语又像花儿一样在自己嘴里生长。

这首诗表达了对由于不能流畅地表达母语所带来的文化丧失的担忧，同时也对理解英国语言多样性的观念具有指导意义。尽管一些孩子能够认识到，对于他们学校中的其他孩子而言，英语并非第一语言，教师也在有意识地为他们开设英语课程作为其第二语言。但是，语言的宗教与文化意义却通常被忽略了。比如，只有当学生认识到穆斯林只有通过阿拉伯语才能阅读可兰经，才能理解阿拉伯语对于穆斯林的重要意义。

如果"我们发现很容易对异乡人的说话方式作出尖酸刻薄的批评"（Crystal，1995，p. 305），那么就会清楚地知道，在学校公民学课程中为语言多样性的学习留下空间是有必要的。

> 我们对宗教多样性的了解越多，对我们称之为方言的各种语言体系的鲜明个性欣赏就越多，与此同时，对来自其他地区或国家人们的歧视性刻板印象就越少。
>
> （*ibid.*，p. 305）

任何公民学课程都要力图培养对英国社会中不同群体的理解、欣赏和宽容，那些忽视了语言背景、双语制、社区语言、口音和方言的公民学课程，是不完整的。

在公民学课程中，孩子们应该能够就对于所有英国公民而言表达和理解英语是否必要的问题作出评估。事实上，对于那些来自英语非第一语言群体的儿童在学校中是否应该说英语，这是一个非常有意义的问题。在讨论布拉德福德的亚洲人以及佛罗里达的西班牙人的语言问题时，也通常会产生同样的争论。这里的关键问题是应该接受语言的多样性还是应该提倡遵守大多数人的语言习惯。而英国公民学课程考试是否应该包含英语语言能力测试，也是尤其重要、具有挑战性但是不可回避的议题。我们应该记住，"自古以来，学校都在强化着那些在正确使用语言问题上有定义权的人的标准"（Powell et al.，2005，p. 13）。在表达与信仰之间存在着某种平行关系。以下，将就这些问题进行谈论。

四 语言与价值观

一定社会中占主导地位或最有权力的群体的语言，能够使其他异于其"标准"的群体及其表达方式被边缘化。与此同时，学校也在传递和强化大多数人所持有的"标准"信仰和价值观。某些孩子们所在的家庭或社区并不持有主流价值观。

但在学校里，这些主流价值观却能够被轻易地强化。正如我们所看到的，文本通常被用来支持，特许和推荐某种信仰、价值观和态度，进而影响我们看待世界的方式。许多反映民主社会主流文化的文本，会使那些并不接受主流文化价值观的人被边缘化和受到排斥。尽管"儿童早期阅读材料中所呈现的道德与文化内容是公共和学术辩论中一个争论不休的焦点问题"（Luke et al.，2003，p. 251），"我们对文本的选择是一个政治决定"（Powell et al.，2005，p. 13），但是，那些在文本选择方面作出决定的人，可能并没有意识到文本中所隐含的价值观，也可能完全不了解这些价值观对孩子们的影响。

半个多世纪以前，路易斯（C. S. Lewis）在其著作《人的废黜》（又名《对贵族学校英语教学的教育反思》）中写道："我们对于小学教科书重要性的认识是不够的。"（1943/1978，p. 7）其中提到了两名英语教师所写教科书的例子。路易斯认为，学生天性敏感，教材中隐含的价值观对他们尤其具有说服力。由于这些价值观被隐藏起来，因此当一个孩子完成了一项简单的家庭作业后，"他可能并没有意识到其伦理、神学、政治观点都可能受到威胁"（ibid.，p. 9）。在"现实的（或许是无意识的）哲学"中，作者们对其所处时代所在阶层流行的整个价值体系进行反思，而路易斯却从中分辨出了"不赞同"与"赞同"（ibid.，p. 61）两种清晰立场。路易斯的评价好像是对"读写的社会—政治观点"的预言，这种观点认为，"没有知识是中立的，知识总是建立在某些群体的现实洞察基础上，建立在某些群体对需要了解的重要事务的洞察基础上"（Hall，2003，p. 176）。

霍尔中肯地指出，学校教科书"从主流文化的视角提供了对世界的描述"（Hall，2003，p. 179）。路易斯指出，这样一种描述是非常微妙的。尽管我们并没有公开地向孩子们教导有关生活的理论，但是，隐藏在教材或者教学过程中的某种世界观的假定对他们的影响是深刻的：

> 植入孩子心灵的不是一种理论而是一种假定。以至于10年后，尽管这种假定产生的源头被遗忘了，但它却会在当下以无意识的形式浮现出来。这会使孩子在某种争论中自然地采取一定的立场，尽管他完全没有认识到这是一种争论。我怀疑，这些作者并不知道自己到底对这个孩子做了什么，孩子也不知道作者对他做过什么。
>
> （Lewis，1943/1978，p. 9）

我要强调的是，教师和教材作者可能遗忘了他们所推崇的价值观和特定的理论，甚至可能认为他们采取了一种中立的立场。众所周知，以前的作者试图（通过教材和阅读材料）传播特定的价值观。但是今天，我们不可能期望这种现象仍然会普遍存在。过去，西方的儿童读写教科书"同宗教与道德训练之间紧密相关"（Luke et al.，2003，p. 250）。在夸美纽斯的《拉丁文入门》或者韦伯斯特的《拼音字典》的教学中，基督教价值观和永恒的观念得到了传播。事实上，"在大规模的商业印刷文化出现之前，教材在道德和意识形态形成方面的影响是深刻的"（ibid.，p. 251）。人们认为，今天的教科书不再带有这种强烈的意识形态偏见，因为"现代教科书的正确前提"是"以教育的心理学理论而非宗教价值观本身为基础来进行编写"（ibid.，p. 251）。当然，"同清教和殖民地时期的传统相比，现代教科书的编写者始终从科学方法而非意识形态与道德训练的角度来聚焦读写指导"（ibid.，p. 251）。但是，即使这种貌似只关注技能的中立立场，事实上对孩子们的生活也是一种高度意识形态化的干预。如前所述，英国学校中聚焦于技术技能而非批判性读写的方法，使更多的批判性民主参与形式被排除在外。

当然，主流视角并不只是来自儿童在学校里所读的书。今天儿童所接触的流行文化的文本也扮演着与夸美纽斯《拉丁语入门》一样的角色。应该认识到，"很早以前，儿童基本上是在家庭、学校、宗教组织和社区的框架下完成社会化的过程，而现在，消费者和流行文化则是儿童社会化的主要影响模式"（Luke *et al.*，2003，p. 254）。芭比和金贝柔（Barbie and Cee-beebees）① 在意识形态方面的影响超过了夸美纽斯或者韦伯斯特，这并不是夸大其词。因为，大量的文本都在指导儿童如何度过童年以及融入消费文化方面获得了发言权（Luke *et al.*，2003，p. 254）。《圣经》在虔诚的基督徒家庭中具有崇高地位；《可兰经》在忠诚的穆斯林家庭中具有高贵地位。它们都影响着信仰者的行为。而在晚期资本主义后现代社会，对世俗物质主义者产生意识形态影响的则是流行文化的文本。《老大哥》（*Big Brother*）等文本对社会的影响是不能忽视的。因为大部分英国人既不是穆斯林也不是基督徒，因此世俗的自由主义价值观是主流价值观。特斯托夫（Wolter-storff，2002）认为，从某种意义上说，社会之所以需要学校，是因为学校不只是为了社会（for society），也是由社会所决定的（by society）。

有鉴于此，公民教育者尤其有必要仔细考虑类似这样的"假定"，因为它们可能在无意间违背了主流信仰的统治地位。最近一门历史学的公民课程教学提供了一个很好的例子。该课程的目标是将中世纪人们的信仰与价值观同今天的人们进行比较。在以中世纪宗教为主题的系列课程中，引用了薄伽丘《十日谈》作为公民课的材料。学生们了解到中世纪的人们对于天堂和地狱的现实性抱着深信不疑的信仰。当老师问到21世纪人们的信仰如何不同时，学生与老师好像已经陷入了一种"假定"中，即今天已经没有人会保持这种信仰。大部分英国人中所存在的世俗主义在公民课程中大行其道。在共享的世俗无神论假定影响下的公民课，存在着一种危险，即来自虔诚的基督教或者穆斯林家庭的儿童可能会感到哪怕是与中世纪相比，他们的信仰也完全过时了。

当教师或者教科书涉及避孕、堕胎、性或毒品等议题时，他们可能利

---

① Barbie 是一种玩具品牌，Ceebeebees 是一种婴儿用品品牌。——译者注

用某些假定使大多数人的观点得以延伸或扩展。在一个公民与个人、社会和健康教育（PSHE）的课堂上，教室墙壁上用大号字体的宣传画表达着学生以下的观点："在我没有准备好之前，是不会与他人发生性关系的"和"我想同我信任的人生孩子"。这些标语反映了这样一个观点，人际交往中的信任是很重要的，成年人不应该因为同辈群体的压力，在没有深思熟虑的前提下被迫与他人发生性关系。但是，"婚姻"这个词语并没有出现在墙壁上，"婚前守贞"的标语也没有出现。墙壁上展示的标语，镌刻着 21 世纪人们普遍所持有的对于性的态度，同时也否定了其他不同的声音。我们应该认识到，读写和沟通通常是儿童从文化上融入某种具有特定价值观群体的手段。在一个由国家控制教育的民主体系中，我们不能用占优势地位的世俗文化来压迫宗教上的少数群体，这一点是至关重要的。

今天的学习通常会被用来与过去的学徒制相类比。这意味着儿童尤其擅长将他们所观察到的东西转化为一定的模式、习惯、程序、态度、价值观和信仰。玛丽·希尔顿指出，在接受普遍的西方文化素养影响之前，一个 5 岁儿童带入学校的所有知识是他（她）的家庭文化（Hilton，2003，p. 131）。基于此，我们有必要认真考虑当家庭与学校之间在价值观方面产生不一致时会发生什么情况。当前，强调校内外读写活动之间的连续性是有意义的，但是，家庭与学校在价值观方面的连续性却没有得到同等程度的关注。教学活动从来都不是中立的，如果儿童从家庭得到的信息与从学校里得到的信息不一致，其结果将是毁灭性的。学校教育对儿童的生活是一种意识形态的干预，因而对于学校来说总是有理由与家庭保持一致。尽管教师等教育工作者通常期望家庭反过来能够与学校保持一致，但事实却并非如此。多元社会的公民身份，必须确保教师和教科书对所有儿童的家庭与社区给予尊重。

第五章　经由艺术的公民身份与道德教育

本章将从美学理论和教学实践的角度，对艺术学科促进公民身份与道德教育的潜在功能进行评析，同时就有关文化素养的创造性视角、当代以及传统艺术作品促进道德发展的路径问题进行探索。其实在揭露社会罪恶与荒唐的讽刺作品以及以公共艺术为主题的公共空间展览中，我们也能发现与公民课程相关的内容。艺术如何帮助年轻人成长为知情的、积极的公民，对于这一点我们将会在一系列艺术作品所激发的道德意义中进行阐述。

一　为了积极公民身份的艺术

迄今为止，"英国学校中对于艺术与公民身份之间联系的研究非常有限"（Hills-Potter，2004，p. 39）。考虑到艺术对于行为反思能力的培养和通过认知方式的改变从而带来行为的改变，这一点非常令人惊讶。维果茨基（Vygostsky）在《艺术心理学》（1971年）中，就认识到艺术对于改变一个人的行为和扩充经验的潜在功能。在书中，维果茨基明确地解释了行动与艺术之间的紧密联系。他指出："从远古时期开始，艺术就一直被视为一种改变我们的行为以及人类有机体的漫长进程。"（ibid.，p. 253）可以说，当前，在学校和社会中，大部分公民教育的路径都没有给予艺术以足够的重视。维果茨基使我们关注古代艺术，认识到古希腊民主赖以生长的丰富的文化和美学背景的重要性。公元前5世纪，雅典公民的重要议题都通过艺术在公共生活中得到了探索。在索福克勒斯、阿里斯多芬和埃斯库罗斯的戏剧中，就涉及具有政治意义的议题。这些戏剧激发了雅典公民对他们的行为以及对社会的思考，今天的艺术作品同样也能够引起对社会的关注。艺术对于改变公民看待自身和社会（这是行为改变的前提）方式的功能，将是本章关注的焦点问题。

（一）艺术与具有反思精神的公民

艺术是"一项核心的、不可缺少的人类活动与社会活动"（Stibbs，1998，p. 202）。"艺术所具有的震撼和鼓舞人心的力量以及对人们观察事物的视角、观点和感情的改变"（*ibid.*，p. 210），在道德上都具有教育意义。罗伯特·布朗宁（Robert Browning）在他的诗歌《表演者》中写道："那些逝去的往事，尽管千万次地被遗忘。"但还是能够"被我们很好地刻画"。因为在绘画过程中，我们能够体验生命中曾经忽略（或者从未关心）的事情。根据此诗，艺术正是为此而生的。审美活动和审美体验，能够使孩子们对他们的态度、价值观、期望进行重新评估，也能使他们直面自己的偏见（Pike，2002）。然而，在当前学校公民教育的方法论体系中，艺术在促进反思精神培养方面的功能，并没有得到充分的挖掘。当孩子们通过艺术来形成自己的感知时，无论其中介是什么，这种象征性行为所传达给我们的东西，远比所看到的丰富得多。它提供了一面观察事物的透镜，下文将会讨论这个问题。激发儿童对自己所持有的特定视角进行反思，并将其作为一种基本的审美体验，这会产生意想不到的效果（Pike，2000a，2000b）。因为，"了解我们如何观察或者解读某一事物，有助于我们从不同角度对其进行观察或者解读"（Stibbs，2000，p. 43）。当孩子们从不同角度观察事物时，他们就能够基于这种新的视角，在公共生活中作出相应的行为选择。

（二）为了生活的教育

并不是所有的学生都会成为剧作家、诗人、画家或电影导演。学生在就业后，也不会将他们在艺术中所学的东西直接运用在工作中。那么，学生为什么要在学校中获得艺术体验呢？答案之一是学生成年以后并不会将所有的时间都花在工作上。他们将会在工作之外享受闲暇时光，参与家庭和社会各种活动，并且为这些追求做好准备。当经济效率、物质利益、技术进步的诉求在课程领域居于决定性地位时，强调这一点尤为重要。功利主义的力量是强大的，基于是否有利于孩子们将来就业的考量，某一特定学科学习的合理性常常会被重重压力之下的教师所削弱。最近，安德鲁·莫迅（Andrew Motion）在课程教学中倡导"创意时间"（creativity time），这对于认识学校艺术教育的本质属性是至关重要的。艺术教育提供了一种为了生活的学校教育，而不只是为了工作的学校教育。孩子们具有审美的需求：

> 如果他们不能被某种令人敬畏的感情和世界上美好事物的奇迹所打动，或者不能被艺术家、音乐家和作家，对空间、声音和语言的掌控能力所打动，那么，他们将会生活在精神与文化的沙漠中。
>
> （SCAA，1995，p. 4）

那些生活在这样一个精神与文化沙漠中的人，不可能成为主动参加一系列有利于社会发展的、文化活动的、负责任的、知情的和参与性的公民。一个人如果接受了个人生活与公共生活之间的联系，那么倘若缺乏某种必要的美学欣赏能力，要成为一个具有辨别能力的公民，就是值得怀疑的。培养审美体验应该成为每个学校的任务，但是，这种体验与公民教育之间的紧密联系看起来却很少得到赞同。

（三）审美体验与社会参与

艺术是社会文化的有机组成部分，未来的公民既是这种文化的监护人又是受益者。画廊、博物馆、剧院、图书馆、工作坊与众多公共空间，创造或提供了艺术欣赏的背景。公民对这些设施负有责任。一个公民对公共资金是否应该资助皇家歌剧院或大英博物馆等机构的态度，与他（她）对艺术的价值评价有关。许多社区艺术项目包括委托创作的作品，也是由公共资金资助的。如果公民没有意识到这种资助的必要性，那么这些计划就存在风险。艺术家也描述公共事件，他们经常会接受委托来这样做。通过接触描述当前事件的艺术作品，会引发大众对攸关公共利益的时事议题的关注。有关将艺术作品作为公民教育之始源性刺激（initial stimulus）的最新研究报告显示，艺术课程可以激发更大范围的社会参与，培养有助于促进积极公民形成的态度（Hills-Potter 2004，p. 39）。而那些参与和批判公共议题中所蕴含的道德议题的人，在公民课程中显得更加具有优势。"艺术品教育的主要益处之一"是"提升社会参与的水平"，与此同时也"能使人们远离各种社会病"（ibid.，p. 39）。事实上，艺术在教育领域的运用，能够"强化情感的敏感性"，能够"培养高度的同情心，这是积极公民发展中的一种重要素质"（ibid.，p. 41）。艺术能够促进社会参与，这一点毫无质疑。艺术是否能够帮助儿童成为好公民，则是另外一个问题。

二　好公民的艺术（The art of good citizenship）

有关艺术对于文明发展之影响的话题，近年来不乏一些大胆的言论。假如我们以那些伟大的文化作品为例的话，经典作品尤其是大部分英语文学学位课程中所研读的文学艺术经典，对于促进文明教化和人性发展的作用通常会被人们所赞扬。浪漫主义促进了人们对伟大文学作品道德功能的确信，这种确信在英国的维多利亚时代达到了神圣化的高度。对于马修·阿诺德来说，如果摧毁了诗歌的"道德"意义，诗歌艺术的"诗性"要素将会从中被抽离（Arnold，1879/1988，p. 499）。同样，T. S. 艾略特也认为，"一部文学艺术作品会对我们整个人性产生影响，它影响着我们的道德和宗教存在"（1935，p. 396）。

> 事实上，假如我们作为读者，将我们的宗教和道德信仰保持在一定的界限内，仅仅将阅读作为一种消遣，或者为了更高的目的，为了获得审美愉悦而阅读。那么我认为，作为作者，不管他在写作过程中的主观意图是什么，实际上并不会认识到这种差别。
>
> （ibid.，p. 394）

因此，里维斯（F. R. Leavis，1948，1975）的信念在教育领域里产生了较大影响。对于里维斯而言，伟大的作者对于真实人性的描绘，会达到不同寻常和难以企及的深度。这就与公民身份和道德教育产生了关联。因为伟大的作家以及他们的论辩，有助于我们成为眼光敏锐的人（people）而不只是眼光敏锐的读者（readers），他们不仅使我们能辨别文本（text）中的真伪，也能使我们能够辨别世界（world）的真伪。尽管，审美体验能够促进社会参与和同情心，我们也应该意识到，不能过于拔高艺术的人性化和教化作用。奥斯维辛的纳粹指挥官，在毒气室里监督工作了一天后，会通过阅读歌德的作品来放松。这绝不是孤例。许多应该对这些最野蛮行径负责的人，都经受过良好的教育，对西方高度发达的艺术、音乐和文学作品具有精深的理解力。那些对种族屠杀负有责任并欣赏歌德、席勒、贝多芬作品的人，看起来并不同意这样的假设，即审美活动会促进一个人对道德议题的敏感性。显然，我们必须注意，一方面不能奢求伟大的艺术作品必须具有赎罪的力量（或者教育与促进民主的意义），另一方面不能暗自认为仅仅让孩子们接触艺术作品就能使我们的社会变得更加美好。如何向儿童讲授艺术，如何影响他们的体验，这对于发生在课堂中的道德教育而言具有重要的意义。许多艺术作品并不试图去解决善与恶的问题，或者声称提供真理。艺术作品经常提供生活中的两难困境和模糊地带，让观察者根据他们的反思而行动。仅仅接触艺术作品，对于塑造好公民而言是不充分的。教师有必要考虑如何去引导学生对艺术作品的体验，以便达到公民课程对于提升同情心、尊重和宽容的要求（Pike，2003a，2004b）。

　　艺术家和那些对艺术品负有责任的人所作出的决定，从来都不是中立的。艺术家对主题和观点的选择代表着一定的价值判断，对这种判断的反思或者审美阐释能够向学生揭示他们自己的价值观是什么，不管这些价值观是否与艺术家们的价值观相一致。卡尔文·斯福德（Calvin Seerveld）甚至认为，艺术是一种"膜拜"（worship），或者说"是一种为某种事物赋予荣誉和光荣的努力"，因为它表达着"艺术家观察世界的视角"以及"艺术家为之奋斗的目标"（1995，p. 21）。显然，如果艺术作品的欣赏蕴含着价值判断，这就同"膜拜"之间具有一定的类似之处，它有助于年轻公民理解自己的价值观是什么，以及他们相信什么东西是重要的、有价值的、值得的，归根结底是值得"膜拜"的。如果"艺术是对事物终极意义的直观洞察与象征把握"（*ibid.*, p. 32），那么它无论如何都不是中立的。我们必须承认，艺术家的观点与艺术欣赏者的观点之间可能完全不同，正是这种对比或者"审美视差"（aesthetic distance）（Jauss, 1982），恰好在公民身份与道德教育中是有价值的。

如果学生相信艺术家受到某种诱惑而"支持那些罪恶的东西"，这也揭示了学生的某种价值观（Seerveld, 1995, p. 52）。描绘并向观众呈现战争或人类冲突的暴力场面，对于公民课程具有巨大的价值。战争的道德问题在这里成为主题，英国政府的责任问题也被纳入思考的视野。假如学生要讨论战争是否正义、在何种情况下或哪些人要对伊拉克战场上的死者和人民的苦难负责，艺术可以提供一个有价值的刺激。当年轻的公民被人类在战争中的苦难困扰不安，并试图弄清谁应该为导致这些痛苦而承担责任时，研究毕加索的《格尔尼卡》或许比较适合：

> 房间里一个妇女大声尖叫着，身上的火焰吞噬了她的生命，从睡梦中惊醒四处逃散的人惊骇地注视着被炸得四分五裂的战士残肢，妈妈怀抱着已经死去的孩子，痛苦绝望地号啕大哭，面如死灰的脸上露出一双呆滞的眼睛。

(Seerveld, 1995, p. 47)

这幅作品表达了对导致这种灾难的渊薮的价值判断。对于斯福德来说，战争是罪恶和不道德的，这并不是因为战争的丑陋，而是因为这种残酷无情的、被上帝所诅咒的精神是罪恶的。因为，这里所传递的信息是，无助的人们本不该遭受这种灾难，他在思考谁应该为其负责，是恐惧的公牛吗？即使是一头野兽，它会让这种非人性的事情发生吗？（1995, p. 47）我们认同毕加索描绘战争恐怖的观点，但是我们对于战争苦难产生的原因及其责任的解释，可能很不相同。通过欣赏这幅画作，我们可以引导学生思考战争和人类冲突产生的经济、政治或者领土动因。斯福德在宗教信仰上与毕加索大相径庭，但是这幅作品提供的"审美距离"（aesthetic distance）激发了对彼此观点的探索。当我们观赏一幅作品时，我们会意识到自己的信仰。

在艺术欣赏过程中，通过适当的教育和引导性的反思，学生能够逐渐认识到他们自己作为公民的信仰和他人的信仰，同时对政府的行为作出评价。

三 公民身份、艺术和文化素养

文化素养（cultural literacy）的观念，即能够"阅读"一个人所属的文化并且在其中有效地沟通，同公民教育的关联由来已久。赫斯（E. D. Hirsch）的理论认为，成为在文化上有素养的人意味着使一个公民能够阅读并解释社会所创造的文本。在其名著《文化素养》中，他指出："读写文化（literate culture）已经成为我们民主体制下社会和经济交往的通用货币和达致完整公民的唯一有效门票。"（1987，p. 22）考虑到学龄儿童缺乏"文化素养"（他将其定义为解释文本所需的背景知识，这些知识对于沟通和社会交往至关重要），赫斯呼吁在美国学校中加强民族文化经典的教育。在《文化素养》的附录中，他开列了长达63页的书单，从中可以清晰地看出文化上有素养的人应该了解的经典文化和基督教文化。其中包括：进退两难（Scylla and Charybdis）、十诫、参孙和大利拉（Samson and Delilah）等。赫斯在书单中所强调的内容，与传统价值观复兴的背景有密切关联，这些内容与基督教信仰、家庭、爱国主义、自由等信念之间有着紧密联系。

2001年"9·11"事件之后，美国对统一文化认同的追寻，使确保公民拥有这些知识的需要得到了强化。有意思的是，第一次世界大战之后，英国纽波特委员会（the Newbolt Committee）对当时人们的价值观和生活方式进行评估，在此基础上发布了一个很有影响力的报告。这篇报告指出："自由教育（liberal education）不仅应该是每个儿童可以获得的礼物，而且也是国家在基础教育阶段为它的公民所特意设计的礼物。"（1921，p. 342）无论是否同意赫斯"文化素养"这一特殊概念，对于从事公民教育的人来说，思考公民所必须掌握的文化知识是什么这一点是重要的。一旦这个问题解决了，艺术在促进人们掌握这些知识方面就具有关键作用。当学生们规划他们自己的"国家公民课程"（National Curriculum for Citizenship）时，就开启了他们心目中公民应该掌握知识的学习，同时也揭示了课程设计者的偏好并促进了反思的开展。尽管文化素养的合理性程度还取决于在公民课程内容方面作出全面的选择，但是，我们还是能够让学生自主设计公民课的考试方式，并对这种考试方式的价值进行反思。

"文化素养"的倡导者，通常与贝克（Beck，1998）等所谓的新保守主义政治学者联系在一起。他们力图普及经典的和基督教的"文本"并以此作为社会凝聚的基础。由此观之，"主流文化的教育，尤其是英国语言、英国历史和文学遗产以及基督教教义与经典的研究，应该成为针对每个学生的教育内容，因为它能使学生发展出一种作为英国人的归属感"（Tate，1995）。当然，哪些文本对于21世纪的公民来说是必须熟悉的，这个问题仍需要思考。对公民应该具有文化素养或者具备参与特定文化文本学习活动的观念，还需要进行仔细的分析。这里有着浓厚的宗教原因。比如，为什么穆斯林可能并不愿意培养在西方音乐、舞蹈、戏剧等方面的文化素养，而更青睐于穆斯林的诗歌、书法和朗诵（Burtonwood，1995）。好公民在何种程度上建立在共同的文化基础上，这一点在公民课程中当然值得讨论。生活在多元文化社会中的儿童，仅仅了解主流文化是不够的，因为这只能为其提供作为英国人的部分归属感。他们应该学会欣赏那些具有不同文化素养公民的观点。

我们有必要对普及那些探索经典的、基督教主题的、权威艺术作品的动机进行仔细评估。但是比较矛盾的是，来自多元背景的儿童，研究过去的经典和基督教艺术作品，其中最具紧迫性的理由之一是帮助他们理解当下的自我（Pike，2003c）。学生与其所接触艺术品之间的文化差异，能够为他们提供许多当代作品较为欠缺的审美距离（Jauss，1982；Pike，2002）。如果采用适当的教学方法，过去的经典或基督教主题作品与儿童之间在时代、社会、宗教、文化上的差异就会呈现出来，而这有助于儿童对自己当下的生活方式和价值观进行反思。相对于共时态的对话，历时态的对话更有助于开阔学生的视野（Pike，2003c）。对于来自不同生活背景的儿童来说，采用适当的教学法，使他们学会欣赏来自不同时代、代表着不同文化传统的艺术家的作品，能够使他们的精神生活变得更加丰富。

某些批评家努力使对传统的、经典艺术作品的研究得到认可，从而寻求一种统一的文化认同（Bloom，1987；Hirsch，1987）。倡导对这些文本以及来自其他文化与传统的文本进行研究，在逻辑上和道德上都是可以成立的。有些人认为经典作品会助长抱残守缺心态的流行，这种看法可能有失偏颇。这些人的观点通常建立在这样一种假设基础上，即艺术作品尽管具有道德上的权威性，但是，"艺术品毕竟是人为创造的（因此并不一定是具有权威性和真理性的），认识到这一点是很重要的"（Stibbs，2001，p. 42）。因此，艺术品所创造的世界与儿童现今所处的世界之间可能存在着差异，而后者才是公民身份与道德教育的源泉。一件艺术品，无论它是可读写的还是可视的，"既不是对真实客体的描述，也不能建构真实的客体"。因为，从定义上说，"艺术品引导读者从真实的体验中超脱出来，它提供了新的观点，打开了新的视域，个体自身所体验的、经验可感知的世界在这个过程中发生了某种改变"（Iser，1971，p. 8）。从这个意义上说，艺术品能够提供一种具有道德意义的教育体验。

四　经由艺术与设计的公民身份与道德教育

艺术与设计教育（Art and Design Education），为公民教育提供的启迪和机会是广泛的。艺术课堂是一个独特的环境，在这里能够培养学生个体活动与群体活动的成就感。艺术空间提供了一个有助于儿童珍视他人贡献的语境。儿童能够在其中了解表现自然及人工环境的不同方式，逐渐理解艺术品、工艺品和设计如何反映文化意识形态的信仰与价值观。为当地社区创造艺术作品，能促进儿童去理解审美活动的社会政治维度。当儿童看到艺术家、设计师和工匠是如何回应社会重要议题并为之所刺激，如何在创造性劳动中表达信仰，他们的注意力就会被引导到公民身份上。决策和参与合作性计划的过程，有利于儿童反思艺术与设计对社会的意义，这对于培养未来的公民是尤其重要的。以下，我们将列举几个例子来说明经典的和当代的艺术作品是如何促进公民课程的教学的。第一个例子是，涂鸦艺术家在公共空间呈现他们的作品，他们的作品能够与权利和责任议题关联起来。第二个例子是有关 18 世纪霍格斯（Hogarth）的社会讽刺作品，其中着重探讨《一个妓女的堕落》（*The Harlot's Progress*）的价值。

（一）涂鸦：是艺术还是蓄意破坏公物？

不管涂鸦是否能成为一种艺术，在公民课中讨论言论自由、空间的公私所有权以及相互竞争的权利与义务等问题时，仍然可以将它作为一个有趣的主题。一些成年人可能会问，在公共空间创造壁画用以表达对空间、线条、对称性、色彩的欣赏，这种行为怎么就违法了呢？他们可能会质疑，在毫无生气、单调和缺乏想象力的石头建筑（它的表层被认为是一种公共财产）上创作礼赞生命之美的作品，为什么就不能被接受呢？实际上，讨论"公共"财物的整体观念对解答这个问题可能具有启发意义。富有洞察力，甚至具有挑战性的思考，有时会产生一些有趣的观点。我们知道有些学生会认为，"入侵"公共空间的商业广告牌（在东南亚，这些广告牌甚至为香烟或通过压榨儿童制作的服装作广告）被视为私人财产，因为它属于拥有填充这些空间权利的企业。而当人们通过在其他公共空间里涂鸦的方式来表达抗议和对社会正义的诉求时，则是非法的。

20世纪80年代，艺术家让－米歇尔·巴斯奎特（Jean-Michel Basquiat）因其涂鸦艺术而在当时的纽约名噪一时。巴斯奎特的案例，可以用来研究与艺术和公共空间使用相关的一些议题。巴斯奎特通过对美国黑人肖像画的运用，挑战了主流艺术，因此遭到了抗拒这场艺术运动的某些批评家的排斥。如果要探索艺术的民主化问题，那么在公民课程中讨论涂鸦艺术尤其具有价值。一些艺术家建议，应该在城市中心地区划定一些鼓励涂鸦的墙面，使之成为一种平等的言论表达形式和民主的文化活动。另外，"让英国保持洁净运动"（Keep Britain Tidy' Campaign）的支持者则认为涂鸦使人们感到不安全并且使城市变得肮脏。对于不同的人群来说，公共空间里哪些东西是能够接受的，以及如何就这些地方的视觉文化形成共识，有关这些问题的辩论可以为公民课提供一种恰当的、具有挑战性的刺激。而使用纳税人的钱（2004年英国用于清理涂鸦的费用达到了2700万英镑）也可以作为辩论的议题。而对违规者进行处理的方式也值得考虑。

涂鸦是一种使人们团结在一起的、值得鼓励的民主艺术形式，还是一种应该被限制，甚至禁止的蓄意破坏公物的行为？这些观点都是学生能够去考虑的。当涂鸦的主题被确认后，它如何反映个体的、社会的和文化的价值观与信念，这些问题就能够得到深入分析。教师应该教育学生尊重公共财产，尊重任何属于他人的财物。必须澄清哪怕是艺术家，如果没有经过所有者的同意而故意进行涂抹，也是一种非法的蓄意破坏公物的行为。大部分课堂上都存在着损坏他人财物的现象。很多袋子或设施在未经允许的情况下被拿走了。如果学生意识到这种情境下当事人的感受，就能够比较客观地评价涂鸦对并没有要求当地涂鸦艺术家提供这种服务的社区的影响。我们如何在公共空间中去寻求共同的善（common good）？这个问题与人权、与持不同价值观的人在互不冒犯的前提下共同生活的需求，都存在着很大的相关性。广义的视觉文化和学校中的视觉文化是当前备受关注的议题（Prosser，1998）。学校里的视觉文化如何传达其精神气质和价值观，公共空间的民主化能够达到什么程度，不同区域（洗手间、工作坊、公共休息室、教员休息室、前厅）是如何被有区分地加以控制的，这些都能为公民课程提供引人入胜、具有争议的主题。正如我们将要看到的，在涂鸦以及视觉文化的讨论中被凸显出来的有关控制、权力、价值观和权利的议题，在研习更具有常规性而非争议性的艺术形式时也能够作为关注的重心。艺术同公民道德教育的相关性，无论如何都不只限于当代艺术作品中。

（二）一个妓女的堕落（The Harlot's Progress）

霍格斯的系列漫画《一个妓女的堕落》讲述了一个从农村来到伦敦的年轻女孩身上所发生的肮脏故事。故事中的女孩，处于生活无着的窘境，这与今天无数青少年所面临的状况并无二致。在公民课程中，经常会讨论无家可归以及处于这种困境中人的悲惨遭遇。当地政府提供庇护和慈善服务的义务以及由谁来帮助这些穷困潦倒的人，这些议题都会在这些课堂上进行研究。莫尔无依无靠，非常弱小。她误入歧途，最终成为一名妓女。当学生们意识到自1732年以来社会在这些最基本的方面看起来好像并没有改变多少，来到城市的穷人和脆弱的青少年仍然处于被剥削的境地时，他们会学到很有价值的一课。

　　这一状况同今天从东欧的农村地区来到英国的许多女孩的状况也是相同的。犯罪分子先是向她们允诺了更好的生活，然后盘剥并逼迫她们以妓女为职业。当英国某些城市里的这种非法性交易被发现时，事实的真相才慢慢变得清晰。许多妓女都来自原共产主义国家贫穷的农村地区，她们都有被欺骗和被勒索的经历。她们位于罗马尼亚、保加利亚的家人遭到了暴力威胁，她们不得不选择忍气吞声、被迫屈从，而这些违法活动的组织者却因此而免于起诉。这些妓女中很多人都是非法移民，几乎都不太会说英语，因此，对她们所享有的最基本的人权进行保护就显得特别困难。这一现象，为我们提出了许多有关英国法律、移民以及风俗等问题，也提出了有关经济以及贫富差距如何对最脆弱群体构成压迫的议题。解决这些非法活动的方案、女性权利以及其他国家在解决妓女问题方面的进展，都是公民学研究中合法的、重要的领域。

　　阅读诸如《一个妓女的堕落》这样的作品，能够激发学生对我们生活其中的、容许这种剥削存在的社会进行思考，也能使他们意识到自霍格斯所处的时代以来，我们在改善这些脆弱的年轻人的生活境遇方面是多么地失败。在这些绘画作品中，莫尔的遭遇既是现实的又是悲惨的。这个故事的梗概是：莫尔是一个来自农村的单纯女孩，当她来到伦敦后遇到了一个有名的老鸨。莫尔最初是一名上流社会的高等妓女，然后沦落为街头妓女，并坐了牢。几年后，莫尔的生活陷入了悲惨的境地。由于招揽生意，她感染了性病，身体每况愈下。然而，这个时候的莫尔已经生了一个小男孩。后来，我们在漫画中看到莫尔痛苦地蜷缩着，疾病夺走了她的生命，而她微薄的积蓄却被人偷走了。最后，霍格斯描绘了莫尔的葬礼。年仅 23 岁的莫尔离开了人世，只有年幼的儿子是她的主祭人。

　　当这幅作品向我们展示行为的后果时，它具有道德上的教育意义。这些作品以及其他作品在公民课程中的运用，会使年轻人的头脑中涌现很多问题：在莫尔的儿子——这个为她妈妈送葬的小男孩身上，接下来会发生什么？他将面临什么样的生活？他能得到受教育的机会吗？如果没有这样的机会，他的命运会不会与妈妈一样呢？作为一个非法出生的孩子，他的未来将是什么？如果莫尔有其他谋生的方式还会沦落成妓女吗？今天对于卖淫是否应该进行立法和管制呢？社会如何应对这个问题呢？当地、国家、欧洲政府在预防这些活动中所应扮演的角色是什么？卖淫的经济意义是什么？财富方面的不平等如何导致穷人被剥削？如果莫尔生活在今天，她会不会染上毒瘾呢？毒瘾将会如何使她成为妓女？在这种情况下，市政委员会是不是应该提供免费的针具交换服务呢？这种政府行为的道德意义是什么？为了避免使莫尔的悲剧再次重演，学生们会建议出台什么样的法律呢？法律对于卖淫到底是如何规定的？运用艺术作为一种刺激，通过这些作品来激发学生对于莫尔以及与她有同样遭遇的人的同情心，相对于一开始就对有关毒品、卖淫或无家可归等法律问题进行空洞的、事实性的研究，可能是切近这一主题的更好方法。

霍格斯探索了直到今天一直在重演的道德境况，这能够引导儿童去思考性伦理、法律、当地政府为那些穷困潦倒的人提供照料和庇护的义务等问题。社会讽刺作品应该成为任何公民课程的必要组成部分。讽刺作品暴露了人类的罪恶和荒唐，但是其意义不仅仅在于此。它揭露了社会的问题，激发我们思考作为公民的责任以及社会应该如何保护最脆弱的人。研究诸如《一个妓女的堕落》等艺术作品的价值在于，它凸显了穷困、卖淫和性传播疾病等重要社会议题。在公民课程中探索这些重要议题的公共维度，是富有启发意义的。社会讽刺作品与公民身份方面的工作尤其具有相关性，从中可以开发出很多对于当代生活具有启发意义的案例。《一个妓女的堕落》使我们强烈且深刻地认识到，"年轻生命的无谓逝去，病态社会的腐败所造成的对无辜者的掠夺，这些都激起了霍格斯的愤怒"（Benton，1995，p. 36）。霍格斯所描绘的社会疾病和社会问题，与公民课程和道德教育都是紧密相关的。研究这样一件作品能引发儿童的好奇心，使他们就这些重要的道德问题表达意见。霍格斯在他的作品里，对一个极度腐败社会里的价值观进行了探索。这使儿童能对他们自己社会的价值观和行为，对他们作为社会成员的责任进行反思。

对在公共场所进行展示的艺术作品进行审查，也是公民身份与道德教育中另外一个有价值的议题。极权政府通常会强制推行审查制度。1937 年慕尼黑的"颓废艺术展"（Degenerate Art' Exhibition）就是一个政府通过实施审查制度从而推行支持纳粹体制的世界观与态度的很好例子。另外，民主体制也承认，社会中的某些成员的确也会被另一些人所赞赏的艺术作品所深深冒犯。女性主义者可能会认为某些作品是淫秽或者贬低女性的，宗教团体可能发现某些作品是亵渎神灵的。然而这些作品都会在这些团体税收的支持下得以在画廊中进行展览。尽管承认自由在民主社会里是一种核心价值观，我们必须宽容他人不同的观点。但是，问题依然存在。即由于他人的表达自由可能会对某些人造成冒犯，那么应该在何种程度上来限制这种自由呢？在公民课程中，我们应该尤为注意保护儿童和社会中最脆弱群体的需要，这就使对他人的自由，特别是在公共场所的自由进行某些限制成为必要。

五　经由英语的公民身份与道德教育

尽管学校中英语和英语文学与公民课紧密相连，但是，我们这里所关注的焦点主要是在文学（而非第四章中所探讨的读写或语言）为年轻读者提供具有道德意义的教育经验的功能上。我们也不能忽视英文（有时也被称为英语语言学）对于公民教育的贡献。我们可以稍微思考一下，2005 年 6 月 10 日星期五下半场"英国资格评估与认证委员会普通中等教育证书"（AQA GCSE）基础英语考试试卷中为应试者所设置的题目：

> 学校大臣（the Minister for Schools）正在制定一份使年轻人成为好公民所应该具备的基本技能的清单。写一封信给学校大臣，在信中陈述自己所习得的某些技能并评价这些技能对于你成为未来公民所具有的作用。

将意见呈送给民意代表的事务性写作（transactional writing）在英语课中是较为常见的。尽管 2005 年普通中等教育证书考试与公民课之间的关联较为明显，但是把当前有关公民身份的问题作为考试内外的讨论主题，这一现象并不鲜见。最近，有要求学生就英国警察的武装问题发表意见，对玩忽职守和汽车犯罪发表评论。基因工程、堕胎、广告、性别刻板印象、活体解剖、安乐死、猎狐等道德议题在英语课中总是经常地进行辩论。而且，沟通技能尤其是小组讨论（普通中等教育证书英语考试中经常设置这些讨论）有助于学生道德理解力的发展，同公民研究计划之间也有关联。

尽管英语语言学中的这些议题之间是相互关联的，有一点还是需要指出，文学在培养具有道德意识和责任感的公民方面，潜力是巨大的。如果从这个角度来观察，由于国家读写策略的推行，英国的英语科目看起来正在与读写艺术（在美国被称为语言艺术）渐行渐远，并经历着向事务性写作等写实文学的转变，这一现象是令人遗憾的。读写策略推行的结果是，人们更多的是关注英语在市场竞争中更能赚钱的实用主义读写形式上（Pike，2004c）。当我们对某些代表文学的诉求进行思考时，才能更好地领会儿童道德教育和公民身份的意义以及儿童文学体验（或者语言艺术）不断减少的影响。曾经有人指出，"相对于任何其他课程中的科目而言，只有文学能够提供最完整的有关道德境遇及行为后果之复杂性的可能性图景"（McCulloch and Mathieson，1995，p. 30）。当学校公民教育的这种作用逐渐被人们所认识时，政策制定者对文学价值和潜能的理解就变得尤其重要。文学为我们打开了通向不同生活方式的道路，很多新的可能性都在这个"派生世界"（secondary world）里存在着。奥登这样说道：

> 每个现实的人都有两种欲望：第一种欲望是了解有关首属世界（primary world）的真相，这个世界是我们在其中出生、生活、热爱、憎恨和死亡的世界；第二种欲望是创造一个属于我们自己的新的派生世界，如果我们自己不能创造它，也要与那些能够创造它的人分享。
>
> （1968，p. 49）

可以说，创造新的"派生世界"是重新审视"首属世界"的关键。这个任务从本质上讲是一种伦理活动，如果把道德教育视为对某种新的生活方式的构想，那么它也是道德教育的核心。对于拜厄特（A. S. Byatt）而言，文学阅读是如此有效，因为它用一种非常特别的方式扩充了儿童的经验：它使儿童去探索人类行为的道德和精神后果并领会其中的复杂性和内在关联。最近也有很多的学者（Trousdale，2004；Kirk，2004；Halstead and Outram Halstead，2004；Witte-Townsend and DiGiulio，2004；Smith，2004；Pike，2004c）在《儿童灵性研究国际期刊》（*International Journal of Children's Spirituality*）的特刊中探讨了文学阅读是如何与儿童的精神与道德发展相关的。

促进这种反思活动对于道德发展是至关重要的，审美阅读能够培养这种能力。审美阅读激发读者积极地探寻自身体验与文学艺术作品中所描述的体验之间的联系。"当读者在阅读过程中，注意力逐渐集中在他自身的生活经历上时"（Rosenblatt，1985，p. 38），道德教育就有可能发生。读者齐努瓦·阿契贝（Chinua Achebe）的诗歌《秃鹰》（*Vultures*）的感受能够说明这一点。这首诗探索了恶的性质，最初收录在 1971 年出版的诗集《当心啊，我的心灵的兄弟》（*Beware Soul Brother*）中［在美国以《比夫拉的圣诞》（*Christmas in Biafra*）为题发表］。阿契贝在为比夫拉政府工作期间写作了《秃鹰》这首诗。当时，这一地区宣布成立一个独立国家，后来由于饥荒投降于尼日利亚武装部队。在这首诗的第二节中，我们的注意力被引向了纳粹时期的恐怖以及贝尔森集中营指挥官的爱与残忍。他既是实施大屠杀的凶手，也是一个充满爱意的父亲。这个男人从指挥部出来为孩子买巧克力，在一个糖果店边停下来，此时"他闻到了一股人类被炙烤所散发出来的刺鼻气味"。阅读此诗的青少年会发现这种极端令人困扰、深刻的行为困境。在诗的末尾，阿契贝有意为读者提出了处理这个行为困境的道德选择问题。人的本性是恶的但有行善的可能，还是人的本性是善的却有作恶的倾向？读者要在这两者之间作出一个选择。这就逼迫着读者自己通过提供某种道德解释来完成这首诗（Pike，2000b）。

尽管有观点认为，"读者是文本中道德问题的最终裁决者"（Gallagher and Lundin，1989，p. 140），一些作品还是可能设置某种特定的道德议程，这尤其有助于读者对自己所处的世界进行评价。最近，一群十五六岁的青少年在阅读普通中等教育证书考试中的亚瑟·休斯·克劳福（Arthur Hugh

Clough）的《新十诫》时，比较了维多利亚时代的价值观和他们自己的价值观。一个读者写下了如下读后感：

> 对维多利亚时代精神痼疾的阐释，使读者审视自身以及他们的生活方式。克劳福通过展示每个人都可能遵循的不道德的新十诫，有意去纠正人类的罪恶。我感觉今天我们所生活的社会，是一个更具有文化多元性和多样性的社会，人们非常坦率并且公开表达自我，这里不存在任何伪善。
>
> （Pike，2000c，p. 24）

文本通常探讨社会和道德问题，并且通过展现个体和社会之间的关系来达到这一目的。根据文学作品改编的电影剧本［如威廉姆·戈尔丁的《蝇王》或路易·萨赫（Louis Sacher）的《洞穴》等］，也可以在激发广泛的公民身份议题的讨论方面起到良好的效果。英语文学能够以文学独有的方式刺激和挑战儿童，从而推动儿童个体的成长、认同的发展以及精神与道德的发展。

六　经由戏剧的公民身份与道德教育

戏剧是公民身份与道德教育课程里的重要领域。因为这个学科"通常探索道德困境和各种社会不公，并且对平凡以及不平凡境遇中特定人类行为的意义进行思考"（Winston，1999，p. 460）。

戏剧工作坊提供了一个探索道德境遇复杂性的空间。在这里，儿童能够逐渐理解个体及整个社会选择的后果。戏剧表演和制作能够探索社会的多样性，在戏剧舞台上，个体的问题被融入更广泛的社会关注之中，从而使人们去理解他人的情感以及社会中他人所关注的重要问题。

（一）通过论坛剧场（Forum Theatre）激发同情心

最近，劳拉·戴（Laura Day，2002）报道了论坛剧场在探索难民以及无家可归者问题中的运用。劳拉·戴长期关注学校的难民儿童问题，并且跟踪报道了一个由经历过流离失所和（或）沦为难民的演员组成的戏剧公司所推出节目的反响。她的调查发现，这种工作坊同学生是高度相关的，它为他们提供了一个演练日常生活中可能发生的道德反应与行为的机会。这种活动使学生形成了对戏剧角色和学校同辈群体的同情。演员无家可归的生活史以及成为难民的经历，将戏剧体验带入现实生活中。这种戏剧活动对儿童的道德教育以及发展他们对一系列相关的公民身份议题的理解，具有无可估量的潜在功能。但是，由于缺乏一种整合的跨学科方法，这种功能在一定程度上遭到了削弱。本书也以此为例，来阐释我们为什么提倡一种整合的公民身份与道德教育的路径，尤其是经由艺术和人文学科的路径：

> 论坛剧场工作坊旨在激发学生成为他们自己生活中的道德主体。然而，由于缺乏对所提出议题的道德反思以及表演之后合理道德行为的引导，这个目标的实现程度是有限的。后续教育的缺场，同教师仅仅将这种工作坊视为一种戏剧活动、没有采取措施去挖掘教师所感受到的属于个体、社会和健康教育（PSHE）领域里的道德内容这一事实有关。
>
> （Day，2002，p. 21）

戏剧同意义和价值观紧密相关，并能用于对权利和责任的探索。如果说在儿童的道德教育与他们对自身公民责任感的理解方面存在着某种连续性的话，那么建立不同课程之间的联系就是至关重要的。

（二）意义生成（meaning-making）与经由戏剧的积极公民身份（active citizenship）

戏剧课程所提供的经验范围是广泛的："学生可以即兴创作或依据剧本来创作，他们可以创作自己的剧本或者研究戏剧脚本，他们可以创作戏剧，表演戏剧、观察戏剧、对戏剧作出回应，他们可以通过陈述或对话用身体语言来展现戏剧"（Winston，1999，p. 460）。所有这些活动的核心特质是学生对意义生成的处理。意义是如何呈现而不是消极地被接受，信念、价值观和态度是如何展现出来的，这些问题都与"积极公民身份"的观念直接相关。当一个人考虑戏剧的不同方面时，它同广泛的社会与政治议题的相关性是显而易见的。安东·弗兰克斯认为戏剧有三个维度，所有这三个维度同道德与公民教育都是有关的。根据弗兰克斯的观点：第一，"作为艺术、剧本和表演的戏剧，对个体、社会和文化生活发挥着选择、塑造和积极呈现的作用"；第二，"参与戏剧就是将个人的议题、利益与广泛的社会议题、利益联系起来"；第三，"戏剧的模式、结构和形式，如剧本和表演，都承载着'特定的价值观'"（Anton Franks，1999，p. 44）。戏剧关涉意义与价值观的交流和审视，而这些都是富有创造性和批判性的。

（三）故事戏剧（story drama）与道德困境

戏剧具有价值，是因为"戏剧的技巧和规则能促使儿童参与到剧本中并对其作出回应"（Grainger，1998，p. 29）。引导儿童对行为作出预测，是与道德教育相关的一个普遍路径。当儿童用这种方式进行思考或者扮演相应的角色时，他们对复杂议题和道德困境的鉴别能力就能得到提升。当儿童参与故事戏剧之中时，他们将会作出相应的审美反应并且填补"故事中的空白"（ibid.，p. 30）。格兰杰在有关"意义追寻"（search for meaning）的著作中，为我们提供了有关这种路径的案例。在这些案例里，"行为选择是开放性的，多重意义在其中被接受"（ibid.，p. 33）。

（四）公民的社会互动

社会互动对于公民身份与道德教育的意义容易被忽视，而戏剧在培养社会互动能力方面具有独特的作用。这并不仅仅指戏剧系定期组织一定规模的全校性戏剧表演，或者说经常邀请社会人士来参加这些活动那么简单。当孩子们将一部作品搬上舞台时，无论他们是作为灯光师，还是前台售票员、宣传经销商或者餐饮助理，这些都是在正式课程中难以获得的经验，孩子们从中学习如何作为一个团队来行动。社会互动通常是这些课程中的一个显著特征，在这样一个没有桌椅的空间中，自我控制的能力得到培养。

在如此亲密的物理空间中一起合作，任何一种具有破坏性的行为都可能会威胁大部分学生在戏剧中的表现。群体合作使孩子们对自己的表现、别人的表现以及他们作为一个团队的表现作出评价。如果将这一点与社会运行的方式联系起来，就能说明戏剧实际上强化了公民课程中的核心议题。戏剧对表达、倾听技巧以及个人表现力的关注，也使它有助于培养未来公民在公共生活中发出自己声音的能力。

七　审美距离与公民的道德之旅

前面讨论了公民身份与道德教育的主题是如何通过艺术学科来切近的，在本章的结语部分，对艺术理解的方式做简要阐释将是有意义的。如前所述，审美际遇具有转化力，它们能够帮助我们以新的方式看待世界。但这种转化是如何发生的？这一点值得我们思考。我们在本章中提到了一个关键概念——"审美距离"。"审美距离"能够为儿童提供一个观察周遭世界的新视角，使他们从自我满足中觉醒，刺激他们起而行之。汉斯·罗伯特·姚斯将"审美距离"定义为"给定的期待视域"（given horizon of expectation）与对"新艺术作品呈现样态"的反应之间的差异（Hans Robert Jauss, 1982, p.25）。在姚斯看来，一个人是将自身过去的经历作为背景，来审视一件新的艺术作品。一件艺术作品如果不能促进"视域"的转变，只是满足或强化了已有的期待，"向未知经验视域的转化就不可能发生"（ibid., p.25）。这样一件艺术作品就只具有娱乐价值，对于培养致力于社会改善的积极公民是毫无助益的。

欣赏一件新的艺术作品能够重构和扩展学习者的经验，并导致"视域的转变"（Jauss, 1982, p.25）。审美反应使学习者超越个体之维，关注与公民身份相关的公共之维。可以说，"审美距离"绘制了积极公民在艺术领域得以生成的地图。提供"审美距离"的艺术作品，向学习者提出了重要的甚至是终极性的问题。这些问题超越了竞争性游戏的基本规则（Palmer, 1983, p.76）。"描述诸如死亡、痛苦、美好等具有挑战性的经验以及直面善与恶"的艺术作品，具有推动深层次视域转变的能力，因为它们通常能引导学习者去"寻求意义、目的和赖以生存的价值观"（SCAA，1995，p. 3）。可以说，艺术的意义在于其基本的本体论特性，它们能够提出存在论的问题，并将其上升到意识的层面（Pike，2004b）。

经由艺术的道德教育，包含有关公民身份的学习内容，它具有几个显著特征，其中最重要的特征是相互理解而非相互竞争。审美欣赏很少独立发生，它总是在社会互动中升华并且扩展的（Pike，2003a）。在一个审美氛围中，学习者不可能作为客体被建构，教师也不能被视为知识的"传递者"（deliverer）。因为"审美教育"（aesthetic teaching）是建立在一种特定的关系意识基础上的（Pike，2004b）。艺术研究告诉儿童，人类文化中存在着不可解释的方面，只有将这些方面作为一部分放在总体中，才能对其进行完整的定义。尽管"油画是在帆布上涂抹颜料而创作的"，但有一点是无可争辩的，那就是"艺术不只是赖以制作的材料，油画不是颜料以及画布结构"（Langer，1957，p. 29）。换句话说，艺术是一种超越了部分之和的活动。在我们的文化中汲取审美活动的价值观，应该成为公民课程的有机组成部分，因为它有助于年轻的学习者理解，作为公民，他们不能只以理性方式来"练习"（exercise）公民身份。在这种"练习"中，目标和目的可能是存在问题的。因为在艺术领域中，人是在"寻求意义，而不是以意义为起点"的（Gardner，1949，p. 57）。麦考林提醒我们注意，"人类行为中潜在和直觉要素的重要性"，作为反思形式的"技术理性"（technical rationality）的局限性，以及将教学视为技术这种观念的不适切性。因为，教育的目标"不是清晰的、固定的、单一的或可以直接进行评估的"（McLaughlin，1999，p. 13）。感觉、感情、直觉、创造性、表达，与逻辑和理性分析一样，对于儿童的公民身份与道德教育都具有重要意义。

20 世纪最伟大的哲学家之一——马丁·海德格尔认为，艺术通常用其他方式来表达难以理解的真理（Pike，2003f）。海德格尔的存在观念——"此在"，有助于我们理解公民身份与道德教育（思考人"在"社会中的位置）。因为"在"（in），对于海德格尔而言，意味着卷入、参与（比如，堕"入"爱河），而非物理放置或者呈现。这种区分是重要的。如果学生能够感受到他们与世界之间的联系，这必然会对他们练习公民身份的方式产生影响。借助审美际遇比凭借对他人需求的事实性解释，更容易使儿童深刻领会作为全球公民的义务，以及激发他们在消除第三世界债务或虐待儿童方面的不懈追求和积极承诺。审美际遇能够使儿童欣赏与那些素昧平生的人所共通的人性，有助于他们关注那些从未涉足的地区。相比那些更为传统的方式，儿童通过艺术能够学到更多的东西，这将促使他们成为努力在现实生活中改变社会和致力于社会正义的积极公民。

第六章　人文学科与公民的道德教育

一　人文学科在公民道德教育中的地位

"人文学科"（the Humanities）一词从广义上说是指，"在个人以及集体语境中，对人类的文化环境与关系进行分析，以及建立在这种分析基础上的教育活动"（Donnelly，2004，p.765）。因此，这些学科尤其与公民身份之间具有紧密的联系。本章将着重检视人文学科对于培养儿童作为承担义务的道德主体与作为公民的自我意识所具有的潜在功能。本章力图说明，如何正确引导儿童对不同时空条件下的人类行为以及自我行为进行反思，儿童将如何更好地履行这些义务。因为在下一章中我们将对宗教研究的重要作用进行单独探讨，在之前有关艺术一章中已对文学进行了研究，所以本章的主要关注点是历史学和地理学，这两门人文学科通常占据着学校课时的绝大部分。

沃夫认为，人文学科与道德教育之间具有紧密联系，其总体目标就是获得"对人类不同的生活方式、表达方式等成果的理解和欣赏"（Woff，1991，p.23）。历史和地理在强调有关人性自身的问题时都表现出共同的关注点，就其终极重要性而言，这两门学科都在探索人作为人"为何"（why）而活的问题。这里可能包含着生活在过去的人们为何而活的理由，或者可能涉及对不同地区人类行为和信仰的研究，但人文学科强调的是我们共同的人性。评价公民和政府行为的道德性对于民主是至关重要的。政府为了在被统治者同意下进行公正的统治，有必要理解人性，正如民主社会的政府要对公民的观点和价值观有所回应一样，从事公民教育的教师也要对自身的道德责任有清醒的认识。

二　公民的生存模拟

公民身份虽然强调生活的公共维度，但同时也关注个体在社会团体中的道德责任感。群体行为如何与个体价值观相关联？这一问题可以通过人文学科或公民课程中经常会开展的模拟活动来加以说明。在这个活动中，学生们被划分为两个小组，想象他们在非洲某一偏远地区进行探险度假。学生通过卫星接收了 BBC 歪曲事实的新闻报道。新闻里报道了影响这一人迹罕至地区大范围的毁灭性生态灾难。当学生们返回大本营时，才发现大本营已经被废弃了。直到此时，他们才意识到自己成为唯一存活下来的人类。

这两组成员发现他们自己处在完全不同的境遇中，这种模拟提供了对富国和穷国如何作出决策的道德问题的思考，也提供了对支撑这些决策背后的价值观和优先顺序的思考。从这种模拟中，儿童能够习得有关全球公民身份的重要内容，也能激发许多人反思自己在群体中行为的道德问题。每个小组必须在资源应如何分配以及是否应该被共享的问题上作出决定。其中一个小组相当于"富国"（haves），另一个小组相当于"穷国"（have-nots），尽管一开始每个小组都没有意识到这一点。

A 组的处境相比 B 组更为有利，他们发现自己处在一个群山环绕的幽静山谷之中。清澈的泉水从山间流出，没有被污染的农作物（燕麦、小麦、马铃薯和其他蔬菜）正等待收获。这里有包括果树在内的丰富植被，有最为常见的家畜，如奶牛、猪和母鸡，在树丛中还有野兔和狐狸的身影。这里的气候终年温暖，而且 A 组还有一个小农舍。在农舍外围的动物圈舍里存放着农具、机械以及常用的自助工具。还有已经劈好的木材和 250 加仑柴油供 A 组使用。他们的食物储备足够维持到夏天结束，同时也有适合在做农活时穿的衣物。

B 组则远没有 A 组幸运。他们发现自己处在一个寸草不生的旷野之中。在旷野的东面，激流从陡峭的岸边倾泻而出。水流很明显被污染了，水面上漂浮着大量的死鱼。树丛中有一些黑莓和黑醋栗，平原上可以看见一群野狗好像在啃噬野兔的尸骸。几个松鼠在草丛中出没。这里的夏天非常炎热，冬天则异常难熬。这里没有任何建筑物，唯一的工具是他们口袋和背包里所携带的东西。唯一的燃料是从森林中收集的木材。他们仅有最多维持 4 天的食物，唯一的衣物是穿在他们身上的衣物。

经历了最初的 20 分钟以后，建立了决策程序和小组领导机构，各小组也得到了一些新的信息。他们被告知，之前各小组所派出的侦察员经过几个星期的跋涉之后回来了，发现了对方小组的存在。于是，一场会议召开了。A 组与 B 组之间资源的不平等分配，类似于 G8 集团和非洲国家之间的国际不平等。经历了这种模拟之后，学生能够对富人与穷人以及群体成员之间的互动进行反思。令人惊奇的是，幸存者中很少有人希望通过小组内大部分人投票的方式来作出决策。经过漫长的讨论达成共识通常是优先的选择，尽管每个人仍然觉得他们有话要说。通过思考各小组的决策方式、领导人的产生方式等问题，政府机构和投票选举的问题得到了讨论。这些场景尤其具有价值。因为它们使学习者意识到这些议题同他们自身生活之间的关系，有助于他们发现驱动自身行为的价值观。

另外，每个小组之间的互不信任也是很明显的。每个人看起来都想在与其他人的生存竞争中活下来。如果这两组成员互不相识，分别来自不同的班级甚至不同学校，那么就会加剧对其他组成员缺乏同情心的现象。富人一度使穷人成为自己的奴隶。那些穷人别无选择，只能同意接受屈辱的条约，侍奉拥有更多资源的主人。后来，富人试图为他们的行为进行辩护。正是在这一点上，暴露出支撑他们行为的价值观。A 组成员中呈现的态度之一是"我们为什么要放弃自己拥有的东西"？

讨论会后，群体成员所持有的态度和决策通常成为持续、冷静反思的主题。学生们受到激励，主动去思考全球公民身份和富国对穷国的义务，同时也去思考我们自己国家中富人对于穷人的责任。当然，模拟是对复杂环境的一种简化，儿童不该相信，只有自然资源是贫富的决定要素。对待劳动力的态度、法律与秩序、债务、闲暇、投资、教育、家庭生活和政府等其他要素，都对世界范围内的财富不平等现象发生影响。研究苏联控制下的国家并试图理解为什么有些国家比较繁荣、有些国家比较贫困，对于公民学和地理学来讲都是有意义的主题。我们认为，公民的世界观是与他们日常生活的现实相互联系的，培养对信仰和价值观的理解，应该成为公民教育重要的关注点。

人文学科与公民身份是相互关联的，因为它们提出了"什么才是一个真正意义上的人"的问题。这些学科能帮助儿童思考人"应该"（*should*）怎么行为，而非人"事实上"（*do*）怎么行为。这些问题对于积极公民的培养具有根本意义。因为，"个体有关人类自身的思考对于他（她）的行为模式具有决定性的意义"（Hoekema，1986，p. 2）。康德有一个著名论断，"人性这根曲木，决然造不出任何笔直的东西"（Immanuel Kant，1784）。

无论是否同意康德有关人性之"弯曲性"（crookedness）的评价，我们都不能忘记"木材"的性质决定着我们能够在生活中以及课堂上建构何种事物。了解"木材"及其建构起来的结构，是人文学科的任务。如果正如康德所确信的，我们是在处理"曲木"，那么，在课程和教学中，努力去构造我们作为人本身所能达到的正直性和真实性，就显得非常重要。

如果要努力做到道德地行为并且建构真实的人性，那么地理与历史教师有必要使学习者意识到他们所研究议题的道德意蕴。如同地方和国家政府的选举以及法律的制定是一种道德行为一样，看起来稀松平常的事情——如定位去超市的路线还是找到一条新路——都有必要让儿童从伦理选择的角度去思考。个体的价值观和有关好生活的观点，同这些决定之间都有直接的联系。当儿童了解这些数据代表了什么，这些过程如何描述，如何对可靠的证据进行思考等，他们一定会逐渐注意到隐藏在数据背后的日常生活，隐藏在程序背后的人以及分析这些证据的人所持有的伦理观。

当一个孩子被引导对他（她）自己的道德选择及其与公共议题之间的关联方式进行反思时，他们也正在对自己的公民身份这一基本议题进行反思，而且其意义不止于此，这实际上也是对人性的反思。在地理学和历史学中有很多的机会去思考人类决定的社会与政治背景。在帮助儿童思考今天的人类群体如何生活或历史上人类群体如何生活的问题时，与公民课程相关的价值观和道德问题就能够被凸显出来。比如，有人就提出，地理学是一门出类拔萃的学科，通过它能够研究公民身份的全球观念（Walking-ton，2000，p. 55）。地理学将视角聚焦在地区和环境问题上，不管是地区层面、国家层面还是全球层面，都有助于儿童将自身视为在不同环境下生活并作出决定的公民。现在我们将对其中一些决定和环境进行探索。

三 经由地理学的公民身份与道德教育

从国家课程的要求与各门学科的学习方案的对比之中，可以直接看出地理学与公民身份之间的协同作用。"在关键阶段 3 上经由地理学的公民身份"（Citizenship through Geography at Key Stage 3）（QCA，2001d）这一手册描绘了两种学习方案之间的相容性。手册指出，地理学通过帮助学生理解有关地区与生态的决定是如何作出以及在一定的条件下他们自身的行为对地区与生态的影响，从而促进公民身份的学习。地理学也能够使儿童"理解英国乃至世界范围内文化与认同的多样性"，理解"全球相互依赖的议题和挑战"。从广义上说，地理学也能够帮助儿童"就地区性的社会、生态、经济和政治议题进行反思与讨论"，理解"他们对于他人以及生态环境的义务与责任"。

当儿童调查诸如水污染、酸雨、旅游业、贸易等生态议题时（Geography Programme of Study 3e，QCA/DfEE，1999b），他们能够了解支撑社会运行的法律、人权和责任（Citizenship Programme of Study 1a，QCA/DfEE，1999a）。当儿童对所在社区的犯罪率及其流行趋势进行研究时，他们会对"刑事司法体系的基本方面"有所了解（Citizenship Programme of Study 1a，QCA/DfEE，1999a）。在公民学课程中，儿童要了解"英国在民族、地区、宗教、种族认同方面的多样性"，而在地理学中这一点得到了凸显。地理学为儿童"描绘了一定地区所处的国家、国际与全球语境"（Geography Programme of Study 3b，QCA/DfEE，1999b），并使他们了解"导致不同地区特性产生的人文特征"（Geography Programme of Study 3c, *ibid.*）。

当儿童研究定居地（settlement）与经济活动之间的关系，探索住房与就业模式背后的种族与宗教维度时，这两门学科之间就显示出相互促进的可能性。在公民学课程中，儿童要了解中央与地方政府的架构，了解公共服务是如何得到财政支撑的。地理学中有关定居点的服务为何发生变化（Geography Programme of Study 6g ii，QCA/DfEE，1999b）、为何要制定诸如英格兰东南部的新住房计划、风力农场的选址、新通道的走向等措施对生态进行规划和管理（Geography Programme of Study 6j ii，*ibid.*）等知识，有助于学生理解以上公民学课程中所涉及的这些内容。"对议会制政府基本特征"（Citizenship Programme of Study 1d，QCA/DfEE，1999a）的了解，也包含着对议会在农村、洪灾、燃油税等生态与经济议题上相关争论的研究。克里克的报告中指出，7~11 岁儿童应该理解"贫困、饥荒、疾病、慈善、援助与人权等概念的意义"，并且学会"将世界作为一个全球性社区来认识"（AGC，1998，p. 48）。显然，在地理学与公民学的相互联系上，我们还能找到比报告指出的更多内容。

地理学"综合了多种学科"，尤其是在小学阶段，地理学能够为儿童"提供跨学科课程学习的基础"，"在这些课程中存在着许多有关价值观与公民身份的教育内容"（Walkington，2000，p. 65）。在关键阶段 3，当儿童在成为"知情公民"方面取得显著进步时，他们会在公民课程中学到"世界作为一个全球社区和这种相互依赖所蕴含的政治、经济、生态和社会意义"（QCA/DfEE，1999a，p. 14，strand 1i）。他们也应该了解欧盟、英联邦和联合国的角色（*ibid.*）。这些研究内容与英国国家课程所规定的地理课（第 3b、3e、5a、5b、6f、6h、6i、6j、6k 等条款中有具体规定）之间的一致性是显而易见的。在关键阶段 4，学生应该了解"全球联系与责任的更广泛议题和挑战"（ibid.，p. 14，strand 1j），而这也是公民课程的重要方面。"在第二个层次上，地理学使学生接触到全球性的议题，了解促进世界各国之间在政治、经济、生态等方面紧密联系的程序。"（Walkington，2000，p. 65）然而，地理学的学习对于公民课程所具有的这些促进作用，还没有引起充分的关注，这一普遍存在的现象实在令人遗憾。

在学校中建构人文学科与公民身份之间紧密联系的价值在于，教师能够发展一种"以议题为中心的路径"，在这种路径中，对地理过程的理解构成了学习者探索自身情感和态度的基础（Walkington，2000，p. 56）。地理课程能够使学生认识到他们自身信念与行为所产生的影响，从而更好地发挥价值教育对学习者反思自身行为对他人影响的促进作用。事实上，"地理教师在描述和解释地理模式和过程、帮助每个学习者理解自身在复杂生态系统中的角色等方面，发挥着重要作用"（*ibid.*, p. 65）。

尽管公共维度在公民教育中居于核心地位，它会引导学生关注更宏观的议题，但是，学生就"对自己生活"的意义，对"其他人、其他地区以及生态"的意义等问题进行思考，也是非常重要的（Geography Programme of Study 5b，QCA/DfEE，1999b）。地理探索的一个根本特征是"理解人们（包括自身）的价值观和态度是如何对当代的社会、生态、经济和政治议题产生影响的"（Geography Programme of Study 1e，*ibid.*）。而且在地理教学中，儿童应该学会"澄清并发展自身对于这些议题的价值观和态度"（*ibid.*）。这个目标在公民教育中也能够得到实现。这种价值澄清必然要考虑人的行为在地区、国家、全球范围内的后果。以下，我们将从全球的探索转换到地区公民身份的探索上来。

（一）为了全球公民的地理学

"学生将自己的行为、当地社区的行为以及全球范围内所发生的事情联系起来，从而明确有利于可持续发展的行为方式"（QCA，2001b，p. 1），这一点至关重要。考察巴西亚马逊雨林是一个热门话题，它能够展示地理学中对国际议题的学习如何促进全球公民的发展。课程与资格考试委员会提出了与这个主题有关的一条路径，兹介绍如下。

1. 信仰与森林

学生应该"理解不同群体的价值观和态度如何影响各自在热带雨林采伐问题上的立场"，应该"探索可持续发展的理念并认识到这种理念对于不同人群、地区和生态环境的意义"（QCA，2001b，p. 1）。为了做到这一点，可以将班级的学生分为几个小组，分别扮演巴西政府、贫困的外来农民、部落居民、生态主义者等角色，使学生频繁开展小组学习，并向班级其他同学进行汇报。每个小组利用网络来研究"他们的"观点。孩子们在准备汇报的过程中，要制作宣传单、展板甚至视频来更好地表达自己的观点。

接下来，儿童可能会被问到，他们认为亚马逊雨林是在发展中还是正在被破坏。在回应这一问题时，他们所提出的理由可能就会包含着在这一地区有着既得利益的不同群体所持有的信念和价值观。这是一种合理的、较为普遍的路径，它自身能够提供一种有价值的道德教育，但也可以进一步完善。

研究亚马逊雨林的原因，是它对于全世界具有重要意义。世界不同地区的人们，无论是在巴基斯坦、印度、中国，还是在美国，对于雨林退化及其对全球生态的可能影响，都有其自身的观点。这些课程还能进一步深化，从而展示在雨林退化问题上不同的意识形态和宗教视角。我们可以在课堂上鼓励学生思考犹太教徒、基督教徒、穆斯林、印度教徒、世俗主义者、马克思主义者或者"新纪元运动"（New Age）的支持者对生态破坏问题的观点。不管认为雨林退化是一种宿命，是单一经济力量作用的结果，抑或是人类罪恶和贪婪所导致的，这些观点都值得认真思考。比如，如果一个人相信"地和其中所充满的，世界和住在其间的，都属耶和华"（Psalm 24：1），这将会对一个人如何看待环境产生一定的影响。这种信仰有可能构成一种强有力的动机，推动一个相信上帝创造了世界的人善待地球，而不是去污染它。

2. 公民的地理技能

在公民身份方面，儿童能够学习如何公平解决冲突（Citizenship Programme of Study 1g，QCA/DfEE，1999a），了解"作为一个全球社区的世界"并且思考"其政治、经济、生态和社会意义"，从而丰富了在这一议题上的知识（Citizenship Programme of Study 1i，*ibid.*）。通过这种讨论，帮助学习者认识到国际社会的正义议题是与每个人息息相关的，从而培养一种"通过全球视角来认识地区问题"（local-through-global dimension）的公民意识。学生能够发展出一种促进生态可持续发展实践的校内政策，给环境、食品和农村事务部（the Department for Environment，Food and Rural Affairs）写信，或为校报、生态保护杂志社投稿，从而学习如何更好地管理自身所处的环境，使其得到可持续发展。

参与到这些活动中的学习者也能发展质询和沟通的技能。他们"合理地表达自己对这些议题、问题或事件的观点并将其形诸文字"（Citizenship Programme of Study 2b，QCA/DfEE，1999a），"推动群体性和探索性的课堂讨论"（Citizenship Programme of Study 2c，*ibid.*）。而且，他们通过"想象他人的经验"，解释"异己的观点"，发展"参与和负责任行动的技能"（Citizenship Programme of Study 3a，*ibid.*）。尽管这些技能得到了培养，但是使儿童认识到"发展和澄清自身的价值观和态度"（Geography Programme of Study 1e，QCA/DfEE，1999b）、理解这些价值观和态度对他们在这些问题上观点的影响，这一点尤其重要。学习者要对他们为何持有这种观点以及如何使这种观点合理化和合法化进行反思。

3. 全球公民的语言

在处理全球公民的问题时，有一种促进研究与沟通并赋予我们强大力量的必备技能很容易被忽视，那就是英语。我们不应该忘记，用英语进行沟通的能力是在世界许多地区建立民主制度的关键（Pike，2003c）。尽管全球范围内的英语教育和英语文学可以被视为一种殖民主义的遗产，但是，"在压迫和控制过程中所使用的英语文学符号同时也为抵制和反抗提供了语言工具"，"非洲、印度和马来西亚很多接受了英语文学教育的知识分子，也活跃在独立斗争运动的前沿"（Maybin，1996，p.252）。在非洲和亚洲的某些地区，英语提供了一种通用语言，使操不同语言的人们能够在一起共同工作。今天，在抵制压迫的过程中，通用语言使不同背景的人们联合起来的力量，显得非常重要。在那些对国家媒体和常规新闻审查有着严密控制的国家，英语作为网络语言为人们提供了从国际媒体机构中不受阻碍地获取未经审查的新闻报道的渠道。

在我们与外部世界打交道时，不应忘记其他国家的公民赋予英语作为一种国际政治、旅行、科学、商业以及科技语言的价值。熟练地掌握世界上最强大的语言，会大大提升人们的能力。运用全球通用的语言进行沟通的能力，使得个体在全球村里能够更好地发挥其政治作用（Pike，2004a，ch. 5）。有关文学对于民主的意义问题，本书第四章已经有了详细的论述。但这里仍然有必要提醒一句：正如孩子们不应该认为世界上绝大多数人都是"白人"一样，他们也应该避免作出所有人都说英语的假定。在一个相互依赖的全球社会里，其他地区人们所使用的语言及其所代表的文化的重要性正在不断提升，这一点应该得到赞同。21 世纪，学习中文将会被证明是颇具价值的。

4. 全球地位，个人责任

对公民身份进行研究的孩子们，应该逐渐了解自己的国家在世界范围内与其他国家和地区的联系。他们应该理解作为公民所隶属的国家是英联邦的成员国，它与加拿大、澳大利亚以及肯尼亚、尼日利亚等非洲国家有着密切联系。他们应该认识到英国是联合国这一国际组织的主要参与者。同样，公民也应该了解英国作为联合国安理会常任理事国的责任。他们应该了解英国也是 G8 集团的成员国，以及作为世界上最发达的国家之一所承担的责任。尽管鲍勃·吉尔道夫爵士（Sir Bob Geldof）和 Live 8 扶贫演唱会所开展的工作，已经帮助他们了解这一点。学习了解他们自己的国家与世界其他国家的关系，这一点是非常必要的，但对于从事公民教育的人来说，如何使全球范围内的这种联系更好地贴近学生的日常生活则是一种挑战。因为大部分与英国有着密切交往的国家，学生可能都没有去过。

乐施会（Oxfam）关于全球公民的定义是：一个人除了要具备其他素质之外，还要"具有作为世界公民的角色感"并"愿意积极行动起来使世界变得更加平等和更具有可持续发展的潜力"（Oxfam，1997，p. 2）。当然，事实上我们正在为善的目标或者恶的目标而行动。引导学生注意"不作为之罪"（sins of omission）的概念，使他们认识到自己的行为所产生的后果，的确是非常重要的。沃尔汀顿提醒我们要"全球性地思考，地区性地行动"（think globally，act locally），他认为"地理这门学科在使学生认识到地球内部之间的相互依赖性方面具有巨大潜能"（Walkington，2000，p. 5）。地理学的价值也在于，它能够帮助学习者作为全球公民来反思自身行为的道德性。

（二）为了国家公民的地理学

在公民学中，孩子们应该学会尊重"英国在民族、地区、宗教与种族认同方面的多样性"（Citizenship Programme of Study 1b，QCA/DfEE，1999a，

p. 14）。教育儿童如何尊重他们自己可能并不持有且绝不赞同的观点、信念和行为方式，这应该是公民教育的一个关键要素。实际上，如何教育儿童尊重别人的观点，即使这些观点可能与自己的观点完全相左，一直以来都是某些争论的主题（Halstead，1998）。实践证明，宽容应该建立在对不同观点的接受基础之上。这一点我们将在第八章有关争议性问题的教学中进一步展开论述。这里我们要强调的是，尊重那些持不同观点的人是多元社会的核心。在这个社会中，少数人的权利得到尊重，大多数人的文化并没有以一种新帝国主义的方式强加于少数人身上。考虑到公民学课程中这一要素的重要性，我们迫切需要加强对适宜教学法的研究，以便培养对多元社会和他人观点的尊重与宽容。

了解英国人口构成和不同群体认同的多样性，有助于实现地理学"理解人们的价值观和态度如何影响当代的社会、环境、经济以及政治议题"（Geography Programme of Study 1e，QCA/DfEE，1999b）的学习目标。从第四频道的"黑人与亚洲人的历史地图"（Black and Asian History Map），到名称颇具意味的"向种族主义亮红牌"（Show Racism the Red Card）的慈善组织，以及"把种族主义从足球界踢走"（Kick Racism Out of Football）的运动，这些广泛的资源都可以利用。2005 年 5 月英国大选之前，这场运动所提出的一个议题是，是否应该对英国移民实施配额制度。一堂成功的公民课，能够将这一议题的讨论引向道德维度，聚焦到社会如何调和不同的诉求和权利。

如果有人打算在英国的东南部建立新的居住区，或者有人希望在城市化发展的过程中保存乡村，地理学的知识和研究技能便能为激发公民身份中价值观与权利问题的讨论提供背景支撑。同样的议题还包括水库如何选址、海岸侵蚀现象如何管理（Geography Programme of Study 6jiii，QCA/DfEE，1999b）以及是否应该发展可替代能源等。如果将这些问题的决策与荷兰进行比较，将会向孩子们传递很多有关国家的价值观以及优先考虑问题的信息。调查"地球之友"（Friends of the Earth）、"绿色和平组织"（Greenpeace）等国家层面的环境保护组织的工作，同样也会体现出政府与这些组织之间在价值观方面的差异。只有使地理学与公民学课程的教师联合起来，才能更加有效地对有关可替代能源问题的国家政策进行研究。海岸环境与旅游是地理学课程中经常研究的主题，在物力与人力资源管理问题上的不同观点为课堂提供了很好的原材料。孩子们可以"发挥他们的想象力设身处地地考虑他人的体验"（Geography Programme of Study 3a，QCA/DfEE，1999b）。孩子们能够从地理学中获取详尽的背景知识，从而作出合理的判断。而公民学教师则能通过强调公共政策的伦理性，来扩展和深化孩子们对这一主题的理解。

在探讨洪灾等议题时，英国政府的角色及其在保护和照顾该国公民方面的程度，是一个适宜的讨论领域。孩子们可以开展案例研究，讨论政府在管理环境方面所应该承担的责任。保险公司的角色和个体自身选择在哪里居住的权利也能够进行讨论。在学校分配给公民课的课时中，可能很难使学生理解生态系统如何运作的原理，因此在地理学中可以就这个主题进行探究。学生们可以使用桌面出版系统制作宣传册，说服他人接受自己观点的有效性，能够使用电子邮件来交换实地调查数据，运用网络进行调查。最近，学界正围绕信息通信技术运用的道德意蕴问题（Pike，2004a；Smith and Shortt，2005）展开讨论，第八章将对这个问题进行深入研究。学生可以研究相关地区的倾斜航摄照片，分析统计数据，评估宣传手册，获取诸如"都市重建"（urban regeneration）、"流域盆地"（drainage basin）等新的地理词汇。但是，在所有这些活动中，公民课程的专业教师都应该引导学生注意对这些数据进行解释，并且关注支撑和影响这种解释的价值立场。理解如何以及为什么对数据进行处理，不仅能够向我们传递自己生活于斯的国家的信息，更能够传递公民的价值观。

（三）为了本地公民的地理学

当地环境可能是校本活动公民课程实践的最理想环境，因为在这里可以体验到真正的日常社区生活。儿童可以对与可持续发展相关的学校活动或者以社区为基础的活动进行反思。在阐述自身观点的合理性、制订相应的规划、作出能够被当地社区民众广泛支持的合理行动方案之后，学生能够在校园里发起环境保护计划。学生能够"协商、决定并且负责任地参与到学校和以社区为基础的活动中"（Citizenship Programme of Study 3b，QCA/DfEE，1999a），并且对此进行反思。在策划和对行动方案进行评估的过程中，也能够运用地理调查和绘图技能。

通过关注学校中乱丢垃圾的现象以及共享空间的使用，或者社区中新的房地产项目以及滑板公园的选址等议题，能够在本地层次上探索支撑当地行动与决策的信念、价值观和优先次序。孩子们能够了解当地的决策是如何作出的，并且积极地发表自己的观点。孩子们对当地事物的参与，在第四章"拯救黑山计划"中已经进行了描述。当我们检视遗产保护、可持续发展和 21 世纪地方议程（Local Agenda 21）时，当地的社区、自愿团体及所属学校的工作，都应该被纳入考察视野。这些活动与国家以及欧盟目标之间的关联方式，能够帮助孩子们认识到这些议题也是国家议题的一部分。在研究环境问题时，他们能够对全球社会以及当地与国家行为的伦理和经济影响有所了解。

新房地产项目、道路、超市、出城零售公园（out of town retail parks）的建设，所有这些需要在国家层面上处理的议题，都可以在本地范围内以"特写"（close-up）的方式进行研究。这为测试围绕着这些动议所展开的社会反响以及公众对规划、咨询与政府决策的参与程度，提供了极好的机会。当相互竞争的需求在本地得到确认后，冲突解决则是非常必要的，而了解这一点是公民课程的重要内容（Citizenship Programme of Study 1g，QCA/DfEE，1999a）。只有研究为孩子们所熟知的当地发展情况，才有可能使他们真正地思考"城市用地变化"（Geography Programme of Study 6g iv，QCA/DfEE，1999b）等议题。孩子们也能够亲自调查和观察"定居点功能的变化是如何产生的、为何产生的，以及这种变化对于不同群体的不同影响"（Geography Programme of Study 6g iii，*ibid.*）。研究公共服务的资金筹措方式及其资源配置的决策，与地理学也是直接相关。在这个过程中可以对经济活动进行研究，理解"分配方式发生变化的方式、原因及其影响"（Geography Programme of Study 6h iii，*ibid.*），这一点是很重要的。在本地范围内展开这些工作的积极意义在于，它能使儿童理解置身其中的社区的信念与价值观，而在此之前，这些信念与价值观可能是隐蔽的。

（四）存疑的畛域（*problematizing scale*）

在我们简略地探索了全球、国家与地区不同畛域的公民身份与道德责任问题之后，回过头来看，这种依据畛域之不同的既有划分方式，似乎显得太过规整和直接。这种显而易见的畛域划分过程，对很多公民来说可能是有问题的。卡林顿以生活在伦敦东区的第二代孟加拉人为例，阐述了社区性质与归属的变迁，同时谈到了"这个群体的多重认同"（Carrington，2002，p. 118）问题。"多重认同"（multiple identity）的观念，可能会用来质疑完全建立在物理区域与环境基础上的公民身份观念。地理教育者应考虑对人际关系与交往的所有模式进行陈述。"社会空间"（socio-space）（Carrington，2002）里形成的潜在认同方式，从宗教信仰中衍生的认同方式（Pike，2005a）（这超越了地理学的范畴）在地理学中都应该进行探索，从而揭示个体的公民身份。

精神形态而非物理形态的地理学，对于许多有信仰的人们（Kirk，2004）而言具有重要意义。一种以"尘世"（worldly）或物质标准为优先考量的路径，可能对经由地理学的公民教育的精神与道德维度缺乏充分的重视。在我们开始向儿童传递重要信息的时空中，尘世的路径似乎针对我们生活在其中的世界，提出了一种世俗的而非以信仰为基础的阐释。而奥古斯丁的《上帝之城》中所提出基本的原则，是基督徒对上帝之城的首要效忠，这些信徒将对人类统治者和政府的忠诚置于从属地位。许多生活在英国的穆斯林既忠诚于英国政府，同时又忠诚于"乌玛"（*umma*）（穆斯林的世界性团体）。自由民主社会中的国家教育系统既不应该提倡世俗的视角也不应该提倡宗教的视角，以便保持自身中立的立场。教师也不能理所当然地假设，探索儿童公民身份最明显方式是依据地理的畛域。尽管某些儿童的首要效忠和归属感，是由精神性的信仰而非尘世间的地域来定义的，所有的教育者还是应该关注拥有不同世界观的儿童在地区、国家以及全球层面上应该如何行为的问题。

四 经由历史学的公民身份与道德教育

公民学与历史学之间的联系，在关键阶段 4——公民身份研究方案（Programme of Study for Citizenship at Key Stage 4）中有明确阐述。这里提出，儿童应该了解"法定人权及责任"，"刑事以及民事司法体系的作用与运行方式"（QCA/DfEE，1999c，p. 15：1a）。他们也有必要学习"议会、政府和法庭在制定和模塑法律方面的作用"（ibid.，1c），了解"在民主和选举过程中发挥积极作用"（1d）的重要性。另外，儿童必须知道"经济体系如何运作"（1e），"言论自由的重要性"及其"在社会中的角色"（1g）。除了学习知识外，儿童应该通过"对从不同渠道获取的信息进行分析"，研究时事政治、社会或文化议题、问题或事件，来发展质询与沟通的技能。所有这些，都构成了历史学课堂中探寻的起点。在历史学习中，还能获得说服他人、提出和表达自己的观点，参与讨论和辩论等其他技能。通过这些学习，为年轻人成为知情的、积极的公民提供了很多机会。

历史学曾被定义为"对过去人类社会与市民生活的研究"（Stow，2000，p. 67）。然而，还有比这更加丰富的内容。在儿童的生活中，课程是一种意识形态方面的干预。因此，只有为儿童提供机会，使之参与对所学学科的目标及其可能产生的价值观的持续反思中，才可能是公平的。根据希特的观点，在学校中存在三种向儿童传递价值观的方式：选择与择取学习所需的资源与资料，对所欲达到目标的确认（这些目标提供了某种特定的道德结果）以及通过隐蔽课程（Heater，1990）。当对学习的内容以及为什么是这些内容作出决定的时候，价值判断便隐含其中了。

主题的选择与时间的分配，这两个孪生性的议题向儿童传递着重要的信息。如果我们学习的是 1750～1900 年间的历史，那么教师要强调的是英国海军在特拉法加（Trafalgar）所取得的成功还是非人道的海上冒险？因为当时许多英国船只卷入奴隶贸易中。斯莱特认为："选择本身涉及某种价值判断，它赋予被选择的人以公开的重要性和地位，而对那些没有被选择的人，则暗中甚至是故意地加以否认。历史学不是价值中立的事业。"（Slater，

1993，p. 45）如果用 1 个课时来讲特拉法加战役，6 个课时来讲索姆河战役（the Battle of the Somme），我们向学生传递的是什么信息呢？在研究大英帝国时，是把焦点放在印度、非洲还是美洲？进一步讲，如果一个人要研究大英帝国，那么应该优先采取何种视角？总体性的视角是值得称赞还是需要谴责的？儿童会带着一种成就感还是一种羞耻感来学习这段历史？他们是被鼓励用贸易还是权力的标准，来评价他们国家今天的责任？在今日非洲的困境及发展潜力与历史上英国在非洲所扮演的角色之间，是否可以建立一种联系？

除了在研究的主题上我们可以找到公民学与历史学之间的共通之处，质询与沟通也是这两门学科所需的共同技能。培养批判精神和对证据进行筛选的能力，从而表达自己的观点、理解他人的观点，是儿童在历史学习中发展的重要技能。使儿童更好地发展这些技能，是历史教学的核心。这些技能对于民主社会里的公民身份同样也是必不可少的。理解并批判性地分析对同一事件或者政策的不同解释，是对历史资料进行研究时所需要发展的基本技能。这种技能对于公民来说是最基本的。今天，一个国家的公民要对政策以及政治家的行为进行评价，那么洞悉与评估媒体以及普通大众观点之中的偏见是非常重要的。

通过使儿童对时事、政治体系以及法律与刑事司法制度获得更好的理解，历史学对公民教育发挥着强大的积极作用。如果对历史学与公民学之间的课程联系缺乏足够的认识，那就意味着否认了这种学科之间的融合给学生创造的学习机会。这种机会有利于学生形成对国家以及国家内部各地区之间复杂性的丰富而又充满鉴别力的欣赏。从一定意义上说，"学校历史课程的核心包括以下内容：战争、种族灭绝、剥削、革命、苦难、迫害、殉难、牺牲、胜利、庆典等，这些内容能够使学生超越对事实的简单学习"（Cottingham，2005，p. 46），引导学生深入探索构成道德推理以及反思公民身份之基石的根本问题。

按照常规，历史教师通常向学生呈现一些历史上的（和道德上）的两难问题，以引出学生的观点并且鼓励他们论证自己的观点。这些两难问题一般都涉及政府决策的道德性与伦理性问题。当学生被问到"美国在长崎和广岛投放原子弹是否正当"这一问题时，他需要获得更多的历史知识来作出回答。学生需要获得能够传递足够信息的历史知识来作出判断。当儿童仅仅纠结于历史上"德累斯顿是否应该被轰炸"的问题，而没有将其与对公民身份问题的思考联系起来，这种讨论是毫无意义的。当学生坐在教室里时，这些问题给他们创造了对与政治和道德决定直接相关的当前事件进行反思、讨论、论辩以及回应的机会。历史研究并不只是理解公民生活和政治生活的过去，而是理解现实。它根据历史上所作出的决定，来获得对今日之决定的理解。这种区别虽然是微妙的，但却很重要。

为儿童打开历史学领域里智慧之门的关键要素之一，是如何建构其学习经验。要使儿童理解历史学与公民身份与道德教育之间的关联，有必要对教师所提问题的性质进行仔细评估。这些问题的表述方式都可能产生很大的差异。比如，在研究奥利佛·克伦威尔时，可以提出"克伦威尔是如何统治英国的"这个问题，还可以让学生试着回答"克伦威尔是一个独裁者吗"？前者完全是一个历史学课堂上的有效作业，而后者则能够传递更多的有关公民身份的信息。接下来，我们将对历史学与公民身份二者之间关联的重要性，从七个方面进行简略探究。

（一） 阅读来自其他时代的文本

也许，我们应该问一下，阅读其他时代的文本有什么特殊的道德意义（Pike，2003c）。毕竟，"我们并不依据伊利亚特的伦理学或柏拉图的政治学而生活"（Bloom，1994，p. 40）。在回答这个问题时，我们需要记住一点，那就是理解一个人自己的观点与其他时代人们的普遍观点（包括在政治、社会、文化、种族、宗教、道德等方面的观点）之间的差异，能够为我们提供一种立场。透过这个立场可以认识到，我们的某种信仰和价值观是暂时的，仅仅只是这个时代的产物。有研究表明，获得对其他代际和文化的欣赏，有助于今天成年读者的道德发展（Pike，2000c）。历史上的政治与当下的公共生活之间的联系尤其紧密。因为"历史只能通过当下有限的视野来获得理解""我们不可能摆脱当下的影响来审视过去的历史"（Selden and Widdowsen，1993，p. 54）。如果通过设置一系列主题，采取合适的教学法

（Pike，2000c，2004a），那么，阅读来自其他时代的文本将能够提出我们年轻人实际生活于其中的世界的需求与现实（Davies，1996，p.9）。我们将对其中一些主题进行简短的描述。

（二）民主与人权

在通过历史学研究公民身份时，学生能够了解民主、独裁等不同政府形式，以及公元前5世纪的斯巴达与雅典之间的区别。他们也能了解从都铎王朝（君主与议会）到维多利亚议会（部分民主）再到更为复杂的21世纪的英国民主政体。以下是一个可能的路线图：7岁儿童可以学习约翰王、英国议会以及民主制的起源；8岁儿童可以通过学习英国内战和克伦威尔统治，具体了解议会以及其他政府形式的特征；9岁儿童可以通过研究人们为了赢得投票权不惜牺牲生命的原因，了解选举体制和投票的意义，这一阶段是举行模拟选举的一个很好的节点。从大约14岁开始，当儿童变得更加成熟时，可以引导他们将人权与大屠杀联系起来进行思考。11岁之前，可以让儿童了解1945年以前的全球社会和冲突解决以及联合国的角色。

（三）移民与多样性

小学阶段存在着很多将公民教育与历史学中大量主题相结合的机会。在关键阶段2，儿童在历史学中可以学习从凯尔特人到盎格鲁－撒克逊人再到维京人、罗马人、诺曼人等在不列颠群岛上生活的不同人群。意识到英国人口的混合族群背景，是对抗种族主义、使儿童将英国社会的多样化构造作为其公民教育一部分的很好方式。将20世纪从印度、巴基斯坦和加勒比海以及最近从东欧各国来的移民，放在历史的背景中进行考察也是有所助益的，它可以同对外来英语词汇的文学研究结合起来。了解这些语词的输入方式，能够为了解其他文化的输入方式提供某种引导。当儿童考虑文化对自身认同的影响时，这些研究与个体的相关性才能得到理解。通过这种方式，个体能够把握其文化根脉与传承以及所选择的文化忠诚。

（四）法律与秩序

在关键阶段 2 的历史学学习中，儿童要了解法律是如何制定的，法律的变迁是如何产生的。这里就存在着将这些学习内容与关键阶段 2（QCA，2000a）公民教育的非法定指导方针（non-statutory）联系起来的可能。这一指导方针建议，为了使儿童为扮演积极公民的角色做好准备，他们应该学习如何以及为何制定与执行规则和法律，不同情况下为什么需要不同的规则，如何参与法律的制定和变革等。法律的监督与执行，是小学学习中的另外一个常见的主题。儿童可以学习历史上实施社会监督的方式：从雅典的自我监督，到盎格鲁 – 撒克逊的封建义务，再到罗马时期英国的军事监督。他们能够了解都铎王朝时期的私人守望以及维多利亚时期英国现代警察力量的运用。学生也可以就从反社会行为令（ASBOs）到专业警务人员轻武器的使用等当今社会监督方式发展的问题进行讨论。

（五）儿童权利

当在关键阶段 1 遭遇到维多利亚时期儿童的贫困问题时，这一点可以与今天其他国家的童工与贫困问题进行比较。随后，年纪大一点的儿童可以就与他们所购买商品有关的严肃道德议题进行思考，思考童工尤其是维多利亚时期的童工是否为他们生产了所需的商品。《联合国儿童权利公约》所列举的有关儿童以及青少年的法定权利与责任问题，在任何一项世界性的研究或 20 世纪史的研究中都没有得到足够的重视和应有的审查。这一点是难以置信的。从公民身份的研究视角来审视《联合国儿童权利公约》制定的社会和历史背景，是非常有意义的。

科廷厄姆（Cottingham，2005）的报告中，对关键阶段 3 的一个课堂进行了研究，在这个课堂上引用了《无名的裘德》中的一段话，并配上了 19世纪乔治·斯坦布斯（George Stubbs）的画作《干草翻晒机》。这幅画展示了田园牧歌式的生活，似乎赋予儿童有关 19 世纪乡村生活的美好设想。但是刚好相反的是，从《无名的裘德》中引用的一段话，恰好描述的是裘德在田野里劳作期间喂鸟的情景，其结果是他被农场主狠狠地揍了一顿。课堂上的学生想知道，为什么这个农场主如此残忍，进而他们会推论是不是当时所有的雇主都是如此残忍呢？其结果是，"学生超越了19世纪儿童的生活和工作方式这一抽象或具有学术性的问题，转而思考有关道德性的问题"（Cottingham，2005，p. 7）。从事公民教育的教师马上就会认识到这类主题可以用来思考当今很多权利得不到尊重的童工的遭遇。为什么今天要对英国儿童工作的时间进行法律限制，为什么在考察劳动者的工作条件后通常还要审查就业权问题，这些都可以进行反思。

（六）经济

如果儿童能够实地参观他们所考察的地区，那么案例研究尤其具有价值。约西亚·索尔特（Josiah Salt）的慈善行为［索尔特在布拉德福德创办索尔特纺织厂（Salts Mill in Bradford），这个纺织厂最近被列入世界遗产名录］，为研究具有社会良心的实业家提供了典型案例。这一案例可以与微软首席执行官比尔·盖茨的行为相比较。比尔·盖茨最近从个人资产中捐赠7.5亿英镑，为第三世界国家儿童提供疫苗。约西亚·索尔特为索尔泰尔（Saltaire）、布拉德福德的工人提供医疗设施，朗特里家族在伯明翰建立医疗机构，这些案例都能够说明财富创造是如何与社会良心相互结合的。从撒克逊人付给维京人的丹麦税赋，到维多利亚时期英国的税赋，从垃圾处理到学校雇佣公民教育教师的费用等今天英国税收的用途，都可以作为讨论财富创造与税收等经济问题的案例。

（七）反种族主义的阅读材料

历史学课堂中教师向儿童进行公民教育和道德教育最好的案例之一，是帝国战争博物馆中"有关大屠杀的教学"（*Teaching the Holocaust*）所采用的资料（Cottingham，2005）。当德国纳粹占领波兰的罗兹（Lodz）市时，一个下水道工发现了藏在下水道里的20名犹太人，这是第一课中所研究的困境。如果把这些犹太人交给党卫军，这个工人将会得到奖赏；而如果被发现帮助这些犹太人，他将会被枪毙。科廷厄姆在研究过程中询问儿童这个下水道工接下来会怎么做，并且向儿童展示了这个人不讨喜的相貌，提供了他曾经有过前科的信息。毫不奇怪，大部分学生预言他会将犹太人交给党卫军。但事实上，他每天为犹太人提供食品和干净的衣服，并以此获得犹太人所付的报酬。就这种赚钱方式（以及今天依靠剥削他人来赚钱的其他方式）的道德性问题，课堂上展开了热烈的讨论。然后，孩子们被告知犹太人的钱花完了，他们认为这个下水道工接下来会怎么做？大部分学生预测他会将犹太人交给党卫军，但事实证明他们再一次错了。这个下水道工继续帮助犹太人直到 1945 年罗兹市获得解放。使儿童超越刻板印象进行思考，是这堂课学习中的重要方面。超越刻板印象、关注我们社会中某些个体及少数人需求的必要性，是我们思考发挥学校和民主制度下历史课程作用的核心问题。接下来我们将要探讨这个问题。

五　自由主义的考量

当一个人从历史学家那里期望获得什么东西时，这些东西可能只是与他自己所研究主题相互矛盾的阐释。学习历史最常见原因之一是将学生培养成"自由民主社会里自治的人"（White，1993，p. 15）。对于这个目标，很少会有人对此表示质疑（这与公民教育的目标在很大程度上是一致的）。但是，我们同时也应该充分地认识到，在多样性问题上存在着争论，部分人并不认为教育的基本目的是将学生培养成"自由民主社会里自治的人"，这也是他们的基本人权（Pike，2005a）。某些父母表达了对将他们的孩子教育成为"自治的人"的担忧。某些父母和群体不愿自己的孩子以批判性反思的态度来对待自己家族的信仰，政府是否应该对此保持抵触态度呢？这个问题是可以讨论的。因为"公民立场并不能确证这样一个结论，即政府必须（或可能）通过有组织的公共教育来培养儿童对从父母或当地社区中继承下来的生活方式的怀疑主义精神"（Galston，1989，p. 99）。成为一个好公民，这个目标"完全可以包容个体对自己生活方式之正确性的毫不动摇的信仰"（ibid.）。这意味着他愿意宽容那些顽固地坚持自己所不能赞同的生活方式的人。根据公民身份中对理解与尊重那些与我们持不同观点的人的要求，不向我们民主社会中与大部分人世界观不同的社会成员，强加某种世俗的、自由主义的意识形态议程，这一点是非常重要的。许多人可能会同意刘易斯的观点，"开放的心灵在思考那些非终极性问题方面是有用的"。但是，唯独"在有关终极基础的问题上"，这颗心灵却是"愚蠢的"（idiocy），因为这些问题都涉及信仰（C. S. Lewis，1955，p. 60）。

历史学也被认为能够"促进更有效地参与自由民主社会"（Slater，1993，p. 50），从而为国家利益服务。因为，"自由主义政治的成功与稳定，有赖于人们对成为有意义之自由人的信念和承诺"（Macedo，1990，p. 54）。很多人可能不同意这种政治观点。因为"接受自由主义的解决方案，意味着接受那些广泛地、深刻地、残酷地影响我们，以及我们子女生活的制度、理念和实践，这些东西使我们的家庭生活、宗教生活……都呈现出自由主义价值观的色彩"（ibid.，p. 62）。那些并不愿意接受这种解决方案的父母，可能对历史学和公民教育的目标产生怀疑，因为他们认为道德教育的责任在于家庭。约翰·贝克引用了哈代（Hardy）在《无名的裘德》中的一段话："我们这个时代所有的小孩，都是我们这个时代所有成年人的孩子，他们有权得到我们普遍的照料。"他将此称为一种"普遍的、具有包容性的观点"（John Beck，1998，p. 92）。但是，仍然有很多父母认为这种所谓的"普遍照料"（general care）是对他们父母权利的一种干涉和侵犯。保护这种权利是我们在本书中的关切之一，我们找不到支持贝克这种危险观点的论据。

对于国家在实现理性自治之教育目标方面的权利，我们可以提出很多质疑的理由（Pike，2005a，2005b）。尽管很多有宗教信仰的人认为，独立思考和理性分析是孩子们所应该具备的重要能力，但是，他们仍然相信除了培养理性和自治之外，还存在更多的教育内容。基督徒对上帝之规则与权威的遵从，穆斯林对安拉的服从，被认为比自由选择一个人所喜欢的生活方式更为重要。自由主义对个人自治的优先考量，通常"预设了自治理性的价值而排除了神律的可能"（Shortt，1980，p. 76）。尽管从事公民教育的教师可能认为公民课程中很少有内容是有争议的，他们仍然应该意识到，对于一个有信仰的人来说，公共教育的内容不可能总是与宗教有关，而"教育的目的、有关构成幸福生活之要素的观点、道德、伦理、好公民、品格发展等，归根结底都是宗教问题"（Cox，1997，p. 113）。

在第二章中，我们提到了两种自由主义之间的差别。政治自由主义被认为是我们社会的政治制度最重要的基石之一。大部分人都同意，所有公民都应该对此有一定的认同。而整全性或者文化自由主义（comprehensive or cultural liberalism），则将自由主义价值观运用于生活的所有领域。有宗教信仰的人通常会发现，这种自由主义在何种意义上被接受取决于他们自身被世俗化的程度。我们的观点是，不管是公民身份还是道德教育，都应该只提倡政治自由主义。如果这两门学科力图宣扬文化自由主义，则会对民主制度下许多有信仰者的权利构成侵犯，这也是国家权力的一种滥用。与此同时，我们也应该将另外两种自由主义者区分开来。一种自由主义者是所谓的"平等主义者"（egalitarian），他们宣称应该对所有人一视同仁；另一种自由主义者是开明的"多样化自由主义者"（diversity liberals），他们承认教会与家长公共权利的重要性。

一方面，马塞多认为，公共福祉需要一种强硬的自由主义以促进社会认同（Macedo，2000），如果是这样的话，"在此意义上的好的公民教育，是一种由国家和制度化程度最高的公共学校来承担的计划"（Burtonwood，2003，p. 324）。另一方面，卡伦认为，值得拥有的自由民主制度也应该尊重那些放弃严格意义上的自治理想来选择生活方式的权利（Callan，1997，p. 11）。有些生活方式虽然不支持个体自治，但它们在法律上是合法的，在道德上是合乎情理的，同时也是值得尊重的。伯顿伍德将此称为"多样化自由主义"（Burtonwood，2000，2003），因为这种观点认为自治的价值并不一定凌驾于其他价值之上。

尽管政治自由主义支撑着民主国家里针对所有儿童的公民教育，将文化自由主义仅仅作为许多相互竞争意识形态之一，仍然是很重要的。我们认为，如果有跨文化理解加以制约，相对很多公共学校对宗教信仰者个体需求不够关注的世俗化教育模式而言，以信仰为基础的教育更有可能导向一种真实的多元主义和宽容的社会。与其期望儿童及其家庭成员成为世俗主义者，不如尊重他们的信仰，这也许是展示这种宽容的方式之一。

历史学与公民教育都是承载着价值的，教师应该意识到这些课程中的灌输、哪怕是无意识的灌输所产生的影响。比如，曾经有过争论，如果历史课关注富人与穷人之间的关系，将很多注意力都放在社会中的弱势群体和边缘群体上，那么就有可能被指责是一种党派政治甚至是有偏见的社会主义（Stow，2000，p. 71）。其他人也有很好的理由来主张优先照顾社会中最不利阶层的需求。宣扬民主价值观、多元主义和多样性，必然也是某种价值立场。如果要避免灌输，从事公民教育的教师一定要对他们所推进的议程有明确的认知。在这一方面，历史学教师尤其要帮助儿童认识到学校公民教育的历史背景。

六　结论

本章对公民身份与人文学科领域里历史学、地理学等学科之间的紧密联系进行了概述。这些学科各自的学习过程和很多的课程主题，都展示了跨学科的公民教育之重要性。公民身份与人文学科领域里具有特色的方法，其目的是避免对公民进行道德教育时采用不加区分的"一刀切式"的方法。在公立学校中，我们必须避免潜意识地迫使儿童遵从某种看待世界的方式，而忽略其他的方式。比如，当通过地理学来传授公民身份的知识时，对地域尺度（全球的、国家的和当地的）的过分强调，对于那些将精神世界置于物质世界之上的人来说，可能是有问题的。同样，在自由民主社会里培养理性自治的公民，这个历史教育的目标也是有问题的，我们已经在政治自由主义和文化自由主义之间作出了重要的区分。我们要强调的是，需要把文化自由主义作为观念市场中某一种特定视域来进行思考，而不只是想当然地认为它仅在人文学科领域里拥有垄断权。

前面已经论及，在经由人文学科的公民教育中，应该鼓励儿童对自身以及他人的价值观进行反思，这就需要对世界观进行研究，从而弄清支撑行为的道德和伦理体系（Naugle，2002；Pike，2005a）。我们建议，通过人文学科来研究公民身份的人，应该能够公正地评价不同时代、不同地区的公民与政府所采取的立场。同时，公民应该仔细审查政府行为的道德性，在这个过程中公民必须意识到合法性与道德性不能混为一谈。显然，从事公民教育的人承担着非常重要的道德责任，我们通过一个个富有启发的案例说明了经由历史学（关注不同时代的价值观）与地理学（思考生态环境以及我们的责任）的公民教育的重要性。

在《纳尼亚传奇》的第一个故事——《魔术师的侄子》中，迪戈里的叔叔安德鲁通过魔法戒指这种超自然的力量，将他和波莉传送到另外一个世界中。当然，教学也可以看作这种"魔法指环"，它将孩子们传送到我们的课堂中，并使他们体验超越自身的环境、时代和生活方式。但是，这篇小说也提醒我们，"你所听到的和看到的，很大程度上依赖于你所处的立场，也依赖于你是一个什么样的人"（Lewis，1955/1970，p. 125）。本章也论述了学生们所听到和所看到的东西依赖于他们在课堂中所采取的立场，课程通常传递着孩子们看问题时所应持有视角的期望，作为回应，他们的立场必然会对自己要成为什么样的公民产生影响。我们这种"魔法指环"的使用也会带来一定的风险。毕竟，在《魔术师的侄子》一书中，孩子们被传送到的世界是一个类似废墟一般的死寂的世界，在这里他们唤醒了沉睡中的女巫。当他们返回伦敦时，混乱随之发生，他们（以及其他人）又通过时空隧道被带回到荒无人烟、植被贫瘠的世界中。也许这个故事可以提醒我们，在通过人文学科进行的公民教育时，"现代教育者的任务不是披荆斩棘，而是去浇灌沙漠"（Lewis，1943/1978，p. 13）。

第七章　经由宗教教育及个人、社会与健康教育的公民身份与道德教育

在英国，不管是宗教教育（Religious Education，RE）还是个人、社会与健康教育（Personal, Social and Health Education，PSHE），都不是国家课程中的学科。这可能是采用国家课程后的10年间这两门学科地位之所以相对较低的原因之一。威蒂等人针对10所学校的调查报告指出，学生们认为个人与社会教育（PSE）是一门令人生厌、教得糟糕、地位低下、过于笼统（catch-all）的学科，他们直言自己不会认真对待这门学科（Whitty *et al.*，1994，pp. 175–177）。对于宗教教育（RE），学生们也不断地表达着同样的观点（Taylor，1996，p. 127）。但是，宗教教育是所有学校必须提供的基础课程中的一部分，个人、社会与健康教育的法定核心地位（健康教育、职业生涯教育以及与工作相关的学习）也使教育标准局认识到，学校如果不提供个人、社会与健康教育，这一点是站不住脚的（Ofsted，2005b，pp. 3，18）。最近10年，两门学科都在经历着一定意义上的复兴。最近，宗教教育的国家框架出版了（QCA，2004）。这个框架制定了这门学科的非法定指导方针，以支持地方教育局（LEAs）和宗教团体研制课程大纲。宗教教育作为普通中等教育证书考试（GCSE）的一门课程，也逐渐受到人们的重视。这也许是因为宗教教育的开放性路径以及与英国社会多元文化生活的相关性，增强了它对学生的吸引力。自1997年个人、社会与健康教育国家咨询小组（National Advisory Group on PSHE）成立以来，个人、社会与健康教育这门学科也得到了政府应有的关注。学生普遍地认为，这门学科提供了对当前以及为未来成年生活而准备的重要议题进行讨论的机会。

两门学科与公民身份与道德教育都紧密相关。两门学科关注的核心都

是态度与价值观，旨在使学生为未来成年生活的机遇与责任做好准备，促进学生在精神、道德、社会、文化方面的发展，而且两门学科都能为发展学生在批判性反思方面的技能提供机会。许多论著都对宗教教育与公民身份二者之间的联系进行了探索（Baumfield，2003；Blaycock，2002；Broadbent，2004；Draycott，2002；Jackson，2002，2003；Mead，2000；Pestridge，2002；Teece，1998；Watson，2004）。个人、社会与健康教育与公民身份之间的联系更为紧密。在关键阶段 1 与阶段 2（QCA/DfEE，1999a）以及后续颁布的学校指导方针（QCA，2000a）中，体现了个人、社会与健康教育和公民身份之间的系统化构想，即这两门学科都是整体中的一部分，能够作为一种教育产品进行规划和实施。最近，课程与资格考试委员会进一步颁布了"关键阶段 3 上经由个人、社会与健康教育的公民身份"（2001c）的指导方针，提出两门学科都涉及全校参与的路径（whole-school approach）以及学生对校外活动的参与，上文已经对这个问题进行了充分的论述。但是，我们仍然有必要指出，宗教教育、个人、社会与健康教育以及公民教育之间存在着很多共同的教学技能（Mead，2001）。

本章共分四个部分。第一部分，从学校、课程与资格委员会的最新文件以及工作方案中，对当前公民身份与宗教教育之间的联系进行整体上的审视，展示用宗教教育丰富公民身份的几条实践路径。第二部分，如果要在宗教教育与公民身份的教育之间建立紧密的联系，必须对相应的议题尤其是与教学法和主要教学路径相关的问题进行三重批判。第三部分处理个人、社会与健康教育与公民身份之间的关系问题。第四部分考察道德教育能否融入公民身份及个人、社会与健康教育中。

一 宗教教育、道德教育与公民身份

很多年前，宗教教育曾被视为"一种道德教育的主要载体"（Prisestley，1987，p. 107）。对于国家课程委员会而言，宗教教育之于价值观理解的意义非常明显，以至于无须多作讨论（National Curriculum Council，1990a，p. 2）。但是，宗教与道德之间的关系绝不是非常清晰的。尽管宗教当中存在着诸多具有代表性的道德言说，提供了观察道德问题的某种视域（参见 Priest-ley，1987；Lewis，1943/1978），但很多论者仍然认为宗教与道德对经验的阐释方式在逻辑上是截然不同的（参见 Hirst，1974）。如果是这样，学校就没有理由将道德教育排除在宗教教育之外。在过去的 30 年里，宗教教育的概念发生了重构。从一种鼓励信仰发展（同时也是经由信仰的道德）的"忏悔式"（confessional）路径，转向一种力求发展对宗教信仰与实践之同情式理解的"现象学"（phenomenological）路径（Lovat，1995）。学生被鼓励去探索宗教价值观、信仰、承诺，以及个人体验、宗教自身的性质，通过不同传统中信仰者的视角去观察世界。伴随着这种转变，宗教教育对学生价值观发展的作用现在更多的是体现在为探寻生活的意义与目的，提供讨论、反思的机会，并且鼓励他们在文化与信仰多样性不断增长的社会中更多地学会宽容、理解和尊重。一项由地方宗教教育顾问委员会开展的调查显示，大部分人认为宗教教育学科为促进学生在精神、道德与文化方面的发展作出了重要的贡献。其中最经常提到的、经由宗教教育所促进的价值观包括：宽容、尊重他人和爱（Taylor，1989）。宗教教育也是最有可能引导学生对安乐死、医学伦理、动物权利、性伦理、环境伦理、难民与寻求庇护者的安置以及世界性贫困等问题进行思考的课程领域。

宗教教育与公民身份的关系更为复杂。我们知道，有的教师将宗教教育视为"公民身份的同义词"（A. and E. Brown，1999，p. 17），然而其他教师则渴望在宗教教育与公民身份之间建立藩篱（Blaycock，2002，p. 2）。格里密特将公民身份看作对宗教教育的直接威胁，认为它潜在地瓦解了宗教教育的教育作用，并且暗示"本届政府如上一届政府一样，并不对宗教教育的个人与社会价值抱有信心"（Grimmitt，2000，p. 11）。事实上，格里密特的担忧是有原因的。公民教育咨询小组的最终报告（Advisory Group on Citizenship，1998）只是顺便提到了宗教教育。哈格里夫斯甚至呼吁在非宗教性质的学校用公民教育代替宗教教育（Hargreaves，1994）。然而，其他宗教教育专家则强调宗教教育之于公民教育具有"重要而独特的作用"（Jackson，2002，p. 162），这种作用建立在对道德问题、承诺的性质、少数群体的信仰与价值观以及许多其他关键议题的探索基础之上。无论如何，在初中阶段，宗教教育与公民身份通常是由相同的教师来讲授的。对于儿童来说，坐在四周张贴着威尔伯福斯（Wilberforce）有关废除奴隶制的基督教承诺（从宗教教育中）的教室中学习人权（在公民教育中），或者在学习世界宗教的课堂上了解有关认同与多样性的多元文化议题，这些都是完全合适的。宗教教育的商定教学大纲（RE Agreed Syllabuses）中通常包含有公民身份的部分（参见 Devon County Council，2001，pp. 26 – 28）。2003 年在东安格利亚大学召开的学术研讨会主题为"未来的公民——他们的信仰、信念与价值观"，这个具有融合性的标题有助于引出对两个学科之间协同性的思考。

课程与资格考试委员会的文件"关键阶段 3 上经由宗教教育的公民身份"表明，宗教教育对公民身份有很多可利用的资源。学生能够认识到"个体、群体，以及政治的选择、政策与行为，是如何被宗教与道德的信仰、实践和价值观所影响"，两者又是如何"不可分割地联系在一起"的。那些地区性、国家性、欧洲性乃至世界性的议题，如果不从"它们的宗教维度和背景"来进行考察，是无法获得充分理解的。宗教教育能够帮助儿童理解"个人、社会以及道德责任"，去思考人类如何对待彼此及环境。另外，宗教教育"通过参与自愿的宗教性与慈善性活动能发展积极的公民身份"（*ibid.*，p. 1）。由于缺乏一个国家性的宗教教育研究计划，对宗教教育与公民身份进行比较是较为复杂的。但是，宗教教育商定教学大纲（RE Agreed Syllabuses）、课程与资格考试委员会的非法定工作计划（2000c）、课程与资格考试委员会有关宗教教育的非法定国家框架（2004）等，这几份文件有助于弥补这个缺陷。

为了更加直观地理解宗教教育与公民身份之间可能存在的协同性，举一些例子或许是有所帮助的。在公民身份中，当对推动人权事业发展的宗教界人士，如马丁·路德·金进行研究时，宗教教育就有助于理解"法律、人权与责任"（1a）。学习公民身份中有关英国"宗教与种族认同"（1b）的多样性时，能够与宗教教育中有关信仰与实践的内容单元联系起来，比如，思考锡克教徒（Sikhs）的信仰如何影响他们的行为。学习刑事司法制度，为孩子们了解英国社会的犹太—基督教（Judeo-Christian）传统的影响，以及"十诫"作为一种道德体系在今天的重要性，都提供了很好的机会。最近，在一堂引人入胜的公民课上，10岁的孩子们要求去思考各种行为正当与否的问题。课堂上的孩子们一致认为通奸在道德上是错误的。但是，当他们意识到国家并没有对这种自己认为是错误的行为进行惩罚时，真正富有启发的时刻便来到了。这激发他们去思考国家是否可以干涉那些被认为是私人以及家庭范围的事务，并且认识到在21世纪合法性与合道德性并不是同一的。尽管如此，孩子们还是应该理解很多法律规定都有着宗教的起源，在今天的英国，许多法律规定的基督教根源仍然是显而易见的。

当审视"社区层面、国家层面以及国际层面自愿团体所开展的工作"（1f）时，儿童能够思考穆斯林援助会（Muslim Aid）、基督教援助会（Christian Aid）等宗教援助机构所发挥的作用，也能够访问以酗酒者及无家可归者为工作对象的救世军（Salvation Army）等组织的发言人。当思考媒体在社会生活中的意义（1h）时，学生们可以对媒体中出现的各种宗教画像以及宗教人物进行研究。在公民学课程中，孩子们需要运用想象力去"考虑他人的体验"，"解释那些与自己相左的观点"（3a），这与当前宗教教育的路径是十分契合的。在宗教教育中，孩子们的同情心被激发出来，从不同宗教追随者的视角去思考问题。事实上，如果缺乏理解力、缺乏对宗教教育的回应、缺乏对价值观与信仰的关注，就很难去思考"当下的政治、精神、道德、社会以及文化议题"（2a）。在工作计划（QCA，2001c）中，"公平解决冲突的意义"（1g）被单列出来以引起特别的关注，设置第13单元"我们如何处理冲突"，使大部分学生逐渐对作为"几大主要宗教"圣地的耶路撒冷有所了解。很多学生接下来就会超越这种了解，"批判性地评价耶路撒冷等地区持续的冲突、妥协与调解所产生的后果"，并且理解"政治局势"及其"宗教之维"（Unit 13，p.1）。我们认为，如果不了解伊斯兰教、犹太教和基督教，不了解耶路撒冷的重要性，不了解耶路撒冷在这些同全球冲突与和平密切相关的宗教体系中的意义，成为一个知情的全球公民是不可能的。

二 对宗教教育与公民身份之间关系的批判

有一种观点认为，"世界宗教必须被视为自律的、具有内在道德性与精神性生活的主要焦点"，因为"它们保存了人性化的艺术、文学与科学，是更新人类生命（*rehabilitation of human life*）的主要源泉"（Hull，2001，p. 8）。引入公民学的决定，是当前政府以特定的方式和目的更新政治生活与民主计划的一部分。很明显，一门学科的切近方式（它具有特色的教学法以及构思方式），能够向我们传达与这门学科的研究内容同等重要的信息。宗教研究的确能够为公民身份提供很多东西，宗教教育与公民身份这两个领域的确存在一些较易发现的共同点（正如我们所看到的）。但是，如何辨识公立学校中两门学科在日常的规划与教学过程中彼此之间的相互影响，则是一个较为复杂的事情。这将是我们接下来要探讨的问题。在这一部分，我们将着力探讨三个问题：两门学科对于文化与宗教多样性的态度；依据宗教所宣称的真理"从宗教中学习"所面临的问题之本质；学习过多的世界信仰所产生的肤浅化（甚至是刻板化）风险。

（一） 宽容或礼赞多样性

公民学国家课程学习方案对学生提出了以下要求：要向学生讲授"英国民族、地区、宗教和种族认同的多样性以及互相尊重和理解的必要性"；要教会学生"运用想象力设身处地地考虑他人的体验并且能够对那些异己的观点进行思考、表达和解释"（QCA/DfEE，1999a，pp. 14 – 15）。在这里，宗教教育的作用是显而易见和不证自明的。而公民教育咨询小组的最终报告完全忽略了这一点，这是令人感到十分惊讶的。沃森的观点是，这份报告的作者看起来是从宗教教育者的视角，对多样性问题作出了完全不同的回应（Watson，2004，p. 266）。宗教教育国家框架中论述"宗教教育要特别强调对社会多样性的礼赞（*celebration*）"（QCA，2004，p. 8），而公民教育咨询小组的报告将文化多样性作为重要的考量，认为发现"某种共同的公民意识包括某种国家认同"（AGC，1998，p. 17），是对这些考量进行回应的最好方式。公民教育咨询小组代表着目前在这个主题上流行的观点，对此沃森正确地指出：

> 公民教育与宗教教育之间存在着潜在的巨大鸿沟，双方采取了在政治上完全相异的路线来处理英国在文化及世界观方面多元主义的问题。公民教育似乎等同于对某种国家价值观的遵从，而宗教教育则礼赞多样性并鼓励对话。
>
> （Watson，2004，p. 267）

于是出现了两种观点：第一种观点是，宗教教育的确可以通过接纳并促进不同信仰和文化之间的对话来丰富公民教育；第二种观点是，宗教教育应该警惕与公民教育走得太近，因为这两门学科的目标和旨趣是不同的。发展开放性的心灵及对所有人的尊重，参与对生命意义与目的的建构，礼赞多样性，探索全球语境下的伦理学，这些是宗教教育的主要目的。这些目的，可能会为某些公民教育的主要支持者提供另一种重要的价值体系。

（二）"从宗教中学习"

"从宗教中学习"（learning from religion），作为宗教教育的两个教学目标之一，当前不断被强调。"从宗教中学习"这句话提出了一条特殊的路径，即宗教活动和信仰是与"共同的人类体验"相联系的。它可以用下面一段话来表述：

> 学生应该能够在共同的人类体验与宗教信仰者的信仰与行为之间建立起明确的关联。仪式、节庆、成年礼、有关上帝与世界的信仰——所有这些都与敬畏、庆祝、时间的流逝、意义的追寻、目的与价值观等共同的人类体验联系在一起。"从宗教中学习"要使学生了解，持有不同信仰以及没有宗教信仰的社会成员，是如何以不同的方式来理解和阐释这种体验的。
>
> （QCA，2000d，p. 23）

乍一看，这与公民学国家课程学习方案的要求好像是一致的。这一要求是，应该教会学生"就当前的政治、精神、道德、社会、文化议题、问题与事件进行思考"，并且"合理地表达自己在这些议题上的观点并形诸文字"（QCA/DfEE，1999a，p. 14）。我们认为，这可能在宗教教育与公民身份的结合点上提出一些特殊的问题。我们在本书中始终强调的一个观点是，在一个多样的、多元文化的社会里，一种不适当的整全性世俗主义（comprehensive secularism）不应该成为审视公民身份与道德教育的唯一视角。对于在"从宗教中学习"这一口号下被合法化的教学理念，我们有着一种担忧，即宗教对于信仰者的重要性可能没有得到充分的肯定。这对于公民教育来说具有明确的含义。试图用一种特定的宗教来影响那些无信仰者，可能是有所助益的，但也存在严重问题。将焦点放在回应并且将宗教信仰运用于儿童日常的世俗生活体验中，将会导致宗教的琐碎化。汤姆森提供的几个课堂案例很好地说明了这一点。她将此命名为"抽取"（extraction）方法与"分离"（distraction）方法（Thompson，2004）。在汤姆森看来，"从宗教中学习"这一观点最早出自格里密特的著作（Grimmitt，1987），后来被建构主义者所发展，这种观点可能会导致"一种彻底的相对主义以及对传统宗教的敌视"（Thompson，2004，p. 136）。

"抽取"方法是从背景中提取非核心的理念。比如，在讲授燃烧的灌木丛、出埃及记、口授十诫时，可以将摩西的领导能力作为课堂教学的中心。这些故事的核心是上帝向人们启示并教导他们如何生活，而不是摩西的领导能力。这些故事及其相关信息被世俗化了，转化为一个有关领导能力的讲述。而"分离"方法（Thompson，2004）可能更加危险，因为它试图使宗教与人们建立关联，但却深深地迷失了其最初的本义。比如，在讲授伊斯兰的"五功"时，非穆斯林儿童可能被鼓励将"五功"与自己的生活联系起来。如果他们要以"穆斯林一天要有五次……"造句，而接下来要强调的重点却是这些行为的"自我版本"，最终他们会以"每天我要……"为开头来完成这个造句。同样的道理，如果他们要以"每周穆斯林都会布施……"来造句，他们会以"如果我要选择慷慨，我会……"作为开头。当孩子们试图将伊斯兰教与自己的体验相结合时，他们会思考"对于自律的穆斯林来说，要完成一年一次……"，然后他们会加上"我明年的抱负是……"，在这种错误的引导下，穆斯林的行为成为普遍的行为模式。在这个案例中：

> 注意力立刻从穆斯林身上被转移了，孩子们对自己的信仰进行严肃思考的可能性也被转移了，重点被放在与穆斯林完全无关的事情上。赤裸裸的抱负与穆斯林的自律精神之间有什么联系呢？在伊斯兰教中，布施是一件神圣的任务，而在这里，却成为学生个体选择的事情。
>
> （Thompson，2004，p. 128）

在这里，世俗化不仅得到了加强，而且自我被过度地拔高了。儿童很容易将他们自己作为意义和价值观的来源，而这些只会强化人道主义的议程。在伊斯兰教中，这些实践是与克己忘我、效忠安拉紧密相关的，在这里却被转化为以个体选择为基础的人类行为。我们同意这种观点，即"宗教教育应该非常严肃地对待宗教传统，而不是将它们化约为某种其他东西，无论这种东西是世俗主义还是本质主义"（Thompson，2004，p. 149）。如果宗教教育与公民身份要在普通中等教育证书考试中作为一个学期的课程来讲授的话，这种方法为公民身份与道德教育所带来的挑战可能是非常严峻的。课程与资格考试委员会提出，"普通中等教育证书考试的短期课程，已经由对身体的关注转向对作为一种意义创造活动的宗教上，这就是'从宗教中学习'"（2000d，p. 27）。但是，"从宗教中学习"有可能"已经沦为妨碍儿童习得宗教之真谛的一种工具"（Thompson，2004，p. 129）。以上所提出的路径，不能充分地提升儿童对宗教团体的信仰与价值观以及对宗教议题的理解力，因此也无法实现公民学课程的目标。

如果仅仅采取"抽取"或者"分离"的方法，"从宗教中学习"将不可避免地把注意力从宗教对真理的诉求转移开来。如果一个儿童要了解某个重要问题或由许多不同宗教所提出的共同问题的各种答案（学习有关宗教的知识），然后自如地对此作出回应（"从宗教中学习"），那么这将会导致这样一种情况的出现："不存在正确或错误的答案，真正值得赞赏的是对宗教资料的创造性运用，并以此建构某种新的东西。"（Thompson，2004，p. 126）这种"一刀切"的宗教路径，将自我作为意义的决定者并置于优先地位，并且通过宣扬宗教信仰只是某种人类建构的产物，从而贬低了宗教作为一种启示的观念。这向儿童传递着这样一种信息，即我们创造了理解现实的自我版本，而这种立场是与诸多宗教学习的教学理念背道而驰的。为了论证宗教只是人类建构的产物和某种需要解构的政治权力之表征的观点，应该采取某种特定的价值立场而不是一种价值中立的立场。某些宗教教育的方法，仅仅只是将学生"引导到后现代游戏的规则中，鼓励他们基于毫无限制的自由、欲望、意愿和偏好来建构自己的现实"（Wright，1996，p. 144），这是需要引起我们警惕的。这些方法不能被视为发展宽容以及尊重他人等品质的最优方式。模糊穆斯林与基督徒之间在教义上的差异，不会有任何益处。穆斯林与基督徒虽然在耶稣性质问题上存在分歧，但是，他们仍然能够在法制以及和平共处的道德责任问题上达成共识。在公民教育中，鼓励儿童参与对这种真理的探索中是有价值的，这使他们意识到宽容并不一定以同意为基础，它也能通过对差异的认识得到促进，从而发展儿童对他人之信仰的正确理解。

（三）宗教素养与反思性公民

宗教教育中所面临的一个困境是，孩子们到底应该学习多少种宗教？正如我们在第二章中所提出的观点，在自由的公立学校中，不能只提倡某一种有关好生活的观念，官方的宗教中立立场要求对所有宗教世界观与非宗教世界观给予同等对待。对于那些持此（主导）观点的人来说，存在着对宗教教育的强烈反弹。如果儿童对宗教一无所知的话，他们就无法成为具有完整教养的人，而学习所有的宗教又是不可能的。那么，应该让儿童学习某种具有代表性的宗教——它或是从世界几大宗教中或是从所在地区大部分人所信仰的宗教中进行选取——似乎是合乎情理的。正是基于这个原因，为确保课程的广泛性与平衡性，课程与资格考试委员会建议，代表英国的 6 大主要宗教（基督教、佛教、印度教、伊斯兰教、犹太教、锡克教）都应该在不同的关键阶段进行学习，而且应该向所有学生提供学习巴哈伊教（Baha'i）、耆那教（Jainism）、琐罗亚斯德教（Zoroastrianism）以及诸如人道主义等世俗哲学的机会（QCA，2004，p. 12）。这个目标不仅旨在发展学生对不同宗教的认知和理解力，理解不同宗教之间的相互关联，给所有学生创造共享他们信仰的机会，而且鼓励"对宗教的性质和特征进行研究"（*ibid.*，p. 11）。

　　但是，这种方法因为缺乏宗教教育所要求的连续性和逻辑性受到批评，另外，由于花在这个学科上的时间是如此有限，这种方法就进一步暴露出流于肤浅的问题。宗教教育的教学目标 1 是了解有关宗教的知识并且"理解某一信仰内部及各种信仰之间的议题"。比如，在课程与考试委员会的宗教教育工作计划（2000c）中，第 1 年要讲授诺亚、犹太教与基督教信仰，第 3 年讲授圣经以及印度教与排灯节，第 4 年先讲授复活节再讲授印度教仪式，第 5 年在探索圣经的同时也研究穆罕默德，第 7 年的主题是佛陀、上帝和环境。如果一个儿童自生命早期开始就学习许多不同宗教，那么在转向其他宗教之前，他可能不仅不会获得一种特定宗教所带来的深层而微妙的体验，而且存在着在不同宗教中迷失自我的危险。这种肤浅方法的危险在于，它使不同信仰对于真理的诉求都流于琐碎，以简单化的方式解构了信仰的丰富性，这反而导致了公民教育所反对的刻板印象的产生。学习更少的信仰，事实上有可能更好地激发对宗教教育的兴趣。我们可以在那些伴随着儿童一起成长的特定传统中进行选择，而不是很早就让他们接触很多的信仰：

　　　　如果一个人一开始就从对某种宗教的信仰立场出发，他就会慎重对待其他宗教，既然它们挑战了这种信仰。如果不是从对某种宗教的信仰出发，而是陷入信仰的迷失中，反而会消解对其他所有宗教的尊重。

　　　　　　　　　　　　　　　　　　　　（Thompson，2004，p. 158）

　　对于"使儿童成为具有批判精神的人"这一目标来说，这种方法不一定是灌输式的。事实上，很多在某种特定宗教传统中成长的儿童，与某些成年人一样，并不一定忠诚于这种传统。尽管相对于那些肤浅地接触了一系列折中式的、彼此矛盾的信仰的儿童，他们对宗教信仰者有更深层次的欣赏。安德鲁·赖特（Andrew Wright）认为，儿童应该尽可能地在属于他们自己的信仰中成长，尤其是在小学阶段。派克也认为，家庭与学校之间在宗教或意识形态问题上存在着差异，通常来讲，学校的责任是与家庭保持一致而不是相反（Pike，2005c）。在熟悉了一种特定信仰传统以后，儿童能够变得具有批判精神并且作出自己的决定。第二种选择（这对于那些出身于宗教背景较为淡薄的儿童来说可能更为合适）是，只提供两种宗教的深度学习，我们认为这两种宗教应该是基督教和伊斯兰教。对于在英国受教育的儿童来说，形成对基督教信仰的良好理解有很重要的文化原因，圣经知识是西方文化素养的重要方面（Pike，2003e）。但是，我们同样认为英国儿童对伊斯兰教义和可兰经不能一无所知，这一点非常重要，这不仅因为伊斯兰教是英国乃至世界第二大宗教，而且因为它在西方世界经常被误解。

初看起来，多元信仰路径（multi-faith approach）似乎更加适合于公民教育，因为它涵盖了"英国宗教认同的多样性"（QCA/DfEE，1999a，p. 14）。但是，单一信仰（mono-faith）或者双重信仰途径（dual-faith approach）提供了"对宗教的性质和特征展开深度学习"（QCA，2004，p. 11）的机会，它们可能更加适应宗教教育的目标。然而，实际情况可能远比这种直接的两分法更加复杂。当前的宗教教育当然要遵从多元信仰路径，然而，更加强调基督教的重要性可能从某种意义上更符合公民教育的旨趣。因为这种信仰在英国公民身份中占据着关键地位，理解基督教是21世纪英国公民学的有机组成部分。正如弗里西所指出的，"考虑到基督教在英国历史中的重要作用，考虑到基督徒在总人口中所占的比例，考虑到与基督教信仰紧密相关的社会与道德责任以及社会参与，基督教信仰与伦理都是不可忽略的。如果忽略了这一点，其后果将是不可想象的"（Freathy，2004）。

三　个人、社会与健康教育同公民身份与道德教育

相对于宗教教育，个人、社会与健康教育（Personal，Social and Health Education，PSHE）在英国学校课程中的历史更加短暂。这门学科是在 20 世纪 80 年代中期才出现的（当时称为 PSE），它的出现很大程度上是皇家督学（Her Majesty's Inspectorate）倡议的结果（Murray，1998）。1999 年，个人、社会与健康教育国家咨询小组出台了第一份报告《使年轻人为成年后的生活做好准备》（DfEE，1999）。一年后，古本根基金会出版了《PASSPORT：个人与社会发展的一个体系》（Lees and Plant，2000）。PSE 与 PSHE 这两个名词过去曾经比较随意地指涉整个课程体系（实际上是学校的氛围）对儿童发展的作用（Tattum and Tattum，1992），但是现在它通常指以独立课程体系为核心的一系列有计划的活动。国家课程手册中包含了关键阶段 1 与阶段 2 上有关个人、社会与健康教育以及公民身份的框架内容（DfEE/QCA，1999a，1999b），课程与考试委员会于 2000 年第一次出台了贯穿所有关键阶段的学校教育指南（2000a，2000b）。皇家督学也明确地期望个人、社会与健康教育，能够有广泛的课程、严格的计划和可评估的效果（Ofsted，2005b）。个人、社会与健康教育的总体目标是：帮助学生更好地思考与他们的个体与社会发展紧密相关的议题，为他们过上更为健康、独立的成年生活和自信地踏入社会做好准备。它包括以下主题：情绪健康与幸福，营养与体育活动，药物、酒精与烟草教育，性与人际关系教育，安全、职业生涯教育，与工作有关的学习、个人理财、欺凌、家庭生活以及尊重人们之间的差异。理查德·普林格是最早系统论述个人与社会教育（PSE）的教育家之一，他强调以"个人"和"个人发展"这些概念的考察为基础来建立这门学科（Richard Pring，1984，chs 2 – 3）。与斯特劳恩（Straughan，1988，p.24）一样，普林格将学生的道德发展作为个人与社会教育的核心。然而，怀特却认为促进学生的个体幸福具有更为核心的意义（White，1989，p.10）。而正是怀特的观点在最近有关这门学科的官方指南中占据主流地位。

公民教育咨询小组的最终报告认为，在所有有利于公民教育的学校科目中，"PSE 或 PSHE 与其有着最大的交集"（1998，p. 52）。这份报告上附了伯纳德·克里克（Bernard Crick）写的一封信。这封信论述了这两门学科之间的共同点，并且阐明了二者之间的主要差异。在这份报告所确认的公民教育的三条主线中，克里克认为尽管公民教育更加关注公共价值观和制度性责任，但是"社会与道德责任"是二者之间最明显的共同点；在"社会参与"的领域里二者存在着某些重合之处，尽管在公民教育中这一点的重要性可能有所不同，但是"政治素养"与"那些可以合理地称之为 PSE 的内容是完全不同的"（*ibid.*，p. 62）。正是基于这些原因，这份报告建议 PSHE 与公民学在小学（关键阶段 1 与阶段 2）可以一起讲授，在初中（关键阶段 3 与阶段 4）可以作为相互独立的学科讲授，这种路径正是英国当前的政策。克里克指出，"儿童最好通过讨论真实的和具有争议性的问题来习得责任感并且获得某种道德价值观"（*ibid.*，p. 64），对于在初中阶段会逐渐向不同方向发展的 PSHE 和公民学来说，这种学习都是必不可少的基础。

在关键阶段 1 与阶段 2 上的 PSHE 与公民学的融合体系中（QCA/DfEE，1999b，pp. 136–141），"为扮演积极的公民角色做准备"和知识、技能与理解力一起，构成了 4 个方面的主要内容。尤其关注规则、责任、社区、决策与资源。但是，当这两门学科在关键阶段 3 上开始分化时，彼此之间仍然存在着很多联系。课程与考试资格委员会在最近的宣传册中列举了这些联系（2001c）。最为明显的重合领域是，认识到"英国在民族、地区、宗教和种族认同上的多样性以及相互尊重与理解的必要性"（Citizenship Programme of Study，1b），"尊重不同人群之间的差异性"，识别"包括一系列生活方式和人际关系在内的某些社会文化规范"（PSHE framework，3d）。共同实现这些目标的方法有很多，如邀请嘉宾进行演讲、参与社会行动、制定反种族主义政策、组织多元文化活动、在学校集会中策划主题戏剧活动等。另一个方面是了解有关规则和法律的必要性。公民学学习方案着重强调"了解支撑社会运行的法律、人权、责任，了解基本的刑事司法制度及其同年轻人的关系"（1a）。PSHE 的框架则包括："有关酒精、烟草、非法物质、滥用处方药之风险的校规及其他基本事项与法律"（2d）；"克制做错事的冲动"（3j）；"发展并践行学校有关反欺凌的政策"（4c）。学生能够通过各种方式接触这些议题，比如，参与校规的完善和学校政策的审查。7 年级的学生最近举行了一次设计新棋盘游戏的活动，这个活动突出了规则的必要性，由此激发了学生进一步制定有利于学习与进步的基本规则的行动（Lees and Plant，2000，p. 51）。

公民学与 PSHE 之间不仅在内容上而且在所发展的技能（比如，决策和沟通）以及教与学的路径上，都有着重合之处。与公民学一样，与 PSHE 相关的学习，不仅发生在指定的课程中，而且也发生在一系列国家课程学科、辅导时间、集会、特别计划与活动、全校性的主题日（focus days）、工作体验与小企业计划、课外活动、运动会、户外体验、社区服务以及其他能够丰富学生体验的事件中（Ofsted，2005b，pp. 15 - 19；QCA，2000a，pp. 10 - 14）。两门学科都要从学校文化、环境以及校外合作伙伴中学习。两门学科也都强调积极学习、探寻、讨论、辩论，作为发展知识、技能、理解力、态度和价值观之适当方法的重要性。克里克指出："讨论与辩论是社会责任感与社会交往的基础，也是积极公民的基石和具体实践。"（AGC，1998，p. 64）这两门学科都关涉发展负责任地行动的能力，都提供了对这些行动进行分析和批判性反思的机会。

课程与资格考试委员会的报告中指出，许多初中包括小学目前正以PSHE 作为公民教育的主要载体。课程与资格考试委员会的调查报告显示，有 23% 的小学和 29% 的初中总是将这两门学科合在一起讲授，而有 69% 的小学和 60% 的初中则有的时候将这两门学科合在一起讲授（2004，p. 5）。对于将公民学与 PSHE 结合在一起讲授的益处，学界已经有一些论述了。但是，课程与资格考试委员会以及教育标准局同时也指出，这样的做法也存在一定的弊端。教育标准局指出，很多学校的公民学课程已经对 PSHE 的课程及其教学时间产生了负面影响（2005b，pp. 1，3，15）。课程与资格考试委员会也指出，当 PSHE 与公民学结合在一起时，其中任何一门学科的法定需求都无法得到满足，因为这两门学科大都只有一个协调人（60% 的初中学校都是如此）。那么对于这个协调人而言，这就构成了一种沉重的负担，而且很多时候也无法在这两门学科之间作出某种区分（*ibid.*，p. 5；也可参见本书第八章）。研究人员发现，学校一般比较缺乏 PSHE 方面的政策、工作方案和协调者，以至于 PSHE 通常"从课程表中被删去，为其他活动腾出空间"（Mead，2004，pp. 21 - 22）。

除了这些实践操作和组织方面的问题之外，教育标准局还指出，很少有学校认识到 PSHE 在学生的态度、价值观和个人发展方面的成就，事实上，从整体来看，大家对于这些态度和价值观都不太关注（2005b，pp. 1，3）。其他研究认为，这可能与很多教师中根深蒂固的、对"道德说教"（moralizing）的畏惧有关（有关道德说教的最新哲学探讨，参见 Coady，2005）。比如，一名教师发现向他的学生讲授家庭以及家庭价值观非常困难，帕西援引了一段他的话：

> 真实生活中存在着如此之多样的家庭状态，他们之中（学生）有很多来自核心家庭，但是也有学生……来自于我都不太确切地知道是否有爸爸的家庭，于是我发现这变得非常困难……因为……在家庭生活中确实存在着一些困境，我不愿意让这些学生感到他们好像失去了某些东西……因为，我想如果没有认真地想清楚家庭应该是什么样的问题，就很难向学生谈论它……这一点就是我避免谈论这个话题的主要原因。同时，探讨它的难度也很高，我还有许多其他事情要做——我的意思是不去做这件事情相对较为容易。
>
> （Passy，2003）

讲授"婚姻在家庭关系中的角色和重要性""父母、看护人的角色与情感以及家庭生活的价值"，是关键阶段 3（3f 和 3g）上 PSHE 内容体系的一部分。但是，很多教师尤其是世俗的公立学校教师，对这种倡导家庭价值观的方式感到不太适应，因为他们认为：

> · 这种教学暗示着某种家庭关系具有道德上的优越性，但是有的教师认为在属于学生私人生活的问题上应该不做判断，这两者之间是有冲突的；

·这种教学会贬低来自单亲家庭的孩子，使他们变得更加脆弱，有可能伤害他们的自尊心；

·这种教学是以一种理想化的、静态的、过时的家庭生活观念为基础，对于当代人的态度与生活方式或者某些儿童家庭生活的复杂性、不稳定性，缺少充分的关注；

·家庭生活并不总是建立在爱、关心、支持和忠诚基础之上，许多时候也包含着暴力、欺骗、漠视、虐待、操纵、抛弃、过分保护、控制和怀疑；

·学校教育尤其是初中阶段的教育目标之一，是鼓励儿童发展更高程度的个人自治，这包含着更加独立于他们的家庭。

这些观点的重要性自然是不言而喻的。但是，如果教师因此就得出结论，在 PSHE 中全然避免家庭生活的主题是更加明智的举动，这将会犯下错误。因为家庭（不管它采取何种形式）在大部分儿童的生活中都扮演着至关重要的角色。如果 PSHE 要为儿童提供谈论和反思家庭生活之性质与价值的机会，那么这种讨论显然要反映当代社会所存在的多样化的家庭结构，而不是仅仅局限在传统核心家庭的视野上。当然，家庭作为一种制度的价值以及与成为一名家庭成员有关的价值观，更多是与人际关系的质量以及同他人建立亲密关系的生活福祉有关，而不仅仅是系于某种特定家庭结构或家庭定义。承认这一点可能会打消很多教师在讲授家庭价值观方面的顾虑。但是，不去提供有关家庭的直接教学，其消极影响之一，就是将这个主题驱赶到了隐蔽课程中。而在这个领域里，施加在儿童身上的影响是盲目的，他们会择取那些无意识的价值观和道德信息。比如，数学或者现代语言学的教科书中可能会呈现出家庭生活的成见，文学与戏剧可能会过分渲染家庭暴力，这可能会造就一部好的戏剧作品，但并不是家庭生活的良好向导。更加令人惊奇的是，教育标准局表示出对某种角色扮演活动的强烈赞同。在这种角色扮演里，一个 14 岁的女儿问她的母亲是否可以去俱乐部并且在一个朋友家里过夜（Ofsted，2005b，p.9）。在这种情境下，学生与教师扮演"被动的、好斗的、武断的"角色，但是，一种基于母女之间爱与信任关系的行为模式却被排除在外，也许这种可能性压根都没有被考虑过。

正是这种对消极方面的强调，使我们发现当前 PSHE 的路径中最让人担心的地方。在关键阶段 3 上 PSHE 的内容体系中，包括使学生"克制做错事的冲动"（DfEE/QCA，1999b，3j）。但是，家庭关系或其他方面的爱，诸如此类的道德价值观却只字未提。这种对爱的漠视，不仅存在于理论体系与指导方针中，而且在 PSHE 的教学实践中表现得更加明显。比如，有些学校让那些刚十几岁的女孩将一个"面粉婴儿"（flour baby）或者一个夜里每隔两小时就会醒来哭闹的电子玩偶带回家（参见 Halstead and Reiss，2003，pp.116，182）。这种做法表面的意图是阻止她们过早地生育孩子，但是，其实际起到的效果却可能是激发了为人父母的负面情感。这种做法无论如何都不能帮助她们理解许多人在孩子出生时所感到的欢乐，或者很多母亲对刚出生的孩子所寄予的深深的爱。这是性与人际关系教育中诸多教学方式中的一种。在这里，婴儿被认为是令人讨厌或带来不便的，而不是惊喜、爱与个体发展的源泉（ibid.，pp.192 - 193）。很多教师之所以在向学生谈论爱时感到不适应，其原因是多样而复杂的（Halstead，2005c）。但是，既然对于很多人来说，爱是通向个人完善的坦途，那么 PSHE 恰恰因为没有讲授有关爱的内容，从而向孩子们兜售了很多不好的东西。

在本章中，我们探讨了公民学、道德教育、宗教教育与 PSHE 这四门课程之间的关系。在价值观领域，这种关系是最复杂的。克里克在谈到公民学与 PSHE 之间的关系时指出，作为一个优良公民所需要的东西，不能"简单地从指导 PSHE 的原则中推演出来"（AGC，1998，p.63）。换句话说，他在支撑公民学课程的原则或价值观与支撑 PSHE 的原则或价值观之间，作出了重要的区分。我们对此表示不赞同。在我们看来，PSHE 与公民学中的价值观，都来自同一个地方，即都源自第二章所指出的自由主义价值观体系。可能初看起来，我们会想当然地认为公民身份是建立在公共价值观的体系之上，而 PSHE 是建立在私人价值观的体系之上，但这并不是事实。二者都同样建立在公共价值观基础之上。宗教教育使儿童接触到一系列具有代表性的私人价值观。现在的问题是，道德教育在什么地方与此相互吻合。在本章的最后一部分，我们将论述割断道德教育与宗教教育之间联系、试图让道德教育更多地靠近公民学与 PSHE，这种做法所存在的危险性。

四　道德教育：属于宗教教育还是属于公民教育与 PSHE？

到目前为止，我们所写的一切，事实上也包括本书的标题，都暗含着一种在道德教育与公民教育/PSHE 之间所存在的密切联系。克里克认为："任何不以道德价值观和推理为基础的公民教育，都是机械的、令人生厌的，甚至是危险的。"（1998a，p. 19）当然，他在这里指的是公共的或者共享的道德价值观。然而，很多教师也将关心、无私等私人道德价值观与公民身份联系起来。几年前，在一项对于公民教育态度的调查中，受访教师普遍认为，公民身份的道德维度远比其法律或政治维度重要。他们意识到他人及社会利益并按照这种利益行为的重要性，并使用了关心、无私、合作等语言来表达对社会义务的践履，展现对公民身份观点的具体尊重（Davies et al.，1999，p. 50）。这就提出了如何组织课程的问题，这一点克里克已经有详细的探讨（Crick，1998a）。在课程体系中，道德教育、公民教育、PSHE 与宗教教育是应该单独设立，还是有所融合呢？

在《学习的马赛克》（The Mosaic of Learning）这本重要的小册子中，哈格里夫斯（Hargreaves，1994）直接回应了这个问题。他的论证分为四个步骤：第一，他认为"道德已经不像过去那样与宗教尤其是基督教紧紧联系在一起"（p. 34），现在大家已经逐渐承认了这一点，并将宗教与道德教育分开；第二，他认为"跨教派的核心宗教教育"（non-denominational core RE）在儿童中不受欢迎，它使得每种宗教真理变得琐碎化，无法作为道德教育的支撑，因此应该从（世俗的）社区学校中摒弃（p. 34）；第三，他支持建立更多的宗教学校（基督教的或其他宗教的）以满足家长的需求，并同意这些学校应该坚持所在社区的道德与宗教信念（p. 35）；第四，他认为所有学校都应该讲授"公民教育的某种共同内核"（a common core of civic education），这一内核应该包括非宗教性道德教育的重要因素（pp. 35 – 36）。

针对哈格里夫斯的前两个观点，我们已经指出，尽管在分配给宗教教育有限的课时中试图讲授过多的宗教体系存在着一定的风险，但是这门学科在学生中正越来越受欢迎（从参加普通中等教育证书考试的人数可以看出这一点），这也许是因为这门学科积极地鼓励用一种开放的方式来探讨当代社会的议题。学生们认识到很多核心的自由主义价值观（比如所有人都具有平等的道德价值），都可以在基督教中找到根源。另外，他们也认识到圣经经文中有关照顾穷人、陌生人和最脆弱之人的指令，为批评政府对移民、无家可归者与儿童的政策提供了基础。针对过度的资本主义与经济自由主义，宗教也提供了强烈的批判。如果不了解宗教在世界各地对人类事务曾经产生的影响（这种影响现在仍然在持续），一个人无论如何都很难自称为受过教育的公民。哈格里夫斯第三个观点的意义（我们也一致同意），已经在其他地方有过详细探讨（Halstead，2003；Halstead and McLaughlin，2005；Pike，2005a，2005b），这里就不再赘述。但是，他的最后一个观点值得深入讨论，我们将以此来作为本章的总结。

许多论者都支持哈格里夫斯最后一个观点。比如，克里克就建议对于年幼的儿童来说，公民教育与道德教育应该通过诸如圆圈时间（Circle Time）等互动式、经验式的方法，结合在一起进行讲授（与此同时可适当地进行宗教教育与 PSHE）。在这个阶段，没有必要进行细致的概念上的区分。但是，当孩子们逐渐长大，他认为就有必要在有关个人责任的议题（PSHE）与有关公共政策的议题（公民身份）之间作出更加明确的区分（Crick，1998a，pp. 18 - 19）。海登直面当前在"道德"是什么问题上争论不休、道德教育在官方以及专业话语中兴趣不断衰落的现实挑战，提出了是否有必要再在学校中讨论道德及道德教育的问题（Haydon，2000a，2000b）。他认为，如果公民教育包含了公共价值观以及社会共同规范的教育，如果 PSHE 包含了有关个人道德的事务，那么，这就使单独开设道德教育（或经由宗教教育的道德教育）的想法成为多余。以此推论，海登认为，尽管社会共同生活中的规范与期待应该继续成为教育所关注的焦点，道德教育的概念还是应该从学校语境中被摒弃出去。

也有人认为这只是一个简单的贴标签问题。这种观点认为，只要涉及这个议题，那么在这个标签之下到底教什么和学什么，则是无关紧要的。当克里克说"一个名称到底意味着什么呢？"（Crick，1998a，p. 19）时，就大致表达了他所坚持的底线。但是，模糊道德教育与公民教育/PSHE 之间的区别，还是存在着一定的危险。尽管它们之间有所重合，但是二者有着不同的重点与内核，使用着不同的概念并有不同的目标。道德是一个宽泛的概念，不只是涵盖公民身份与公民美德等内容。如果仅仅单独或者主要通过公民教育/PSHE 来讲授，道德教育恐怕会因此而扭曲。我们认为，一种相对独立的道德教育形式是必要的，它为发展对公民教育中或显或隐地传授的某些价值观的批判能力，提供着必不可少的原则和程序。

　　首先，在支撑公民教育/PSHE 的自由主义价值体系中，宗教被归为个体选择的事情，然而，对很多人来讲，宗教是他们道德认识的基础。对这些人而言，试图把道德教育与公民教育/PSHE 联系得太紧，会导致道德教育的世俗化，而且会因此瓦解他们道德理解的基础。公民身份必然会拒绝这种观点：作为一种认同的来源，宗教归属感比政治归属感更加重要，或者说伊斯兰共同体（umma）比民族国家更为重要。积极公民身份教育的目标是帮助学生形成一种作为平等公民的普遍视角。但是，如果这种普遍的视角被推广到社会、道德和文化领域，它就存在着瓦解少数人的社会、道德与文化生活以及贬低差异性的危险（Hall，2000；Phillips，1991，2000；Young，1989）。如果道德教育对所有儿童都是值得的，那么它就不能建立在消解某些人的信仰、价值观、承诺、认同的基础之上。问题在于，公共价值观体系越具有实质性，就会有越来越多的人不认同这些价值观，从而会感到被排斥在外；而如果这种价值体系越稀薄，它作为道德教育的手段又是不充分的。

　　其次，无论如何，公共/私人这种区分在很多方面都是有问题的。麦考林就探讨了从理论上区分公共价值观与私人价值观的困难，以及从实践中区分二者所面临的更大的困难（McLaughlin，1995，pp. 28 - 31）。有很多原因导致这些困难的产生：部分是因为公共事物不断地侵入私人生活中（Hall，2000，p. 47）；部分是因为一度被认为是私人生活的议题不断地被带入公共领域（参见 Young，1990，pp. 119 - 121）；部分是因为最新采用的道德以及道德教育的路径，比如关怀伦理学，逐渐模糊了私人/公共之间的界限（Sevenhuijsen，1998）。有一点是很清楚的，"公共"价值观仅仅涵盖了道德生活的一部分，学生如果不从公共与私人两个维度去思考问题，就不会达致对道德议题的完整理解。福斯特（E. M. Forster）曾说出"如果让我在背叛朋友还是背叛国家之间必须作出一个选择的话，我希望有勇气选择后者"的名言。如果道德教育仅仅被限定在公共价值观领域并且被包含在公民身份之下，福斯特是不可能得出这个结论的，这个结论本身甚至是不可理解的。菲利普曾提醒我们，成为一个好公民，同成为一个好妈妈、一个好的女性主义者、一个好邻居或者一个好朋友不是一回事（Phillips，1991，pp. 85 - 86）。女性主义的研究，通过引发对公民身份之性别性质的关注，进一步侵蚀了公共/私人之间的界限。这些研究指出了这样一个事实，当前在学校中所讲授的公民身份只有利于巩固由男性主导公共生活的现代国家制度（聚焦于公民责任上），而贬低了由女性主导的私人生活的价值（聚焦于看护人的责任）（Pateman，1989；Foster，1997）。这就提出了相应的道德问题，并凸显了对公民身份进行道德批判的必要性，而这种批判只能从外在的视角才能获得。这还意味着，如果公民教育要使儿童为扮演未来的公民角色做好准备，那么儿童也必须具备用某种方式从所讲授东西的外面，发展出对公民身份进行某种道德批判的能力。因此，这里就有了对道德教育从公民身份外部提供一种道德原则与程序之理解的持续需求。

再次，对法律的理解与遵守是公民身份观念的核心，这一点是很清楚的。但是，如果使公民身份成为道德教育的主要支撑，这就会产生很多问题。其中一个问题是，如果道德教育与公民身份用这种方式进行融合的话，那么，这就可能意味着由于法律蕴藏着很多社会的公共价值观，从而使法律自身而非宗教或某种人道主义的伦理学规则被人们视为评判事物对错的权威性基础（参见 Gilbert，1997，p. 79）。而问题在于，法律并非决定道德问题的唯一基础。事实上，某些事情虽然是合法的，但并不一定是道德的。此外，法律通常是频繁变迁和不断改变的，而伦理价值观则不是这样。人为地使道德与法律靠得太近，其后果可能是使儿童的道德发展陷入困惑，而这一阶段正是他们最需要得到指导的。教育必须在法律与道德之间作出明确的区分，仅仅通过公民学来讲授道德，不能达到最佳的效果。另外一个更深层次的问题是，尽管相对于其他事物，公民身份有助于年轻人发展一种对法律的尊重态度，内化对法制的承诺，并对如此行为之合理原因的理解而逐渐接受法律的权威。但是，这些德性自身并不会为他们提供辨识法律正义与否的能力。如果我们希望个体能够甄别非正义的法律，那么这种能力不会从对法律的研究中产生，而是从对法律以外的原则，换句话说是对道德原则的理解与运用中产生的。在鼓励忠诚于某事物的同时，力图形成一种对该事物开放性、批判性的态度，这一点是很难做到的（McLaughlin and Halstead，1999，p. 152）。道德教育能够提供一种批判的距离，而这种距离在评价公民身份所要求的承诺时是必要的。如果使道德教育溶解在公民教育之中甚至被后者所代替，将会使道德教育面临自我迷失的危险。

第三部分

公民身份与道德教育的
教学与评价

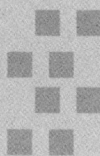

第八章　公民身份的教与学

本章将对学校公民身份教学的现状进行评价，并思考之所以出现这种状况的原因。针对公民身份的发展，我们将会提供一些建议，使人们对儿童的道德教育给予相应的关注。我们将对学校开展公民身份教学的不同模式进行评价。然后我们会对有关文本尤其是信息通信技术（ICT）与媒体文本的有效教学进行描述。在对文本进行考察后，将对课堂的沟通式教学进行分析。本章结尾部分通过对争议性议题教学的审视，将文本的路径与课堂的沟通结合起来。首先对英国公民身份教学的现状进行评估，将会是有所助益的。

一　公民身份教学的现状

公民身份教学在很多学校声誉都不太理想。2005 年 1 月 17 日，皇家首席学校总督学（Her Majesty's Chief Inspector of Schools）大卫·贝尔（David Bell），代表教育标准局在哈纳社会讲座（the Hansard Society）中发布了令人警醒的调查结果。他毫不含糊地指出："公民教育是初等中学教得最差的学科。"贝尔甚至反复重申他的这一评估结果。他说"在关键阶段 3 与关键阶段 4 上，公民身份是教得最差的学科"，而且据他观察，"几乎很少有学校可以被判定在这门学科上提供了优质教学"（2005）。很明显，如果要去寻找解决问题的路径，我们必须了解问题的严重程度及其产生的原因。

（一）公民身份教学贫乏的程度

2005 年 2 月，即大卫·贝尔发表演讲之后的一个月后，皇家总督学 2335

号报告正式发布。在这份名为《初等中学的公民学：来自教育标准局督查的证据（2003/2004）》的报告中，正式揭露了公民身份教学的贫乏程度。根据这份报告，有 1/4 学校所开展的公民身份教学是不令人满意的（Ofsted，2005a，p. 3）。不仅如此，能够向督学提供优质教学案例的学校就更少了。我们已经知道，很少有学校可以被判定在公民身份教育方面提供了优质教学（Bell，2005）。而且据报道，相对于其他学科，学生在公民学方面的成绩以及学校的教学质量相形见绌，几乎没有得分很高的（Ofsted，2005a，p. 3）。实际上，只有"1/7"学校"所提供的公民教育"可以"被判定为比较好的"，而"在这 1/7 的学校中又仅有 1/4 的学校"，公民学课程的最新主题"可以被判定为比较好"（ibid.，p. 3）。在公民身份教学方面缺乏成效的一个表征是，"大部分学校仍然没有建立学生在公民学方面取得进步和成就的评价方式"（Ofsted，2004a，p. 10）。因此，本章将着力就这门学科中复杂而具有挑战性的评价实践进行探讨。

（二）未曾料到的失败

发现公民身份教学做得比较好的案例比较少，认为 1/4 的学校在这一方面不太令人满意，这些结论好像看起来有些严苛（尤其是在评判这样一个新学科时）。但是我们应该认识到，督学是得到指示将公民学作为一门新兴学科从而对其"手下留情"（Ofsted，2005a，p. 4）。换句话说，即使是用一种较为宽容的方式来评价公民身份教学，它也是不够理想的。如果说在目前这个阶段，学校在公民身份教学方面的效果只是差强人意的话，那么从长远来看，这种以课程为基础的教学模式却可能会面临失效的危险（ibid.，p. 4）。在某些学校中所运用的公民教育实施模式，近期将会接受考核。显然，尽管公民学是一门由高级管理人员以及相关教师负责的学科，但学校仍然需要根据这些调查结果来重新审视公民身份教学。那些负责这门学科的人，也要对目前公民身份教学的模式进行反思。本章力图对教育标准局的调查结果进行阐释（同时也提出质疑），对这些结果产生的原因进行分析，并提出学校今后改进的方向。

（三）定义的问题

许多学校自认为他们所实施的公民身份教学是非常理想的，但是直到接受教育标准局的督查后，他们才对调查结果感到始料未及。从这一点来看，对公民教育作一种长远的考察，这种必要性是显而易见的。报道指出1/4 学校的公民身份教学被判定为不令人满意，这是一个事实，但特别有意思的是，这些学校中的很多人都没有认识到这一点。因为学校通常对自身的优势与弱势比较清楚，所以这一结论本身可能会令人感到惊讶。产生这种令人不安的惊讶的原因之一，也许是学校内部的督导与教育标准局的督学在公民身份是什么这一问题上存在不同看法。大卫·贝尔从某种意义上也承认了这一点。他指出，"那些在其他学科方面表现得很优异的学校发现在公民身份教学方面被督学判定为不令人满意""这个问题的根源通常是因为产生了误解"（2005）。这个"误解"令人联想到本书开篇所探讨的在公民教育方面不同的观点。这种误解同时也是非常有意思的。因为它不仅体现了对公民身份进行定义这一事实本身存在着问题，而且也表明了教育标准局所推荐并主张的公民身份定义。实施公民身份教学的某些方式得到了认可，而其他方式则刚好相反。教育标准局认为，"作为一门国家课程学科，公民学的实施已经被定义的问题所困扰"（2005a，p. 6）。对公民身份的不同定义，正好体现了不同学校之间教学方式的不同。

二　学校公民教育的模式

教育标准局认为，公民教育的某些模式比其他模式更加有效，这一点是很清楚的。贝尔指出："已经有很好的例子表明哪些模式是有效的，哪些模式是无效的。"（2005，p. 4）以下将介绍 7 种最常用的公民教育模式。我们将会把"旁听"（audit-of-what-we-already-do）模式与"整合艺术与人文学科的道德教育"（integration-in-Arts-and-Humanities-for-moral-education）模式、"一周一课"（one-timetabled-lesson-a-week）模式进行比较。另外，我们将探讨"全天候事件"（whole-day-event）模式与"评价驱动"（assessment-driven）模式。最后，我们将对"与 PSHE 相融合"（married to PSHE）的模式与"基于精神气质的公民教育"（ethos-citizenship）模式进行评价。我们应该记住，在教育标准局看来，这些模式中有些从长远来看可能是行不通的。因此，以下所描述的、在报告中被认为是行之有效并令人满意的学校公民教育模式，很可能在未来会失去其有效性。其中有两种模式已经完全失去效用，从而被教育标准局以更多的理由加以否定。

（一）旁听式公民教育（Citizenship by audit）

简单地讲，在教育标准局看来，经由其他学科的公民教育、跨学科课程的路径，都被认为是不够成功的。大卫·贝尔指出：

> 学校采取一种跨学科路径，力图通过多学科来确认或者提供公民教育，而问题随之而产生。很多学校为引入公民教育，将课堂旁听与公民教育联系起来，尤其是编制了一个包含公民教育内容的矩阵。但是，我们的调查表明，到目前为止，学生仍然对这些跨学科路径感到困惑，有时甚至完全没有意识到他们是在接受公民教育。

（2005）

以上所描述并批评的路径，似乎是这样一种路径，即学校认为公民教育一定会发生，从而只是简单地通过旁听将其编入课程，从而表明公民教育在哪些方面存在。这与有计划的公民身份教学是完全不同的，比如，在经由艺术与人文学科的公民身份教学中，这些学科的教师要共同合作，制订一个逻辑上自洽、有机的、具有挑战性的公民身份与道德教育方案。

（二）经由艺术与人文学科的道德教育

尽管贝尔的论述确实不鼓励学校力图通过其他学科来进行公民教育的跨学科路径，但是，我们还是有必要搞清楚一点，即他这里主要是批评学校试图在其中寻找公民教育内容的"矩阵式路径"，并没有批评积极地探寻在英语、戏剧、历史与宗教教育中富有想象力地实施公民教育的路径。事

实上，某些综合性学校在一个学科——最常见的是人文学科里——成功地
开展了公民教育。需要强调的是，教育标准局并不认为跨学科路径是不可
接受的，而是认为这种路径一般实施得不好。本书之所以分别探讨经由艺
术的公民教育（第五章）、经由人文学科的公民教育（第六章）、经由宗教
教育或 PSHE 的公民教育（第七章），这是其中的原因之一。教育标准局建
议，采用跨学科路径的学校应该"全力以赴去识别那些在提供优质公民教
育要素方面具有最大潜力的学科"（2005a，p. 4）。

　　尽管为什么应该在科学、体育和音乐以及其他被认为与公民教育最明
显相关的学科领域里开展公民教育，这里有多方面的原因。但是，相对于
使每门学科都发挥公民教育的作用，这种路径较具可操作性。

　　可以说整合的跨学科路径对学生而言是最有益的，但对教师而言却是
最复杂和最具挑战性的。因为它需要在不同教职工之间尤其是更大的学校
范围内建立广泛的联系。如果一个富有效力的公民教育学科协调人，能够
很好地同将公民教育整合进相关学科的负责人一道制订相应的工作方案，
那么这样一种挑战，尤其是在策划和评价方面的挑战，并不是不可克服的。
在形成一种有效的跨学科路径方面所存在的另一个障碍，是在那些"非专
家型"（non-specialist）教师中缺乏公民学课程所需的知识。应该强调的是，
这里不是缺乏一般意义上的"学科知识"（subject-knowledge），而是公民学
课程所需的知识。

　　如果向参加普通中等教育证书考试或中学高级水平考试的学生讲授媒
介研究的内容，英语教师可能远比一个"专家型"公民学教师更能讲清楚
媒介对公共舆论的影响。英语系也是讲授以论辩与说服为目的的事务性写
作的理想场所。宗教教育的教师似乎是讲授英国少数族裔信仰与价值观的
最佳人选。历史教师通常比别的教师更能讲清政治素养以及错综复杂的英
国代议制政府或经济体制。戏剧教师在角色扮演方面最富有的经验并且擅
长帮助儿童发展同情心。如果所有这些教师都能充分地熟悉公民学学习计
划所必需的知识，那么他们以及他们之间就能够形成一种富有想象力的覆
盖公民教育的方案。当然，所有教师都对儿童的道德教育承担着相应的义
务，共同参与公民教育可能是一种最有效的方式。

（三）专门的公民课

可能正是因为这种整合式的跨学科教学路径提出了诸多挑战，所以教育标准局鼓励一种更简单和更直接的路径。相对于跨学科路径，这种模式尤其值得称赞。因为它建立了一个核心基础，即专门的公民学教师，他们通常属于新成立的公民教育部门，在这个部门中，这门学科在课表中被明确地命名为"公民学"（Citizenship），一周讲授一次。这样一种路径对学校而言风险最小，采用起来可能最为稳妥，但是它似乎也不能算是最理想的。这种"一周一课"的模式，虽然有效地剔除了"我们所做之事的矩阵"（matrix-of-what-we-already-do）模式的烦琐，但同样也有效地否定了学生从公民学相关学科的整合式教学中所获得的益处。

但是，教育标准局对这种模式的推崇是显而易见的。将公民学作为另外一门学科增加到现有的课程体系中，可能是获得一份令教育标准局感到满意的报告的最简单方式。在学校课表中留出一周一小时的时间，将"公民学"命名为一门学科，看起来令人鼓舞。首席督学特别表扬格林尼治的埃尔特姆女子学校，"公民教育在这里是一种力量"，因为这所学校有每周一个小时的公民课，还有一个专业教师构成的团队，而且孩子们"在思考政府需优先考虑的事项以及起草选举宣言的课堂上非常享受"（Bell，2005）。把这些作为公民学特别强调的方面并非巧合，因为相对于将公民学作为促进道德教育的更广的学科视野而言，政治素养在公民身份教学中的重要性正在不断提升。

（四）评价导向模式：将公民学引入普通中等教育证书考试

一所学校如果成立了自己的公民教育机构，它通常会让儿童准备参加普通中等教育证书公民学科目的考试。我们将在第十章对公民教育之评价的考察中解释这种路径的弊端。让儿童参加普通中等教育证书公民学科目的考试通常会被大力赞扬。我们也知道，"参加普通中等教育证书公民学科目考试的短期课程，通常意味着拥有更高的关注度、更优质的教学、更高的标准与成绩"（Ofsted，2005a，p.3）。在规定的课时内进行专业化的教学，值得提倡。设立专门负责讲授普通中等教育证书考试公民学科目的部门，这一点也值得赞赏。教育标准局好像也比较推荐这种公民教育的模式。在这种模式中，公民学"作为一门国家课程科目"来讲授，同时它也拥有"一个强有力的、可辨识的核心方案""某些学生甚至全体学生都被纳入包括普通中等教育证书考试短期课程班在内的官方认可的课程体系之中"（2005a，p. 3）。"大家对待公民学的态度是积极的"，教师具备"良好的学科知识并且能够及时更新学科理念""教育资源也能得到批判性的使用"，这一学科还"布置了家庭作业"。因此，这种公民教育模式是值得褒奖的（*ibid*.，p. 3）。

（五）公民身份的主题日活动（Whole-day-event citizenship）

许多学校为 11 岁的学生设置了"人权日"，邀请校外的演讲嘉宾与孩子们一起度过这个节日。来自国际特赦组织或红十字会的代表在这方面通常会对孩子们很有帮助。还有学校设立了"刑事司法日"。孩子们在当天可以参观法庭并且参加模拟审判。根据我们的经验，那些热心的律师、地方法官、缓刑假释官或警察，他们身为父母或官员，都非常乐意参与这些活动，并且愿意为那些希望学生从校园之外了解司法系统运行方式的学校提供食宿服务。其他学校还设立了"残疾人日"或"机会平等日"，教师们创立了富有创意的工作坊，从而拓展学生的经验并促进他们对这些议题的理解。

"媒体日"为儿童了解媒体如何影响公共舆论提供了尤其具有价值的机会。一般在当地新闻办公室供职的教育类报纸协调员，能够成为在具体指导和提供专业知识方面巨大而有益的资源。在这一天中，10 岁儿童可以开展团队合作，制作一份报纸、一档广播新闻节目或电视新闻报道。不同小组可以依据其特定的报道视角，代表不同角度，采取不同方式去报道同一事件。学校也可以吸引当地的商业机构或公共服务机构参与新闻事件的报道。每个小组有一个学生可以乘坐学校微型巴士到具有新闻价值的事件现场进行报道。在这种情况下，当地社区的相关机构都会成为当天所报道事件的对象：如一支学生们最喜欢的乐队购买了一所录音棚，而某房地产代理机构却披露了有关这所录音棚所在地的不实信息；某超市因为健康与安全威胁而关门歇业；消防队为了阻止化学品泄漏对事故现场受损车辆的顶棚进行切割。了解报道过程中的偏见，以及新闻事件写作或播报过程中事实与观点之间的出入，会加深孩子们对媒体运作的认知。他们甚至会成为真正的新闻报道者，因为英国广播公司当地记者站决定播报这些年轻新闻工作者的报道，孩子们将会很兴奋地在新闻中看到自己的身影。

相对于"每次一课"的模式而言，以上的主题日模式能够在学年中被凸显出来，并为指定的公民教育主题提供数个小时的教育机会。尽管如此，这种路径还是存在一定的弊端。就拿教师们对主题日的经验感受来说，如果主题日只是一次性的，不能持续贯穿整个学年，那么它们就非常容易被遗忘。当我们在一个公民教育主题上持续聚焦几周或整个学期，在它达到高潮时或是在整个过程开始之初时，来设置主题日可能是最佳的选择。主题日的风险是，它不能在一年当中的其他时间对年轻公民的生活产生影响。单独通过主题日的方式，不可能成功地将公民教育整合进学校生活中。

（六）与 PSHE 相结合：公共事务还是个人事务？

正如第七章中所指出的，公民学通常在 PSHE 中或运用某种形式的辅导时间、辅导团队来进行讲授。但是，教育标准局认为，将公民学与 PSHE 结合得太紧，可能会导致二者的混淆不清，仅靠这种做法是不够的。因为在这个过程中二者有可能合二为一，而我们所称之的"作为国家课程的公民学"可能并没有得到讲授。大卫·贝尔注意到，"之前所认为的公民学与PSHE 之间的紧密联系，正在被证明是存在问题的"，他也提供了一个划分两个学科的有益定义："PSHE 事关学生发展的私人与个体维度，而公民学则重点关注其公共维度。"（2005）教育标准局的报告也就这一点进行了详细阐发。报告中解释道："公民学中有关冲突解决的问题，与个体在青春期所面临的同父母之间关系的问题，不是一回事。"（Ofsted，2005a，p. 6）如果一个人从个体冲突解决的角色转换为联合国全球冲突解决的角色，这将会使他成为一个合格的公民，在给定议题上实现从个体维度向公共维度的转变，这似乎是整合公民教育与 PSHE 的路径之一。在 PSHE 中熟悉的议题，比如，药物滥用、青春期少女怀孕与欺凌现象，只有在公民学中对这些议题的公共方面进行思考，才能对此进行正确的探索。换句话说，当我们所提出的问题与当前的地区与国家层面的议题、政策以及如何作出改变的策略联系起来时，它们便会展现出其公民身份的维度（*ibid.*，p. 6）。

（七）基于精神气质的公民教育（Ethos citizenship）

教育标准局似乎在那些把公民学作为一门独立的学科建制的学校中发现了最好的公民身份教学模式，因为这样确保了赋予公民学以特定的知识基础或国家课程的内容。尽管学生参与慈善活动、学校理事会以及其他社区活动是值得赞许的，但首席督学还是竭力强调，"作为国家课程的公民学，既不是学校的运行方式或精神气质，尽管这些因素很重要，同时也不是某些学生对校外活动或社区活动的参与"（Bell, 2005）。公民学是一门有着特定知识体系和一系列技能的确定性学科，因此，"作为国家课程的公民学是而且应该是针对所有学生的一种权利"（Bell, 2005）。所谓的"基于精神气质的公民教育"尽管非常重要，但是这种模式不会流行很久。我们将在下一章中对精神气质的意义问题进行探讨。在我们看来，精神气质是儿童获得价值观念的核心。一所拥有宽容、尊重、包容、参与等精神气质的学校，能够营造一种有利于道德教育开展的文化氛围。在这种文化氛围里，公民学课程所有最为重要的方面都能建设性地实现其目标。不仅如此，一些研究者认为，在学校生活中积累某些民主经验，对于了解并参与学校之外的民主生活具有核心意义。

（八）"无形的"（invisible）公民教育模式有什么问题？

显然，定义公民身份是什么或者不是什么，哪些公民身份的教学模式是值得提倡的，这些问题需要进行仔细考察。在解释什么样的公民教育是"令人不满意"的这一问题时，教育标准局 2005 年的督查报告中列举了三个要点。这里有必要摘引这些要点。教育标准局认为：

在公民教育被判定为令人不满意的学校中，这一学科是非实质性的或者是无形的。通常情况是：

·公民学完全通过其他学科来提供，而不是独立的；

·虽然辅导过程是存在的，但缺乏有效支撑学科发展的必要时间或专门知识。

·课程包含了针对某些学生的发展"机会"，而非针对所有学生的权利。

(2005a，p. 4)

公民教育对于学生的"有形性"（*visibility*），在于它可以提供成功地展示这种教育的表征物。以上我们已经分析了跨学科公民教育之所以遭受批评的原因之一，即"学生对跨学科课程感到困惑，有时完全没有意识到他们进行公民学课程的学习"（Bell，2005）。教育标准局的民意测验表明："超过一半的学生甚至都不知道公民教育是什么或者不能提供他们从中所学知识的例证。"（Bell，2005）这里存在着一个似乎无可争辩的假设，即公民教育之所以成功，就在于儿童知道他们正在进行公民身份方面的学习。这种假设很大程度上是时间的产物，它面临着很多例证的挑战。这种挑战是不可避免的。因为教育标准局认为，公民教育应该是有形的，正是这种有形性与跨学科课程的路径形成了制衡，而这对于学生才是最有利的。

有形性不应该作为成功的一种自动指示器，因为无形性也可能是根植于某些复杂系统的一种高度整合方案的标志。受"国家战略思想"（National-Strategy-Think）的影响，我们非常强调外显性或有形性。学习的每个方面都必须向所有人进行展示，这似乎有点夸大其词。在开始学习之前，儿童在每堂课伊始就必须非常明确地被告知他们将要学习什么。在学习过程之中，儿童要被提醒注意他们正在学习的内容。在课程结束之后的总结大会上，他们要看看是否学到了他们所要学习的内容。

这种教学与"图表"（diagram）很类似，而"图表"是与"图画"（picture）相对立的。但我们不应该忘记，与图表不一样，图画至少为个体的反应提供了空间（Pike，2003b）。如果我们的公民学课程变得太过于图表化，那么就可能不会为真正的个体道德发展留下足够的空间。外显性的确是一种非常流行的观念。尽管我们不赞同故意混淆视听，使儿童经常被蒙在鼓里并且对老师的教学方法感到困惑。但是，与这种片面追求外显性有关的危险因素也是显而易见的。教育标准局所推崇的外显性或有形性（因为他们担心公民学会被其他学科的视野所模糊），逐渐被看作治疗所有教学病症的灵丹妙药。而我们将会意识到事实并非如此。

三　在公民身份与道德教育中传授文化阐释的技能

在探讨了公民教育的几种不同的方式之后，接下来我们将注意力转移到具体学科的课堂教学上来。本书的第四章中提到，阅读对于公民身份与道德教育尤其重要。这一部分将对公民身份与道德教育中三种类型的文本（非小说、媒体与信息通信技术）的运用进行评估。在第五章、第六章中提到，人文与艺术学科可以进行有关公民课程的教学。持这种观点的原因之一是，这些学科提供了一些特定的领域，在这些领域里学生可以逐渐成为具有辨别力的读者（参见第四章）和形形色色的文本或文化产品的阐释者。

（一）非小说 （Non-fiction）

当学生们学会阅读与理解报纸文章、传记报道、演说词、广告、宣传、社论、书信、政治宣言时，他们会逐渐了解那些与自己不同的信仰与价值观。他们也能够逐渐辨别事实与观点之间的差异，并开始理解广告商与政治家是如何模糊这二者之间的差异并将自己的观点视为不可辩驳的事实。我们要鼓励儿童成为具有鉴别力的读者，试图去发现他们所阅读文本中所传递并赖以支撑的动机和价值立场。如果儿童要认识媒体如何影响公共舆论这一公民身份领域至关重要的议题，那么他们除了要了解报纸发行量的意义之外，还要了解报纸的所有权以及报业经营者的政治信仰，这一点尤为必要。

当儿童建构他们自己的非小说文本，并且为了某一特定目的、针对某一特定受众而进行写作时，他们实际上是在发展公民课力图去培养的很多技能。当我们把重点放在事务性写作，并使学生了解在针对某一特定受众写作时基调与立场的重要性时，他们也在逐渐领会如何在社会生活中与他人进行有效的沟通。意识到共同约定的"文本"，是在民主社会中进行政治发声并为他人所关注的一个必要前提。要使别人理解自己的需求，学会如何清晰地解释或描述所处的情境也是至关重要的。英国目前正在推进的国家读写教育提案（DfEE/QCA，2001）同公民教育是高度相关的。如果教师把重点放在批判性读写上（参见第四章），将会对儿童的道德教育产生积极影响。无论学校是否洞悉这二者之间的联系，我们仍然可以感觉到国家读写教育提案的确是备受瞩目的。

强调批判性读写的公民教育也是一种批判性教育。这种教育被认为具有解放性的意义，它能使个体乃至社会朝着"更具人性化的方向发展，这不仅仅是指我们的心灵，而且也包括我们的社会政治体系与制度"（Wright，2000，p. 133）。那些由于受到经济、意识形态与政治制度等因素影响而被边缘化的社会成员，有必要对导致他们这种社会与经济困境的信念系统有所了解。

（二）公民身份与道德教育中的媒介文本与视觉素养（visual literacy）

在公民课中最为频繁使用的某些非小说文本是媒介文本。学会如何阅读媒介以及其他可视化文本，是成为一名知情的、具有批判性的公民的核心要务。比如，当我们观看公共骚乱的电视新闻报道时，警察拿着防暴盾牌站在一边，愤怒的抗议者站在另一边，我们会合理地引导学生思考报道者站在哪一边，当我们观看暴力场面时，摄像机的镜头在哪一边。警察一手握着盾牌、一手拿着警棍，示威者开始投掷砖块或汽油弹，在这个时候思考摄像机所处的位置是很重要的。如果镜头是在示威者后面，而不是在警戒线后面，那么我们获得的影像则是完全不同的。这只是一个简单的例子，但却表明了媒体是如何影响公共舆论的。它既可以激发对抗议者的敌视，也可以使人们对他们产生同情。如果我们的学生要成为具有媒介素养的公民，就应该培养他们在解构图像以及分析语词与图像之间如何相互结合方面的能力。正如很多英语或媒介研究等课程中那些涉及广告与其他劝服性文本的优秀教科书一样，"取得图片"（Get the Picture）新闻摄影报道上的文本，也可以向我们传递很多有关公民教育的信息（Morris，1998）。

对于公民教育的教师而言，有关媒介研究的最重要的文本之一是大卫·贝金汉姆的杰作《公民的塑造——青少年、新闻与政治》（David Bucking-ham，2000）。贝金汉姆的研究报告探索了电视与青少年的公民意识之间的联系。该书探讨了媒介在鼓励政治参与中所应该扮演的角色。媒介如何表达青少年对重要政治与社会议题的观点，对于这个重要的问题，书中也进行了分析。贝金汉姆的理论是，我们需要对过去社会生活中的政治理解问题进行重新定义，他提倡创新报道的形式，从而吸纳年轻人自己作为公民的观点。将阅读媒介作为一种意义理解和重要的解释学活动，这种观点先前已经做过探讨（Pike，2004a）。安德鲁·哈特的研究提醒我们，现实生活中我们通常比较重视某种媒介文本，如广告，而"忽略了其他社会文本"（Andrew Hart，2001，p. 74）。而恰恰是这些社会文本，对于促进公民身份领域里的理解力是尤为必要的。尽管媒介研究似乎很难将价值观与意识形态分离开来，许多教师都"倾向于谈论媒介作为向儿童进行灌输的操纵者角色的话题"。但令人感到奇怪的是，很多人似乎对公开讨论价值观感到不自在，"对讨论谁在操纵与为何操纵的问题感到不舒服"（ibid.，p. 74）。

哈特的研究对那些关心公民身份与道德教育的人来说，是具有价值的，因为它对价值观给予了特别的关注。比如，哈特指出，"到底是否应该揭示广告商不惜代价地利用我们的幻想来降低我们警觉性的策略"，这一点是无法确定的，尤其是"当教师出于他们的立场无法再提供其他可供选择的价值体系时"（ibid.，p. 74）。这一研究也指出，当教师被要求表达"他们自己的意识形态立场"时，他们自身也受到了媒介的操控。这些教师"倾向于谈论性别、种族、机会均等以及议程设置和媒介制裁等问题"，而"对有关意识形态的路径问题，如操纵、霸权或者多元模式等则讳莫如深"（ibid.，p. 74）。教师的信仰和价值观到底如何影响受他们教育的儿童，这个问题需要进一步深入研究。因为这的确是一个复杂而且重要的问题。在有关儿童偏好的研究中，我们将会对是否应该与儿童交流教师的价值观这一问题进行简要的讨论。

（三）公民身份与道德教育中的信息通信技术

前文指出，对信息通信技术的思考"应该把信息、通信、技术及其运用的阐释与分析结合起来"。我们在帮助儿童参与批判性、创造性而非仅仅是功能性的计算机读写与信息通信技术方面，有很大的介入空间（Pike，2004a）。正如大卫·史密斯所言，新技术并不只是简单地帮助我们完成同样的任务，相反，"它给人类生活带来了复杂的改变"（David Smith，2004，p.511）。因为，蕴含在每一个工具之中的，是一种意识形态的偏见，是将世界建构成某种特定样态的倾向，是对某种事物的价值偏好，是对某种感觉或技能的过分夸大或对某种态度的特别强调（Postman，1992，p.13）。新技术不仅具有改变我们如何做事情的力量，而且具有改变我们该做什么事情的信念。在课堂上，我们可以探索与互联网及移动技术的影响相关的包容性与接入性（inclusion and access）问题。新技术的用途以及这种用途向学生传递着有关他们自身以及社会价值观的那些信息，都应该成为公民学课程调查研究中的基础性内容。新技术和公民身份与道德教育是内在相关的，因为它的运用能够揭示支撑我们行为的价值观和道德假设。

令人遗憾的是，诸如《跨学科的信息通信技术——公民教育中的信息通信技术》（DfES，2004a）等官方文件，并没有认识到培养上述理解力的重要性。其关注点在信息通信技术如何支撑公民教育上，而不是在解决"如何运用信息通信技术提升公民教育的标准这些战略问题上"（ibid.，p.15）。四个有关信息通信技术的关键观念被认为"对公民教育具有特殊意义"，它们分别是："运用数据与信息资源""搜索与选择""实用性""沟通"（ibid.，p.15）。在这些文件中，促进对信息通信技术用途的道德评估，思考信息通信技术如何让我们的社会更加平等，这些问题并不是关注的焦点。这些被忽略的方面，同第四章中所讨论的读写与公民教育的路径具有类似性。在这里，强调的重点是功能性读写而不是批判性读写，强调的是技能而不是意义。

四 为公民身份与道德教育传授沟通技能

考察了儿童在公民学课程中需要积极回应的各种形式的文本后，对其中所涉及的沟通问题的属性进行思考，这一点也是很重要的。本节的第一部分，将会对培养道德推理能力中说与听的重要性进行探讨。第二部分，将讨论公民学教师如何尽量确保所有儿童都能发声。第三部分，将就教师观点的沟通问题进行评价。

（一）培养促进道德推理的听说能力

公民课可能每周只有一次课，没有足够的时间来进行大篇幅的写作练习或广泛的阅读。因此，儿童在公民课中的很多学习形式都是通过说与听，也就是说是通过口头沟通而非书面沟通来进行的。成对的、小团体的与全班性的讨论，是探讨很多道德与政治议题的主要方式。只需要思考维果斯基有关的学习是社会性的以及学习者总是在与他人合作的过程中来修正其意义世界的观点，就可以明显地看出学习如何对话在公民课中的重要性。实际上，推理能力的发展通常也被认为是通过谈话而实现的。通过谈话，儿童实现从"心灵之间"（intermental）的对话向"心灵内部"（intramental）的对话转换（Vygotsky，1986）。换句话说，他们最初在与他人沟通中所需具备的推理能力，最终会转化为自己所获得的推理能力。同辈群体之间的讨论与互动，在公民课中具有特别重要的作用。因为当学习者在辩论、说服与协商时，重要的发展性变化与道德推理也会随之而产生（Dunn，1988）。

儿童要参与如此复杂的听说活动，他们所具备的能力也需要通过传授才能形成，指出这一点也是非常重要的。如果教师要将一堂课大部分时间都花在让儿童讨论敏感而又常常带有情绪性的议题——这些议题都属于社会生活中具有争议性与充满歧义的主题，那么，我们建议有必要考虑传授谈话的技能。在这一过程中，需要建立某种共同的规则，相应的互动模式也需要进行模塑和示范。我们已经发展出一系列策略来帮助儿童在群体中讨论挑战性论题（Edwards and Mercer，1987；Pike，2004a），公民学教师也应该对他们在处理这一问题过程中所必需的技巧有所认知。公民课通常会在能力参差不齐的群体中进行讲授，这对于教师而言既是重要的机遇也是一种挑战。在此过程中教师必须做到有所区分，针对那些缺乏经验的学习者，要教育他们如何做到敏锐地互动并且学会宽容那些他们感到厌恶的观点。就一项即将付诸实施的政策、法律或方案，开展合作性问题解决的活动，是培养儿童道德推理能力的一种形式，它同时也是对现实社会运行方式的一种模拟。

（二）包容所有人：诚实的声音（Including all: honest voices）

在公民身份与道德教育中，教师不要陷入"仪式化"（ritual）对话中，而要发展"原则性"（principled）对话，这一点尤为重要。教师应该提出真问题以引出学生的观点，而要做到这一点通常并不容易，因为教室是一个充斥着仪式性对话的地方。为了说明教室对话的特殊性质，我们可以举一个例子。如果我匆匆跑向等候在利兹火车站月台上的一个男人，向他询问现在几点了，这位同车乘客可能会认为我将手表遗失在家里了。他可能并不会想到我将手表藏在了自己的袖套中，而我只是在试探他是否知道我已经掌握时间了。如果他知道了事情的真相，他可能认为我的行为至少有点反常。这种对话方式，就如同教师通常所使用的一样，向儿童提出那些知道答案的问题。其结果是，儿童通常同我们玩起了猜谜游戏。他们会试图猜测教师希望听到什么样的答案，公民学教师应该对这些仪式性对话保持警惕，他们应该帮助学生形成自己的个人观点。只要教师对儿童的观点保持一种诚实和开放的态度，他们就会恰当地促动、激发、引导并充实儿童的经验。

公民教育要力图做到诚实并且与儿童的经验产生共鸣，必须意识到"仅仅通过灌输某些原则，儿童是不可能学有所获的，他们必须能够将这些原则与自己的行为、经验和观念联系起来"（Edwards and Mercer, 1987, p.95）。如果采取一种不让儿童去关注这种联系的方式来讲授公民学，公民教育的结果将是徒劳无功的，甚至可能会使他们对公共领域的兴趣产生排斥。尽管我们知道法律影响着我们的生活，但儿童还是可能不会觉察到法律是如何对他们自己的生活产生现实的冲击。而对于从事公民教育的教师而言，真正的挑战是使宏大的公共议题与社会关注同儿童的个体生活关联起来。当然，这并不是说将公民教育化约为对个体关注的思考。我们认为，不管是否可能，都要努力在儿童的世界与所研究的主题之间建立"鲜活的联系"（live-connection）。因为只有这样，才能推动儿童去克服一些较为困难的观念障碍，并且激发儿童的动机。诸如经济这些议题看起来似乎同大部分儿童的关注点相去甚远，但是，如果他们开始思考是谁生产了自己身上所穿的品牌服装时，他们就会去探究第三世界产品的伦理问题。作为公民学教师，有义务将复杂的公共议题与学生的关注结合起来。

公民教育必须确保每个人都能发声。将英语作为第二语言的儿童，也应该被包含在内，这一点尤为重要。公民学课堂应该展现这种包容。《力争上游：理解白人为主学校中少数族裔学生的教育需求》（DfES，2004a）、《接触与参与英语学习：针对将英语作为第二语言学生的教学》（DfES，2002a），这些文件的出台非常有益，每个认识到在实现包容中存在着语言壁垒的公民学教师都应该熟悉这些文件。如果教师能够采取其中的一些基本策略，他们的课堂将会成为每个人都能发声的民主场域。向儿童提供一些恰当的语言运用训练，比如造句，能够使他们给出多语词的答案。比如，我们可以向儿童提供"我不同意这一点，是因为……"或"富国应该施以援手，因为……"或"我们应该尊重……"等句子，如果教师和其他学生提供了良好的语言运用模式，将会为那些力图将英语说得更加流畅的儿童树立可以效仿的典范。要使学生学会团队合作，而不是简单地设想每个人都知道如何参与讨论。在团体对话中所扮演角色的阐释，能够为成功的讨论开辟道路。

预先讲授词语并提供针对关键词的视频资料，是促进包容的另外一种方式。有时，某些教师缺乏耐心或过于关注课程的进度，而没有给将英语作为第二语言的儿童留下充足的"思考时间"（thinking time），或者考虑到他们在表述答案之前对此进行思考的特殊需求。与之相关的是预先阅读文本以及允许儿童重读文本的需求。事前将文本的副本发给学生以及辅导他们学习的成年人（这也许是文本所强调的重要方面），是促进包容的另一种策略。我们珍视他人的方式是同珍视其语言的方式联系在一起的。在语言方面，难民委员会为学校生活提供了很多可资利用的重要词语，诸如阿尔巴尼亚语、库尔德土耳其语、库尔德索拉尼语、波斯语、撒玛利亚语、阿拉伯语与波斯尼亚语。珍视儿童的母语并且在公共语境中赋予其相应的地位，是保证这些儿童得以发声的另一种途径。

（三） 教师的观点与声音

我们不应该忘记，教师的声音是课堂里最经常听到的。当在课堂上讨论具有争议性的伦理、社会、政治或宗教议题时，随着讨论的热情不断升温，学生通常会想知道教师的观点。教师是否应该表露自己在这些争议性问题上的想法，告诉学生自己所相信的观点，这一点是值得思考的。对于教师而言，保持价值中立的立场是不可能的，教师的信念不可避免地对教学产生影响。但是，教师是否应该故意地、有意识地表达自己的观念，这是另外一回事。公民学教师在当代议题上都有着强烈的个人观点，而是否像"媒体宣传"（air-time）一样赋予教师在这些问题上的权威性立场，则是值得商榷的问题。一个教师的世界观能够不经意间暴露出他（她）的信念（有关儿童的、学科的以及生命中重要的事项），好奇而具有洞察力的儿童通过长时间的观察，使得这些信念不可能长久地得以隐藏。问题也许是，教师在给定议题上的观点如何明确地被包含在课堂教学中。

最近荷兰所进行的一项研究，为教师提供了一些有益的指导。沃格勒（Veugelers）认为，教师在他们的教学中总是会表达某些价值观（Veugelers，2000，p. 39）。在涉及特定的、承载着价值观（value-loaded）的议题上，他们通常会有以下选择：

A. 教师不表达自己的价值观；

B. 教师明确地表达自己觉得重要的价值观；

C. 教师不表达自己觉得重要的价值观，而是强调价值观方面的差异性；

D. 教师既指出价值观方面的差异性，又表达自己觉得重要的价值观。

根据这项研究中的学生的看法，选择 D 项是教师们最为通常的做法，他们更加倾向于自己的老师这样做（*ibid.*，p. 44）。在我们看来，这种态度是真诚的，因为学生们如果能够认识到教师的观点，他们便能够对教师的说法和做法作出一定的过滤。在所有的学校中，教师都应该认真地确保他们站在法律的框架内。如果教师所表达的观点与儿童所在家庭的观点之间存在冲突，此时就有必要保持相应的敏感。教师作为参与者而不是公正客观的裁判员，这种模式可能是现实的与可持续的。

五　讲授争议性议题

安德鲁·怀特认为，当前，缺乏一种持续的传统来解决任何给定的、具有争议性的情境中的内在紧张关系，以此作为批判性教学的起点（Andrew Wright，2000，pp. 131－132）。很明显，对争议性议题进行探索，能够促进个体在一个多元社会的语境中对自己的观点进行批判性反思。尽管学生应该表现出对他人的尊重和宽容，但是宽容与共识并不是一回事。多元民主社会里需要宽容许多各不相同的观点，指出这一点是非常重要的。如果要在公共学校中教育来自不同背景的儿童，而不只是表达主流价值观或者大多数人的价值观，这一点是很重要的。我们认为，"在面对争议性议题时，学校不只是支持某种特定的世界观而是采取一种中立的立场，这一点非常重要"（Halstead，1999b，p. 131）。

事实上，"拒绝支持任何具有争议性的善观念以及对平等尊重的强调"，被认为是"自由主义教育的两大主要信念"（Halstead，1999b，p. 132）。承认多元社会中存在着人们彼此之间充满歧义的议题，这一要求与自由主义教育的两大主要信念之间是一致的。在堕胎、安乐死、死刑、猎狐、吸毒、同性婚姻、避孕、肉刑、欧共体以及其他议题上，社会中存在非常不同的观点。我们已经提出，公立学校必须在争议性问题上尽可能地采取一种中立的立场。但是，公民学教师有必要意识到，这种路径本身也是一种特定的意识形态立场。"对文化中立性或寻求所有文化之共同基础的诉求，其本身就是一种文化立场"（Halstead，1995a，p. 268）。在公民课中，儿童要逐渐认识到在讨论争议性问题时应该关注所有公民的需求，这一点很重要。如果所有公民的权利都要得到保护并且通过学校里公民身份的研究得到促进，那么理解大部分人的信仰和价值观不应该强加给少数人，这一点便是我们民主社会里公民教育的核心特征。

第九章　儿童如何学习价值观

在第八章中，我们提到了教育标准局对专门的公民课程的明显偏好，同时也引述了总督学的观点，即国家课程中的公民学既不是"学校的运行方式或精神气质"，也不是"某些学生对课外或社会活动的参与"（Bell，2005）。当然，将这一点置于本书第三章所谈到的公民教育的第一个目标——"塑造知情的公民"——的语境中，便可以理解其中的意义了。即使通过一种系统的方式来了解刑事司法制度的运作机制，以及通过学校议事会、慈善活动或体育活动来了解当地政府的复杂性，学生们对这些问题的认知还是十分缺乏的。既然公民学被定义为一门需要掌握的特定知识体系与整套技能的学科，教师又具有与这门学科相关的专门知识。因此，探寻有关这些知识和技能最有效的、最高效的传授方式，就成为大家关注的主要话题。这并不意味着我们主张一种让学生消极接受的狭隘教学路径。相反，教师要采取多样化的教学风格，尤其是积极学习、合作性学习以及一系列策略，包括邀请嘉宾、利用计算机软件、小组讨论、引导性的角色扮演、模仿、统计分析、讲座、辩论、问题解决、撰写报告、头脑风暴、团队协作、信息搜索、阅读、批判性分析与调查等。公民教育并不预设某种教学风格，但是，它必须切合主题，饶有趣味，并且能够激发学生的兴趣。比如，EP-PI① 最近出版的《有关公民教育对学校教育影响的评论》中建议，教师应该亲自实践并探索教学方法，在每堂课一开始就使他们意欲达到的学习目标明确地呈现出来，鼓励学生们提出他们自己的问题而不只是简单地回答那

---

① EPPI，全称为 the Evidence for Policy and Practice Information（决策与实践证据信息与协调中心），是伦敦大学教育研究所社会科学研究中心的一部分。该中心致力于方法学研究，并对那些进行公共决策、实践甚至个人决策的需求者开放研究结果。——译者注

些准备好的问题，引导学习者参与结构化的自我评价（Small，2004，p. 8）。这些毫无疑问都是没有问题和争议的。

但是，公民教育的第二个目标——"塑造积极的、忠诚的公民"和第三个目标——"塑造自治的、具有批判性反思精神的公民"，提出了更为复杂的问题。正如我们在第二章中所看到的，这些目标都是根植于态度和价值观的。但是，我们对儿童获取价值观的过程所知还相对甚少。最近几年，尽管开展了许多探索教学过程的大型研究项目，包括由经济与社会研究委员会（ESRC）资助的项目，但是，这些项目几乎都无法提供与儿童如何学习价值观相关的研究证据。这里的价值观既包括与公民教育相关的公共价值观，也包括与道德教育相关的私人价值观。一项针对9~10岁儿童性价值观发展的小规模研究计划指出："家庭、媒体、隐蔽课程和同辈群体（可能也包括宗教组织）是儿童性认知的主要源泉。"（Halstead and Reiss，2003，pp. 41 –48）而学校的主要作用有三点：第一，支持社会上共享的价值观，从而有助于抵制儿童从别的地方择取极端的观点与价值观；第二，填补儿童知识和理解力方面的漏洞，包括他们对核心价值观的理解；第三，当儿童试图思考那些对他们的经验发生影响的各种因素时，帮助他们选择一条理性的道路，并且通过批判性反思的过程，逐渐形成、建构和发展他们自己的价值体系（*ibid.*，pp. 41 –48）。

1988~1990年在美国芝加哥开展的"学校道德生活计划"（The Moral Life of Schools Project），集中探讨了教师和学校影响儿童与青少年道德价值观发展的直接与间接因素（Jackson *et al.*，1993）。这一民族志学的研究（ethnographic research）揭示了道德思考如何渗透在学校生活的各方面并成为学校特有精神气质的一部分。教师所作出的每一次演讲、行动、回应、决定和手势，都可能在传递着某种道德信息。这项研究对典型课堂情境进行了详细的、非常合理的分析与阐释，这些情境凸显了道德学习发生的复杂机制。然而，这项研究所提出的问题，与它所解决的问题一样多。因为，如果果真如研究报告中所述，教师的道德影响力是广泛和普遍存在的，那么，教师就有责任将这种道德影响力提升到意识层面（杰克逊等人认为它通常隐藏在隐蔽课程中），并且更加详细地探索儿童如何学习美德和价值观。

自柏拉图开始，道德与公共价值观是否能够通过直接教学或指导习得的问题就一直困扰着哲学家们。本章将就这一议题继续进行简略的思考，然后转向对儿童学习价值观的其他三种方式的考察。这四种方式包括——通过直接指导来学习价值观、通过观察来学习价值观、通过参与和行为指导来学习价值观、通过批判性反思来学习价值观。

一 通过直接指导来学习价值观

关于"品格教育"（character education），我们曾在第三章对其进行了简短的讨论。品格教育目前是美国最普遍的道德教育模式之一（Lickona，1991；Kilpatrick，1992；Wynn and Ryan，1992；Molnar，1997），并且逐渐在英国流行起来（Farrer，2000；Hawkes，2001）。品格教育的目标是传授美德（而不是有关美德的知识），塑造儿童的品格，培养积极的、忠诚的公民与道德主体。而它主要是通过直接指导来达到这个目标的。品格教育建立在两个核心理念上：第一，存在着"广泛共享的、客观的重要核心伦理价值观……它们构成良好品格的基础"（Lickona，1996，p. 95；参见 Bennett，1993）；这些价值观可能包括自律、诚实、责任、勇气、忠诚、宽容、守法、爱国等品质。第二，在当前道德滑坡以及反社会行为不断增加的环境下，如果教师不通过一种直接的、毫不含糊的方式将这些核心伦理价值观提供给儿童，就是一种失职行为。相对于"缺乏对含有特定道德标准内容给予充分支持"（Pritchard，1988，p. 470）的方式（比如道德推理），这种有关正当与错误（据说是）之标准的直接指导方式，在家长和政治家中得到了更为广泛的支持。尽管它面临着很多的批评，比如，这种方式强调服从却牺牲了批判性反思的精神（Nash，1997，p. 31），再比如，它具有非法的、非民主地对个体进行塑造的嫌疑（Gutmann，1987，p. 36；参见 Purpel，1997）。在公民与道德美德方面系统而明确的直接指导是最有效的。这种指导不需要设置独立的课程，且能够整合到现有的课程之中。尤其是从历史与文学中撷取的故事，被看作讲授美德的有效方式。基尔帕特里克就提供了有助于儿童品格发展的 120 本书（Kilpatrick，1992，ch. 15）。指导的过程可以包括"道德内容的可视化展示"（Jackson *et al.*，1993，pp. 8 - 9）、对国家英雄以及其他展现某种特定美德人物的研究，包括正式讲授、讨论、问题解决、合作性学习、整合性主题学习等。最后，这种方法还可以如杰克逊等人所说"将道德评论自发地插入到正在进行的活动中"（*ibid.*，pp. 9 - 11），换句话说，就是暂停计划中的课程，对某个突然出现的道德议题进行讨论，这些议题通常涉及对某个学生行为的赞赏或批评。

但是，通过这种直接指导的方式来发展对道德或公共价值观的认同，是否可能呢？这个问题完全不是如亚瑟与莱特所说的找到一种讲授正当、权利、义务等抽象原则的"具有适切性与想象力的方式"这样简单（Arthur and Wright，2001，p. 73）。这些问题是更具基础性的问题。一个人可以像指导儿童学习物理学、游泳、驾车那样，指导他们获得对善的认识吗？在一篇名为《美德是否可教？》（标题正好是从柏拉图那里借用过来的）的重要文章中，赖尔认为，美德既不是一种知识与信息，也不是一种技能与水平，用"指导"（instruct）这个词语是不恰当的（Ryle，1972）。无论如何，不存在能够在美德方面提供这种指导的专门的教练、教官、示范者、演讲者或其他专业人士。美德，如果一定要学习的话，必须通过一种不同的方式来进行学习。在《我们能够教儿童成为好人吗？》一书中，斯特劳恩区分了"教什么"（teaching that）、"教如何做"（teaching how）、"教会去做"（teaching to）三者（Straughan，1988，pp. 105 - 112）。"教会去做"是公民身份与道德教育的核心，因为对于儿童而言，其目的是学会像一名好的公民以及道德主体那样去行动。但是，正如斯特劳恩所指出的，没有一种教学方法"能够保证培养合适的动机以及后续的行为"。因为很多时候，儿童是自由的主体，他们"能够接受或拒绝那些教的东西"（1988，p. 112）。于是，赖尔得出结论，当我们在问美德是否可教时，我们其实问了一个错误的问题。我们应该问"美德是否可学？"（Can virtue be learned？）因为它不是一件关涉指导的事情，更多的是"有关成长过程中的任务与困惑"（Ryle，1972，p. 446）。他建议，在事关道德的问题上，我们"首先通过他人的行为来学习，然后通过他人的训练来学习……最后通过我们自己的训练来学习"

（*ibid.*，p. 437）。用当今的行话来讲，我们要通过观察、通过参与和行为指导，通过批判性反思来学习。

二 通过观察来学习价值观

儿童在学校中会观察到很多事情，有些事情需要他们有意识地进行学习，有些则不需要。但是，所有这些事情都可能有助于发展他们对世界、对人本身、对善恶及对错之性质的理解。在这一部分，我们将着重探讨儿童如何通过观察教师、学校礼仪、学校环境、学校精神气质、学校行动中的民主来学习价值观。

儿童通过模仿他人的行为方式可以学到很多东西，这种方法也能发展信任（Applebaum，1995）、尊重（Tierno，1996）等品质。儿童在生命早期就建立了对父母及兄弟姐妹行为的模仿模式。随着年龄的增长，他们也会将同辈群体或者媒体人物作为其角色模型。他们会对教师所提供的榜样给予密切的关注。杰克逊经过多年的课堂研究，得出结论："除了父母的教养之外，我想不出有其他社会安排会如模仿一样，在教育活动中产生如此广泛而深入的影响。"（Jackson，1992，p. 404）当然，教师的角色同时也暗含着影响学生的力量（Hansen，1993a，p. 668）。既然价值观是内在于教育活动中的，那么，学生就不可能完全避免教师价值观的影响，即使教师并不将树立某种道德榜样作为其角色的一部分（Carr，1993）。事实上，研究表明，教师对学生的道德影响通常发生在学生毫不知情的情况下，甚至有可能发生在教师对他们自己行为的道德后果也毫不知情的情况下（Jackson *et al.*，1993，p. 2）。对儿童间接的道德影响深深根植于学校的日常生活中，它既可能存在于正式的教学活动中，也可能存在于课堂上偶然的互动中（Hansen，1993b，p. 397ff）。这种道德"课程"（moral "lessons"），只有通过仔细观察学校的日常生活以及逐渐浮现出来的共识与价值观，才能得到理解（Hansen，1992）。深究起来，这个过程也是复杂的。因为同样一件事情，可能对某个观察者来说具有道德意义，而对于其他人来说则刚好相反（Hanson，1993a，p. 669）。这一点可以通过杰克逊等人所说的"表现型道德"

（expressive morality）来加以特别说明（1993，pp. 29 - 42）。杰克逊等人所指的并不只是教师的面部表情和姿势，而且也包括教师所激发出来的信心、信任，教师所体现出来的友好氛围与个人诚信，以及教师通过日常生活和教学风格（包括及时的反馈、充分的准备和对学生作业的仔细批注）向学生传递信息的方式。课堂教学中明确呈现出来的道德意义，通常是"教师自身人格的外在表现或具体化，而它所包含的内容远远超越了自我意识的意图"（Hanson，1993a，p. 671）。

公民学教师可以通过很多不同方式来为学生树立榜样。人们可以合理地寄希望于公民学教师，希望他们对自己所从事的学科展现出热情与忠诚，并作出相应的表率。他们更应该在校园内外展示出与学科的价值观相一致的行为。这既包括在良好的感知力、平衡的判断力、智慧与成熟方面作出榜样，同时也包括在公平、正义、执行纪律和校规方面的公正，以及宽容、尊重法律、对多样性的接受等公共美德方面作出表率。学校政策主张中表达了对机会平等、包容的支持，以及对种族主义、性别歧视、少数族裔歧视的反对。教师个体的行为应该体现支撑这些学校政策的价值观，使学生不会在学校政策的高调宣传与学校真实生活之间，感觉到存在某种执行的漏洞。从一定意义上说，教师在向学生传递着一种"遗产"，一种"感情、情绪、形象、视域、思想、信念、理念、理解、知识与实践的旨趣、语言、人际关系、组织、行为的信条与准则、程序、仪式、技能、艺术品、书籍、乐曲、工具、工艺品、器皿"（Oakeshott，1989，p. 45）的遗产。正是教师的榜样作用，带领学生进入这些遗产之中，成为完整而独特的人。

也有人期望教师不应该只是在课堂上"表现出良好的行为"（Jackson，1992，pp. 403 - 404）。如果教师要真正树立一种道德榜样，还应该成为某种特定类型的人，这种人也许要优于普通人（Carr，1993，p. 206）。这也许是一种不切实际的期望，但至少教师应该对他们的影响力进行反思。这种反思包括对学生人际关系的反思，对学生期望的反思和对学生所珍视的品质的反思。有调查表明，在童年早期或者中期，与教师建立一种安全的、支持性的人际关系至少能够部分地补偿亲子关系方面的不安全因素（Elicker and Fortnerwood，1995；Werner and Smith，1992）。英国的莫利调查发现，

78%的成年受访者认为，教师为年轻人提供了良好的榜样（SCAA，1996a）。然而，一项以对美国青少年的访谈为基础的研究却发现，只有9%的学生认为教师对他们的生活产生了影响（Csikszentmihalyi and McCormack，1986）。有证据表明，儿童最容易受到那些身上具有他们所钦佩品质的教师的影响。这些品质包括宽容、坚定而公平、以合理的方式来行为以及积极作出解释的意愿（Hayes，1993）。而对于年龄稍长的学生而言，这些品质包括尊重和不带成见（Rhodes，1990）、温和有礼（Haberman，1994）、对学生需求的敏感及回应（Kutnick and Jules，1993）。

儿童在学校生活中通过观察来学习的另一个领域是学校仪式和典礼。在英国，最具代表性的是日常集会，或称"集体礼拜"（collective worship）。在这些集会中，儿童可以了解当地社区活动，毒品滥用、时事动态、名人生活等道德议题，宗教信仰与实践。集会可以由教师或学生组织，用以庆祝学生所取得的成就，其最典型的特色是力图加强学校作为一个社区的共同感。其他共同的仪式还包括特别日、颁奖活动、运动会、圣诞剧、音乐会、圆圈时间、外请嘉宾演讲、校园剧甚至包括教师进入教室时的起立等。按照杰克逊等人的观点，真正使这些活动具有道德性质的，是它们所力图激发出来的感情，如"自豪感、忠诚、灵感、崇敬、虔诚、悲伤、审慎、感激和奉献"，以及它们号召学生"认同某种事业、社会使命、那些目标和目的超越学生个体兴趣与日常关注的社会与政治共同体"（1993，pp. 6 - 8）。

学校的物理环境是学生在他们每天的学校生活中观察得到的。但是，这种环境所传递的道德信息却可能是微妙而隐蔽的。课堂是贫乏的、阴郁的、令人厌恶的，还是欢快的、愉悦的、散发着鼓舞人心的热情？课堂是井然有序、精心呵护的，还是混乱不堪、备受冷漠的？课堂里的招贴画和摆放的物件是用来赞扬学生的成绩、激发他们的兴趣，还是借助校园规章制度的干瘪信息用来压抑学生的？教室里以及学校中的视觉文化（Prosser，1998）通常呈现出重要的、潜在的信念与价值观，它们象征着学校对学生的态度，是将教师的桌子放在主导与控制的位置，通过桌椅的摆放格局来强化等级结构，还是鼓励学生在适当的时候移动他们的椅子，从而促进讨论中的民主参与（参见 Cunningham，2000，p. 135）？学校中更广泛的环境也能够传递类似的信息。一名作家描述了一群儿童因不满学校"狭小局促的操场"成功地说服"一名议长支持他们的操场改造计划"的过程（Claire，2001，pp. 109 – 110）。

学校的物理环境只是学校整体精神气质的一个组成部分。学校精神气质曾经被描述为"一个指涉弥漫在学校中的氛围、气氛或风气的不确切概念"（Halstead and Taylor，2000a，p. 17）。就广义而言，这个概念包括领导风格、团结感、学校中人际关系的性质、社会互动的主导形式、教师的态度与期望、教师的士气、学生的士气、解决冲突的方式、与家长以及本地社区的合作关系、沟通模式、学生对学校事务的参与程度、纪律政策与程序、反欺凌与反种族主义的政策、管理风格、学生的意见被倾听与被尊重的程度、操场上的行为与学校通勤的方式、权力结构、政策程序以及学校潜在的哲学与目标。美德与公共承诺的发展要达到一种繁荣的状态，需要有一个实际的人类语境。而学校整体所呈现出来的多姿多彩的精神气质对于促进这种发展，具有巨大的潜力（John and Osborne，1992；Mellor and Elliott，1996）。从一定意义上说，学生可以将学校视为国家的缩影。教职员工代表着政府，学生代表着公民，校规代表着法律。当学生在观察（并且参与）学校的文化、环境与精神气质时，他们不只是在学习作为学校共同体的一员该如何生活，而且是在学习作为一个公民该如何生活。

与学校精神气质这一概念紧密相关的是隐蔽课程（hidden curriculum）。很早以前，人们就已经认识到，儿童在学校中所学习的很多东西，都不是教师在显性课程中有计划传授的内容，尤其是价值观和态度可能更容易通过这种方式来"撷取"（撷取而不是讲授）（caught rather than taught）。过去，基于家长们可能在与价值观相关的问题上具有广泛一致性的假定，我们可能使这种价值观的间接传授保持在隐性的层次上。但是，社会范围内价值观多样性的不断发展迫使学校对潜在的价值观问题进行更加仔细的反思，更明确地将其表达出来，并且将他们对儿童的间接影响带入意识层面。这种反思的过程带来了对学校中既有权力结构的审视，比如那些教师们可能希望改变的方面。这种反思也激发学校变得更加具有关心的特征（Best and Curran，1995），更加注重培养未来自信的、负责任的、积极的公民。

最近几年，学校为学生所提供的观察学校行动中民主的机会及其对儿童发展的影响，这一点正在成为很多学校日益关注的问题。如果学校要促进社会范围内民主的健康地、公正地发展，那么儿童就不应该只是在头脑中学习民主价值观，而必须在内心深处学习它。这就意味着，学校必须更像民主体制那样运行。这并不是说儿童必须直接参与学校的每个决策，而是说他们必须有机会观察行动中的民主（比如，观察家长以及其他利益群体参与学校政策的辩论，重大决策不是由校长而是由全体教职工共同作出），而这"隐含着对学校权力关系的一种重新审视"（Osler and Starkey，2004，p.153）。一个专横校长的行为，有可能轻易地解构学生在公民课中所接受的参与式民主的价值观。正如克莱尔所指出的，"如果儿童在学校中被专横的成年人欺凌、管理、差遣、呵斥，体会不到任何尊重，这样的学校是不可能实现所谓灌输民主理念的目标的，也不可能声称自己提供了体验公民身份的机会"（Claire，2001，p.107）。学校生活中一种真正的民主氛围意味着，学生"对于学校的组织管理和运行方式拥有一定的话语权"（Kerr et al.，2004，p.3），这可能包括参加有关校规的制定，甚至有可能参与新教工的面试小组。但是，如果认为学校能够成为一个完全民主的所在，"在这里每个人都拥有同等的话语权和投票权"（Claire，2004，p.93），那就错了。学校倾向于加强核心权力的控制，管理层对决策负责，而学生有时缺乏作出明智决策所需的理解力与经验。杜威曾经说道："民主不只是一种政府管理的形式，它从根本上说是共同生活的一种模式。"（Dewey，1916/2002，p.101）如果他说的是正确的话，那么仅仅观察行动中的民主可能还是不够的，儿童可能还需要参与某种形式的民主行动，从而更好地理解公民的权利与责任。

三　通过参与和行为指导来学习价值观

如果人们要在游泳中学习游泳，在骑自行车的过程中学习骑自行车（这些都必须有一个已经学会的人进行严格指导），那么我们就有充分的理由相信，人们也要通过类似的方式来学习成为积极公民，比如提供给他们像公民一样行为的机会，并且在此过程中给予指导。同样的，学会道德地行为的最好方式，可能也是提供这样的机会。亚瑟与莱特称之为"体验式学习"（experiential learning）。他们认为，如果学生要发展出民主社会里公民所需的品质与技能，就必须"在他们的生活中发展出一种聚焦于真实社会中真实问题的积极的、协同的、合作性的活动模式"（Arthur and Wright，2001，p. 85）。这些活动对学生有多方面的益处，可以发展他们的自信心和创造力，赋予他们作为社会成员的归属感，有助于独立、目标感这些积极价值观的形成。体验式学习可以划分为三个主要类型：模仿、参与校园内的活动、参与校园外的课外活动。

既然在年满 18 岁之前学生们不能参加当地及国家的选举或投票活动，如果他们要想获得对这些程序的实际经验，那么就有必要参与一些类似的活动。模拟选举（事实上还包括模拟法庭等其他类似的活动）在学校中正变得越来越普遍（Davies et al.，1999，pp. 98 - 99）。这些模拟活动可能是增强学生对政治运动、辩论、竞选宣言与选举的理解力以及他们对民主程序认同感的有效方式。无论如何，模仿是提升学生对生活中诸多方面理解力的行之有效的方式（只要想想大富翁游戏对增强儿童经济理解力的益处就可以了解这一点）。霍尔斯特德认为很多公立学校中的集体礼拜就可以视为"模拟礼拜"的最好代表，虽然它缺乏"真实礼拜"所必不可少的几个要素（如自愿性与共同的信仰）。

学生在不同层面上参与学校生活的机会正在不断增加。学生包括那些调皮捣蛋的学生，参与学校以及课堂规范的制定（Lickona，1991，ch. 7；Garner，1992），参与操场规范的制定（Evans，1990），有助于从多方面发展他们对公民权利与责任的理解。这也有助于他们更好地理解规范的性质、法律的社会作用以及更广泛的、作为社会生活组成部分的道德原则与共享价值观。同时这也能帮助学生作出与他们的权利与责任有关的正确的、理性的决定，积极面对那些不公正或错误的行为，理解群体责任和自律的必要性，当他们在内心中与各种规范讨价还价时更自觉地遵循规范。最有可能讨论这些规范的论坛是学校议事会（School Council），选举出来的代表有机会通过对学校多方面政策的辩论（和施加影响）更加直接地参与民主程序（Taylor and Johnson，2002）。通过学校议事会，学生不仅发展了沟通以及如何召集会议等其他技能，而且学会考虑他人的意见，并且会意识到自己的行动可能会带来某些改变。然而，学生代表的精英主义倾向，贫乏的协商水平，以及对学校管理层期望议事会更多地考虑服务而不是赋能（empowerment）的感受（Rowe，1996；Cunningham，2000，pp.136－138），可能使某些学生产生一定的幻灭感。朋辈调解（peer mediation）是学生积极参与学校生活的另一种方式。这种方式可以训练学生处理学校中的欺凌、违纪、沟通问题等冲突的能力。有人认为，朋辈调解能够化解紧张、敌意与暴力，能够使学校的氛围变得更加具有合作性，使学生学到更多的技能（Trevaskis，1994）。在许多促进儿童关怀态度发展的举措中，朋辈调解是其中之一（Lickona，1991，ch.16；Noddings，1992，1995），它同时也具有一种长期的效应（Chaskin and Rauner，1995，p.671）。有证据表明，劝告、教导或具体的奖励与赞扬，不可能使儿童形成对他人真正的关心。只有激发儿童通过自己的行为认识到自身作为具有关怀意识和对他人有益的个体时，他们才能发展出对他人真正的关心（Grusec and Dix，1986，p.220）。

校外的社区服务项目能够促进社会准则和价值观的内化，同样也有助于儿童成为更具关怀意识和责任感的人（Battistich *et al.*，1989）。公民学国家课程希望处于关键阶段 3 和关键阶段 4 上的学生"继续积极地参与学校、邻里以及社区的生活"，并且"承担在社会生活中的责任"（QCA/DfEE，1999a，pp.14－15）。对某些学生而言，从处理现实生活中结构化情境里的道德议题（比如在社区服务中）以及调解集体生活中价值观与偏好之间的冲突中所获得的实际体验，可能对他们自身的公民发展具有重要意义。包括运动会在内的课外活动，能够促进学生探索新的角色，学会在一个团队中行动，并且发展领导才能、人际交往技能和冲突解决技能。社区服务项目不仅能够为学生提供"与他人一道共同参与公共服务的具体机会"（Arthur and Wright，2001，p.96），而且有利于在帮助他们学习交际技能、公共美德、相互性准则、合作与信任中，加强社区的凝聚力（Print and Coleman，2003，pp.134－136）。但是，正如克莱尔所说，社区意识不能仅仅停留在上门照顾老人、将零钱捐赠给慈善事业以及与印度的某所学校建立电子邮件的联系上（Claire，2001，pp. 137 - 152）。"乐施会"（Oxfam）、"拯救儿童"（Save the Children）等主要非政府组织的项目，也有助于提升学生对全球范围内的不平等、贫困与歧视现象的认识，同时也能增强学生对草根参与、个体赋能与可持续发展之必要性的认识。

四　通过批判性反思来学习价值观

通过参与和行动来学习价值观，同批判性反思与讨论相结合，可以发挥最好的效果，在这一点上学界已经达成广泛的共识。这其中原因之一可能是，即使是纯粹的经验性行为也与学生低阶的观察性学习关联在一起（Taylor，1994，p. 52）。事实上，公民学国家课程强调了发展质询、沟通、"参与过程中的反思"等技能的重要性（QCA/DfEE，1999a，pp. 14 - 15）。从课外活动与社区服务工作中所获得的情感体验，有助于学生在道德与公共价值观方面的发展。当这种体验与反思日志、针对活动中所提出的道德两难问题的讨论、对个体意义及经验与活动之间相关性问题的反思等认知策略相伴随时，最有可能产生长远的影响（Boss，1994；Rest，1988；Walker，1986）。而学校是提供这些机会的理想场所。在小学阶段，圆圈时间（Circle Time）和儿童哲学（Philosophy for Children）能够发展儿童批判性推理的技能，那些非正式的提问、交流、讨论可能构成儿童日常经验的有机组成部分。在初中阶段，学生逐渐学会发现偏见、参与理性决策并运用广泛的策略对他们自己的经验进行分析和反思。

圆圈时间是一种在小学中日益流行的方法。它给儿童创造了反思他们的经验与情感，澄清自己的价值观，发展听说、提问、假设的技能，发展自我认知的机会（Mosley，1993；Taylor，2003）。圆圈时间是一种具有明确基本规则的、经过精心组织的活动，它倾向于与儿童直接进行协商，不允许任意打断与取笑他人的发言。在圆圈时间里，儿童与教师围坐成一个圆圈，基于平等的立场来分享彼此的观点、体验与情感。一般是将一个物体在圆圈中传递，只有收到这个物体的人才能够发言。教师在活动开始时可能会提出一段引语，比如"当……时，我特别为自己感到自豪"，或者邀请孩子们针对班上所出现的特定问题提出解决方案。每个发言者都有表达个人看法和观点的权利，也都会得到别人带有兴趣与尊重的倾听。圆圈时间有助于形成共同的规则并促进对这些规则的接受，也可以帮助儿童发展同情心、合作精神、具有关怀性的行为、对他人情感的尊重以及对群体或共同体的强烈归属感。它同时也有助于推动儿童情感素质的发展。休斯古与伯恩斯认为，当圆圈时间所内蕴的价值观与学校里总体的精神气质相一致时，它的效果将会发挥到最佳（Housego and Burns，1994）。他们同时也提出，如果要保证圆圈时间的质量，必须杜绝儿童表面应付的现象，必须鼓励他们仔细地思考并以自己所说的话为依据。

儿童哲学是一种促进批判性反思的手段，其目的在于通过苏格拉底式的对话（Socratic dialogue）增强儿童的推理与道德判断的能力（Ross，1996）。它是一种帮助儿童学习讨论技巧、演绎推理、概念分析、定义形成、例证运用等技能并广受儿童欢迎的方法（Lipman，1984，1987）。学生从小说、图画书、诗歌或自己的体验中寻找他们所要讨论的议题，其结果是创造了属于他们自己的课堂方案。然后，引导学生对这些议题进行分析、综合与评价，逐渐进入较高阶的批判性思考。在这些技能的迁移性问题上存在着一些争论，但是这种方法的支持者认为通过对广泛主题的讨论能够提高儿童的思维与推理技能。乔斯坦·贾德的《苏菲的世界》（*Sophie's World*）广受欢迎，从一定意义上促进了这种方法的推广（Jostein Gaarder，1994）。

个体叙事法（personal narratives）是鼓励对个体经验与活动的意义进行反思的另外一种方法（Vitz，1990）。塔潘和布朗认为：（1）个体通过叙事的形式能够赋予自己的生活体验意义；（2）个体主要通过叙事来呈现他们作出道德决定和道德行为的现实体验；（3）个体通过"创作"自己的道德故事来获得道德发展，在他们讲授有关自己体验的故事中来获得道德教训。相较于科尔伯格式的道德教育方法（参见第一章），个人叙述法暗含着这样一种认识，即认知、情感和行为"这三者是具有内在联系的，它们都是道德经验不可分割的基本要素"（Tappan and Brown，1989，p. 187）。在《道德教育杂志》的专题论文中，对叙述问题作出了以下几个方面的探讨：自传与人际关系（Pagano，1991）、种族冲突（Ward，1991）、欺骗（Johnston，1991）、道德冲突与改变（Day，1991）、信任（Attanucci，1991）。叙述法有赖于作者与听众（比如学生与教师）之间的人际关系以及对故事意义的共同建构。这种方法同价值澄清法（参见第一章）具有某些相似之处。但是，即使是那些涉及个人隐私的问题，也能激发道德想象力（Cole，1989）。这种方法主要受到维果斯基和巴赫金的影响。维果斯基认为儿童运用内在的言说来发展自己解决问题的能力，并从他人所制的规则转换到自我建构的规则上来。巴赫金描述了言说的对话性质，它解释了儿童如何通过与成人的对话来建构一种对语词、活动与道德原则的共同理解（Bakhtin，1981）。

交流、讨论、辩论、反驳等其他方法，也有助于学生批判性思考能力的发展。尤其是有关争议性议题的讨论，《公民教育咨询小组最终报告》（the Final Report of the Advisory Group on Citizenship，1998，pp. 8 – 9，27，56 – 61）中曾详细地讨论了这个问题。这些方法为学生提供了努力权衡不同观点，理解事实与观点之间的出入，运用原则，发展推理技能，发现偏见以及鼓动性、情绪性词汇，评估证据的机会，并且为他们自己的观点和决定提供了合理的辩护（参见 Arthur and Wright，2001，pp. 73 – 80）。讨论的方法鼓励积极参与，有助于学生欣赏争论双方的观点。经过教师的精心组织，讨论法还能够推动学生努力使自己的思维与表达做到更加清晰。因此，讨论被视为解决争议性议题的最佳方法（ibid.，p. 75）。科尔伯格及其同事利用两难故事讨论法来促进道德推理（Blatt and Kohlberg，1975）。在他们的方法中，讨论被特别地指向模塑与引发道德发展次一阶段的推理，从而使学生暴露在不同的道德观点中。在学生个体对问题情境的觉知中，认知冲突被激发出来，学生的道德认知得以朝着更高阶段的水平发展。

最后，学生如果要对通过参与社区服务及其他以行动为基础的公民教育路径所获得的经验进行有效的反思，那么批判性思维的技能就是非常重要的。批判性思维被定义为"着重对信念或行为进行合理的、反思性思考"（Ennis，1995，p. xvii）。批判性思维包括解释、分析、评价各种观点与论证的能力，区分错误的假设与结论的能力，评价归纳之有效性的能力，在相关与不相关的信息之间作出区分的能力，洞悉偏见与宣传的能力，不偏不倚地运用证据的能力，评估某个论证之优缺点的能力以及得出合理之结论的能力。这些技能通过各种教育方法，在儿童的整个学习生涯中不断发展。批判性思维方面的技能，也能够通过 OCR（牛津、剑桥、英国皇家艺术协会）考试委员会组织的中学准高级水平考试（OCR Board's AS-Level examination）进行正式的评估。克莱尔（Claire，2001，pp. 112 – 114）认为，批判性思维的目标通常是问题解决或决策，这些都是责任公民与个体道德发展的核心。如果缺乏这些技能，公民课中的知识传授将会变得毫无价值。

第十章　公民身份评价的道德

公民身份的评价，提出了诸多在道德上与实践上都很重要的问题。本章将对这些问题进行思考。根据教育标准局和该领域大量研究人员的观点，评价是学校公民教育中最不令人满意的方面。围绕着公民身份评价所产生的困境，主要来自这门学科的复杂性和广泛性，这门学科的教学方式以及学校开展公民教育的不同模式。道德教育是公民身份至关重要的方面，因为与知识和技能一样，性格与价值观也需要进行教育。我们必须借助对某种特定行为及各种形式的社会参与的评价才能对积极公民身份进行判定，而在这方面始终无法摆脱道德模糊性的困扰。考虑到公民教育既促进了某种行为方式的发展，也促进了价值观的发展，因此，有关这门学科的评价问题就远远不是一件简单的事情。

一　对公民身份进行评价的道德

我们可能还依稀记得柏林墙倒下时的场景。一名年轻的妇女站在墙上，带领集会的人群大声呼喊。她对前共产主义东德的生活状况进行大声谴责，每当说到一个罪状时，人群中就会爆发同样的呼声。这些罪状，正是德意志民主共和国时期被公开命名的、耻辱的、对自由进行限制的清单。正如我们所预想的，这些清单中不仅包括一个强制性的秘密警察国家所具备的一些特征，而且也包括"公民身份"。从某种意义上说，有关公民身份要由国家监管以便控制和评估的任何假设，都需要进行仔细思考。将"公民身份"及其对公民行为的影响控制在国家手中是一个重大举措，这需要我们对以下一些重要的问题进行思考：这种评价是由"真正的人民"（the people

of the people）来评价，还是由所谓的"为了人民的人民"来评价（the peo-
ple *for* the people)？国家有什么权利灌输那些异于儿童家庭的价值观或性格
并对这种行为进行评价？在学校中推进并评价那些与民主的永恒性相关的
价值观，有没有道德上的合理性？是否鼓励儿童对我们的民主价值观进行
批判？学习者是否意识到了公民课中所宣扬的议程，是否要鼓励他们对强
制性公民教育进行自我评估？简言之，评估活动是否将儿童视为公民或
主体？

评价既可以看作对学生与教师都颇具价值的学习过程的一环，也可能
正如我们所看到的，被视为官僚体制进行控制的工具，其目的就在于使不
平等以及异化现象永恒化。显然，评价驱动（assessment-driven）的课程存
在着危险。评价应该支持教学而不是教学的理由。形成性评价完全是合理
的，因为它可以使教师监控每个儿童的进步与成绩。对于评价，最强有力
的道德理由是，它能够帮助教师了解学生的学习状况从而把握自己的教学
进度。在这种情况下，评价就是回应性教学（responsive teaching）的一个方
面（Pike，2004a)，评价是合理的并且代表着教师与学生之间开放的沟通，
评价自身也是公民课的一部分。

对于那些旨在提交报告与问责的总结性评价而言，其道德合理性就显
得更加模糊。那些支持这种评价的观点认为，纳税人为教师和学校买单，
因此后者必然负有公共责任。这种判断是以对教师的成就和有效性为评价
基础而形成的。如果具有相同能力和来自相似社会经济背景的儿童，在一
个课堂或学校中取得了比在另一个课堂或学校中更好的成绩，就能够对管
理者、行政人员、地方教育局（LEAs）以及教师的能力与技能作出判断。
按照这种观点，评价是与权力的行使紧密联系在一起的，判断教师对社会
的价值是以儿童的评价为基础的。这种总结性的、外部的、政府控制的公
民教育评价，用以对儿童和教师施加权力，同公民学课程的许多目标与原
则，可能都不完全吻合。

（一）对公民进行评价的道德

针对任何一种评价，最佳的提问方式之一是"评价的重点是什么"？而

当我们对公民教育进行评价时，这是一个特别好的问题。我们迫切需要弄清评价的目的是什么以及为什么要进行评价。考虑到教师与课程管理者在评价上所耗费的时间以及精力，考虑到考试委员会进行外部评价的成本，考虑到这种评价对学生的影响，我们尤其有必要弄清它为之服务的目标。学校教育在儿童的生活中是一种意识形态的干预，当对这种干预的诸方面进行评价时，同样也承担着意识形态的任务。占主导地位的权力结构、价值体系、世界观能够塑造儿童，同时也孕育了相应的评价活动。具有反讽意味的是，当儿童接受对他们当前的认同和未来的生活有重要影响的评价时，公民教育却传授给儿童有关社会权力之差异的知识，而这刚好彰显着不平等。因此，我们必须对此进行追问，从而加深对公民教育评价之道德意义的思考。既然评价者与评价对象之间的关系是不平等的，前者向后者施加着权力的影响，那么评价模式是否解构了在教学中所提倡的平等价值观呢？简言之，我们在课堂上向儿童所讲授的公民身份，与我们的考试向儿童传递的公民身份，是否存在着鲜明的对比？

在公民学课堂上，学生学习如何在一个"自由的"社会中生活，但是，我们要对义务教育阶段儿童实际体验的"自由"进行反思。我们必须思考，如果在个体的自由权利与通过宣布针对每个人的评判结果从而限制个体自由的评价实践之间存在着某种内在的紧张，那么这种对公民教育的评价是否侵犯了公民的自由？那些标示出成功与失败并且在它们之间作出区分的公民教育评价，对于力求促进包容性之发展的学科而言，可能是不太适合的。如果要对评价的伦理问题进行考察，那么必须对诸如此类的问题进行思考。因为，那些看起来无伤大雅、被定义为"对学生成绩进行鉴定的活动"（Kyriacou，1998，p.102），经常会从一定范围内对儿童的判断，扩展到经过掌权者选择的、与学习活动有关的所有领域。评价的指导原则是将人们与某种设定的"规范"（norm）联系起来，这种行为本身就向年轻的公民传递着权力的信息。对于某些儿童而言，评价和测验诉诸一种竞争法则，只能培养他们在道德上可疑的外在动机（不像内在动机，其价值是与报偿无关的）。在公民教育中，培养竞争意识，过于倚重外在动机，与力求促进自愿服务并且强调某种行为的内在价值，这二者之间可能显得有点自相矛盾。根据一种先验的、与个体发展毫无关联的成就标准，将学生与他们的同辈群体进行比较，这种行为对于强调公民平等之道德价值的、为了公民的教育是完全不合适的。

与当前学校公民教育评价的讨论尤其相关的是福柯的《规训与惩罚》（Foucault，1977a）。这本书提供了与西方民主体制下个体自由有关的考试制度的分析。自20世纪90年代开始，晚期米歇尔·福柯的影响力逐渐提升，尤其是在美国。福柯有关学校教育作用的一般理论，尤其是社会考试制度的理论刺中了我们的痛点，使人们对下面一种得到广泛共识的传统观点产生怀疑。这种观点认为，近两个世纪以来西方人所获得的自由正在不断扩展。对福柯的知识工程（intellectual project），尤其是有关学校教育社会作用的理论做一个简短概述将会是有所助益的，因为在他的理论中对学校评价与资本主义经济的关系进行了详尽的分析。

对福柯来说，权力是"社会机体中隐藏得最好的东西"（Foucault，1988，p.118），权力的影响无所不在。在一个"规训化"的社会里，权力生产很多东西，它生产着现实，生产着客体以及真理的仪式（1977a，p.194）。在学校中，考试与评价行使着对学生的权力。对福柯来说，考试提供了规训权力的某种典范。谈到学生时，教师将会很乐意接受福柯的说法。福柯认为规训的权力生产着主体："如果不对学生行使权力，考试将不能生产有关学生的'真理'，这些'真理'也不能用来实现将学生'置于'社会等级结构中并形塑他们对自身及他人之期望的目的。"（Schrag，1999，p.377）福柯对西方社会过去200年间所发生的社会转型的描述，挑战了人们在这一时期获得越来越多自由的共识性观点：

> 然而，在早期，人民大众是不可见的，现在我们每个人作为个体都变得可见了，但这只有通过那些施加在我们所有人身上的尺度来显现出来。这得归功于考试制度，它使我们在一个等级分明的社会结构中都拥有了相应的位置，而这个社会结构是围绕着规范的观念组织起来的。

（Schrag，1999，p.377）

从事公民教育的教师，有必要思考福柯有关考试制度的理论，因为对他们所从事学科的评价同自由公民在民主社会里的体验是紧密相关的。如果在 18 ~ 24 岁公民中普遍存在着对投票程序的冷漠，这与他们对社会权力结构的观察是有关的。此时在学校中引入一种强制性的公民教育评价，这就是一种"规训的权力"，它可能并非是劝服年轻人投票的最佳方式。结合 21 世纪之初所发生的事件，西方民主体制迫切需要对福柯论断的有效性进行思考。

（二）对价值观进行评价的道德

对儿童在公民身份方面的学习进行评价，是与某种特定政府形式的价值观直接联系在一起的。因为，"在一个民主的社会里，某些道德以及人际间的价值观一定会得到普遍地流行"（Wringe，1992，p. 32）。一门促进学生积极参与民主进程并且力图培养宽容与多元主义精神的课程，必然不会欢迎那些拒斥民主价值观的生活方式。

> 事实上，民主的教育，不管它自身是否承认这一点，都期望并且必然去塑造在偏好、知识以及品格方面支持某种民主体制的人。
>
> （Bloom，1987，p. 26）

政治体制通过培养"那些与其基本原则保持一致的公民"（Bloom，1987，p. 26），从而使自身得以永恒化和合法化。在公民课中，要"引导儿童理解生活在民主——有时称之为'自由'社会中的益处"。但是，教师必须保证"学生要认识到这些益处是什么以及如何利用这些益处，而不只是让他们意识到生活在一个民主社会中有多么幸运，从而缺乏应有的批判意识"（Wringe，1992，p. 31）。

评价儿童对自由民主价值观及其独特属性的理解力是至关重要的。我们可能会教育儿童在商店里行窃是错误的。但正如 Wringe 所说，这种行为即使在一个君主专制或者军事独裁的社会中也被认为是错误的。因此，必须让学生们理解法治的重要性"并不在于它可以制止轻微盗窃，而在于防止任意逮捕、不公冤狱、乱闯私宅、非法搜查、滥用权力等行为"(Wringe，1992，p. 32)。在英国的民主体制下，重点强调对政府权力的制约并限制政府对我们生活的干预，学生应该认同这一点，即"政府的责任是建立一个以这些权利为圭臬并致力于保护这些权利的法制体系，而对那些在生活意义问题上持不同观点的社会成员来说，政府自身应该保持不偏不倚的立场"(Beck，1998，p. 75)。先前的研究也表明(Halstead，1995a，1999a；Pike，2005a，2005b)，一个自认为是自由和宽容的民主体制，也可能非常容易歧视那些对大多数人的观点与价值观持不同看法的人。"宽容原则"以及"只要不对别人造成伤害、人们都有选择自认为良善的生活方式（包括那些我们自己可能完全不同意的生活方式）的权利"(Beck，1998，p. 75)，学生对这两点的认同也能够在公民教育中进行有效评价。

在评价学生对民主的理解时，注重对不同见解的欣赏，这一点也是非常重要的。在学生对自由民主的理解中，应该包含着"对个体自由以及每个人选择自身有关良善生活观念权利的明确评价"(Beck，1998，p. 75)。对儿童的价值观进行评价，隐含着对儿童所属家庭与社区价值观的评价。因此，自由民主社会里的很多教师与教育者对此也可能感到非常担忧。事实上，已经有人指出：

> 低质量的评价，只关注对学生或他们所属的家庭、社区、文化群体的态度与信仰的判断，而不是评价对于那些扭曲公民教育目标并且因为种族、性别、残疾或性取向而对特定群体产生歧视的价值观，学生的认知与理解是否取得了进步。
>
> (Arthur and Wright，2001，p. 127)

这里所说的"进步""认知""理解"，在公民教育评价中是合法的领域。但是，"判断学生的态度与信仰"则是不合适的。因为这种判断与"具有多元文化的自由社会"里的价值观是不相适应的。从另一方面来说，其他人可能会问，别的文化中难道没有引发指责以及大多数人都会拒斥或至少是批评的方面吗？应该指出的是，我们自己的文化中也存在很多会引发某些公民指责的方面。在一个自由民主社会里，不管最后大多数人是否对这些方面持拒斥或批判的态度，我们都必须充分考虑少数人的反对意见。

在评价儿童对民主价值观的理解时，对他们批判自己社会的能力进行评价从而达到改进教学的目标，这一点也是很重要的。教师应该引导这种理解力的发展，从而让儿童认识到，"一个似乎很完美的民主社会，也可能在生活境遇与政治影响方面存在着显著的不平等"（Wringe，1992，p. 31）。当评价儿童对自己所处社会的价值观的理解时，我们发现儿童会经常感到：

> 不管是政府、权力集团，还是个体，可能都不会充分关注最少影响力者的诉求。大部分人将大部分时间都花在他们无法掌控的机构上。因此，从现实的层面上说，他们生活的绝大部分是受制于那些无论如何不能称之为民主的体制的。
>
> （Wringe，1992，p. 31）

民主制下的公民可能也会遭到剥削。相较于一个开明君主专制下的臣民，一个民主社会里的公民在处理自己的日常事务中可能会体验到更少的"自由"。引导学生对经济力量如何制约公民自由的问题进行思考是很重要的。那些贫困的、不识字的或缺少必要技能的人，经常会发现他们在"自由"国度里并没有体验到自己所渴望的自由。

如果要在学校中对公民教育进行评价，我们必须鼓励公民对民主价值观进行批判性评价，鼓励对这些价值观与公民自身价值观的一致程度进行反思。教师能够评价儿童对自由观念的理解力，这种自由的观念"应该作自由主义式的理解，它包括免于匮乏、恐惧和不安的自由，同时也包括免于约束的自由"（Wringe，1992，p. 32）。一个社会或一个人所拥护的价值观，不论它在社会活动或个体行为中是否得到彰显，都应该成为任何一门公民身份与道德教育课程持续反思的主题。儿童似乎具有发现伪善的内在潜能。在对价值观与行为之间的关系进行反思的公民课中，这是一种完全合法的评价能力。

（三）对积极公民身份进行评价的道德

在《学校公民教育与民主教学》（AGC，1998）中，对公民教育的根本性质进行了总结。这份报告非常明确地揭示了这种教育的目标，即"促进本国政治文化的转变"，使人们"将自己视为积极公民"并且"自信地探寻新的参与形式并开展自我行动"（*ibid.*）。前面已经提到，克里克报告中"对公民责任与权利以及社区活动价值观的强调"（*ibid.*，p.4）非常具有时代价值，它与 1979 年后新工党上台后的撒切尔议程（Thatcherite agenda）是一致的，这项议程同样也强调公民权利与责任。新工党更加注重发挥自愿组织和团体的作用，它指出倡导公共服务意味着不是要国家去做什么，也不期求得到什么回报，教会与慈善组织等自愿机构做得越多，国家可能就会做得越少。如果对积极公民身份的强调是这一议程的一部分，那么就有必要对自愿活动不断增长的后果进行探讨。随着自愿服务供给的增加，"有可能限制更具可靠性的救济形式的供给"（Wringe，1992，p.35），最终的结果是使社会中的弱势群体遭殃。从另一个方面来看，无论政府有无提供服务，邻里互助、纯粹的友善行为以及慈善，应该是所有公民的义务，几乎没有人会认为学校不应该鼓励这些行为。

抛开倡导参与的政治议程不谈，将鼓励积极公民身份及自愿服务纳入学校的评价体系中是否合适，在这个问题上也是存在争议的。无论是否符合伦理准则，对这些行为的评价已经在公立学校中存在了。问题的关键在于，这种评价应该以符合一定伦理准则的形式来执行，并且应该吸引那些有能力对自己的行为之于所在社区的影响作出评估的参与者。对公民教育而言，使评价过程民主化是尤其必要的。评价社区参与时，社区成员、教师与学生都应该参与到评价过程中，只有这样才是比较合适的：

> 学生需要具备评价自己所取得进步，从而提升在公民教育方面成绩的能力，他们还需要具备通过关键阶段的学习收集自身所取得的进步与成绩之证据的能力。教师与学生一道，也应该共同享有对评价过程的所有权。教师还有必要将社区合作者、学习顾问以及其他同事等

评价主体，吸引到评价活动中。

（Arthur and Wright，2001，p. 127）

交流是公民课程的核心。相对于其他学科，公民学涉及更多的小组讨论。因此，公民学课堂上的师生应该知道如何对小组讨论过程中以及经由小组讨论而形成的理解与反思进行评价。引导学生通过小组讨论来对行为进行反思，与公民教育的目标是非常契合的，因为学生需要对自己的行为进行评估。

我们总是建议教师不要坐等学生在学习方面的问题不可避免地暴露出来，因为"教学监控应该是探究性的、积极的，从这个意义上说，教师应该积极地探索学生当下的理解力与存在的困境"（Kyriacou，1998，p. 108）。但是，在公民教育中，教师应该与学生一起来进行这种探索。公民教育的这种评价方法与专业标准文件《合格教学》（*Teacher Training Agency*，2002）所描述的内容是一致的。在这份文件的第三部分第二节"监控与评价"（Monitoring and Assessment）中，对有关学生参与评价的问题进行了非常明确的阐释。实际上，从事公民教育的实习教师，要获得合格教师资格（Qualified Teacher Status），必须要有明确的证据表明他们"使学生参与到对自己的学习成绩进行反思、评价与改进的活动中"（*ibid.*，p. 10，3.2.2）。

从事公民教育培训的人，在这方面面临着一个特殊的挑战，因为大部分学校还没有为评价学生在公民学方面所取得的进步与成绩做好充分的准备。使年轻公民积极地参与到对他们自己的进步进行监控与评估的过程中，这种新的评价模式在有的学校正在努力推行，政策的影响力在这方面还有很大的作用空间。最近实施的举措"为了学习的评价"（Assessment for Learning）表明，如果儿童要参与自我评价从而对自己的学习切实负起责任，这一点尤其具有价值。当学习者被吸纳到对他们的活动和参与进行评价的行列中，而不是从权威人士那里（在外部评价中，主要是从那些远离学习环境的人那里）被动地接受有关他们成绩的宣判时，这代表着评价过程的一种民主化。

最近，一个研究儿童阅读的著名学者指出："在我们教学的自由主义立场与我们评价的强制性立场之间存在着鸿沟。"（Harrison，2004，p. 18）他主张在评价中运用档案（portfolios）的方法。提问作为一种评价儿童认知的方法存在着很多困难，在关键阶段 3，通过档案的方式来进行评价更加适当。这种方法似乎非常适合在发展学习者思考价值观问题能力的同时，提供反思积极公民身份的证据。相对于考场，档案是进行这种评价的理想场所。儿童在考场中书写有关社区参与的内容，而考场与他们所描述的社区之间是孤立、疏离的，他们只是为了参与那些被视为学校"作业"的活动，而这些活动在很多人的心目中完全脱离了校外实际情况。

我们的评价方式应该适合于被评价的事物。如果档案里所展示的活动，不是为了实现传统的、不适切的任务，而是展示了对公民学国家课程特定学科知识的适当关注，展示了对学习对象的适当关注，那么，档案式的评价系统就会为评价活动所需的关怀意识与想象力提供重要的生长空间。创造性对于公民教育评价来说是必需的。对于档案而言，也需要考虑其适合以及不适合于评价的方面。想象力也是必要的，它能使包容精神注入档案的内核之中。视频日记、与社区成员的访谈等活动，可以与社区项目的其他证据一道，被包含在档案中。仅仅依靠写作等传统的学术评价方式，是很难反映出儿童在积极公民身份方面的表现的。一门像公民学这样具有创造性的学科，应该创造性地进行评价，而对教师而言，要做到这一点既需要时间和资源，也需要想象力。

二 公民身份评价的状态

尽管在当前许多公民身份的评价中存在一些良好的实践，但还远远谈不上具有创造性或想象力。考虑到我们已经表达了对外部评价的保留态度，我们就以如何促进教师评价的问题为例。在对学校承担公民教育的教师进行评价时，存在着不少问题。而当我们从整体上推进评价活动时，有关评价的准确性、评价对于学生的益处、是否要对合理的学科知识进行评价等问题，都需要考虑。同时，也要考虑记录进步历程以及积极公民身份评价的问题。

尽管从 2003 年开始就提出了评价学生的成长、在 9 年级结束时报告他们所取得成绩的要求，但很多学校仍然没有遵照执行。只有"少数学校在这个问题上开了一个好头，这些学校通过制定评价任务、让学生进行自我评价，来推动评价活动的开展"（Ofsted，2005a，p. 5）。很明显，对于很多学校来说，评价只是处在早期阶段，他们并没有达到评价的要求（ibid.）。即使实施了评价，通常也是不令人满意的：

> 在某些学校中，学生在公民学课程方面的写作作业非常少。一些档案中收录的作业也是低水平的，其中包括很多学习清单的完成状况。学生在这方面的表现，通常低于他们在其他学科中所取得的成绩。那些在其他学科方面取得较高成绩的学生，一般是参加此类活动最少的群体。这门学科有写作的需求，学生应该有机会去进行探询和沟通，从而让他们对这些主题进行深度研究。
>
> （Ofsted，2005a，p. 5）

很多学校仍然没有达到在关键阶段 3 结束时对学生公民学作业的档案开展教师评价的要求，这就使学生在这门学科的学习及成绩上面临着危险。因为学生们还不清楚他们是如何进步的，以及怎么加以改进。

在其他学校中，尽管学生在档案中保留了作业，但是，教师依然没有建立可靠的、系统的评价程序。教师批语的质量也不够高，既不能促进学生的发展，也不能准确测量学生的成绩与进步。事实表明，有些学校参加公民学研究生教育证书（PGCE）课程的实习教师，都很缺少可以效仿的良好实践模式。事实上，教育标准局发布的《皇家督学 2229 号报告：针对公民学教师的初始教师培训 03/04》中阐述道："受训者要展示他们是否达到对学生成长进行监控与评价的标准尤其困难，是因为大部分学校仍然没有构建评价学生在公民学方面的进步与成绩的方法。"（Ofsted，2004a，p. 10）选修公民学研究生教育证书课程的实习教师，通常会发现"运用反映学生进步与成绩的记录"来"帮助学生对自己的进步过程进行回顾"（Teacher Training Agency，2002，p. 10，3. 2. 6），几乎是不可能的。因为其中并没有对学习目标进行比较明确的界定。如果学生要同他们的教师一道拥有学习活动的民主共有权（democratic co-ownership），那么他们就必须能够对自己的进步进行评估与评价。而当前学校的制度安排通常是与这种民主评价相抵触的。如果要明确界定和测度学习目标，只能让学生参与到评价活动中，并且对"预定学习目标的实现情况"（3.2.1）进行评估。如果没有做到这一点，那么就会发生这样的情况，即没有人至少不是所有学生意识到自己的学习成绩得到了改善。

提供高质量的学生反馈并且对此进行评价是至关重要的，但是，在什么是良好的公民教育评价这个问题上，仍然需要进行深入研究。尤其是在班主任或不同学科的教师讲授公民学时，或者将公民教育渗透到其他学科中时，这个问题表现得尤为明显。尽管本书自始至终都倡导公民教育的整合，但是，在有关评价的问题上，我们仍然要对学校和教师提出特别的要求。教师需要阅读更多的有关评估任务的案例，应该审阅更多的公民学方面的作业。学校中的公民教育协调者，看起来很少有机会与任课教师一起参与到对学生的评价中来。教师必须使评价目标变得更加清晰和具有可测量性，他们应该对公民学学科特定知识体系进行评价，而不是把注意力放在书信写作（即使是写给当地议员甚至是国会议员的信）所需的文化技能上。如果将同一份作业交由两个完全不同学科的教师来评价，那么属于公民学的特定学科知识体系很容易被承载它的"宿主"学科（host subject）的评价需求所模糊。

同样，当对质询与负责任行动的技能进行评价时，作为独立学科知识体系进行评价的"公民学国家课程"，在这方面也并不一定是合格的。如果教师要以关键阶段的描述来作为判断是否达到相应成绩要求的标准，那么，继续加大培训投入似乎就是必不可少的。显然，评价是学校公民教育的薄弱环节，很少有学校在这个方面取得明显进展。我们应该执行原则性的、形成性的、为了学习的评价（AfL-type assessment），从而使学校不会在获得持续的、有意义的公民教育评价方面陷入困境。学校公民教育的多样化模式，使评价成为一个非常现实的挑战，而学校迄今为止仍然缺乏对公民教育的清晰定义，这显然无助于形成明确的评价政策。

（一）公民身份方面的进步

负责评价的公民学教师所面临的一个问题是，在这门学科中缺乏一种完备的进步模式。当我们对学生在这门学科方面的学习进行研究时，这些模式必然会随着时间的推移而得到发展。这里有关进步的一个案例将会提供某种例证，来证明通过一系列公民学主题的学习，学生在理解力方面所取得的发展。意识到学生的进步，这一点能够给教师带来一种适当的刺激，从而使公民教育变得令人愉悦和引人入胜。同时，这也需要具备批判性反思的能力，而不是对事实的简单反馈。教师必须对不同阶段所要求的知识和理解力有清楚的认识。

如果要处理"法律与规则"的主题，我们可能会期望处在关键阶段1（达到7岁）的大部分儿童能够理解规则是什么、能够遵守这些规则并且理解我们为什么需要规则。要在一个非常简单的层次上，向儿童传递这样一种信息，如果我们没有规则或者不遵守规则将会出现混乱。一些简单的基本规则可以用来作为例证，从而评价儿童对什么是规则的认识能力，理解当他们不遵守规则时会发生什么，并且能够解释我们所有人为什么都需要规则。到关键阶段2（7～11岁），大部分儿童要意识到规则能够为人们及其财产提供安全和保障。尽管在早期（关键阶段1或者之前），儿童在家庭生活中经常会听到这样的话："这不公平。"但是，可能直到关键阶段2，大部分儿童才具备将公平的观点与规则联系起来进行思考的能力。在这个年龄段，我们也能够鼓励儿童在更广的社会视域而不是仅仅局限于在自己直接的环境里来思考规则问题。在关键阶段2，可以就违反社会法律的后果进行讨论，也可以讨论惩罚犯罪的方式。这可能会使儿童在讨论罚款、监禁的同时，关注到犯罪受害者的遭遇。在这个阶段，也能够对如何参与到警察局、法庭、陪审团、法官的活动中进行探索。

当我们评价儿童对关键阶段3上主题的认知与理解力时，可能会合理地期望能就他们对于法律过程和刑事司法体系的理解进行评价。相对于关键阶段2，这个阶段上的儿童，大部分能够对法律如何制定包括自愿团体的影响、议会的功能等问题进行更加复杂的分析。在初中，儿童通常会接触到法案处理过程以及御准（royal assent）过程的知识。他们会就某些地区性法案，如针对青少年的反社会行为令（Anti-Social Behaviour Orders）和宵禁令进行思考。我们也可以对他们描述犯罪行为发生后的情况——如处理违法者的方式以及他（她）接受处理的程序——的能力进行评价。还可以对关键阶段3上的学生对与年轻人有关的法律知识的掌握情况进行评价。他们应该了解达到多大年龄才能参加一定时数的工作、所享有的获得报酬及工作环境的权利。我们也要评价学生对于什么年龄段何种形式的性行为是合法的、药品的不同级别等法律知识的掌握情况。要成为知情公民，学生必须具备相关的知识与理解力，这应该包括："支撑社会以及刑事司法体系运行的法定的人类权利与责任，及其二者与年轻人的关系。"（QCA/DfEE，1999a，1a）

关键阶段4的儿童，能够对他们掌握"支撑社会运行的法定的人类权利与责任及其二者与公民的关系，包括刑事及民事司法体系的作用与运行方式"（KS4 1a，Programme of Study for Citizenship）的状况进行评价。年轻人对民主社会自由观念的理解，包括他们对法治的理解，也可以进行评价。我们亦可以对法律在地区、国家、全球范围内的运用以及联合国在争取人权方面的作用进行评价。学生对卖酒、性行为、种族主义、毒品、旷课等社会热点问题相关的法律知识的掌握情况等，也能够纳入到关键阶段4的评价体系中。到了10~11岁，我们可以就学生是否在遵守法律的原因及后果问题上形成了更加成熟的理解力与鉴别力进行分析。另外，也可以就自然法进行讨论，对道德与法律之间的相关性问题进行分析。

（二）对关键阶段3上学科知识的评价

当我们对公民学作业进行评价时，人们期望能够在所谓的"公民学国家课程中"发现可以作为评定成绩依据的知识，但通常的情况是，这种知识是非常稀缺的。这在公民学作为一种特定学科知识被别的学科所模糊的情况下，表现得尤为明显。比如，当公民学被列入个人、社会与健康教育（PSHE）的课程计划时，政治素养就很容易被边缘化。在公民学学习方案的导论部分这样写道："当发展质询、沟通、参与及负责任地行动的技能时，我们的教学应该使学生获得成为知情公民所需的知识和理解力并加以运用"（QCA/DfEE，1999a），很多学校所采取的方法是通过多学科的课程使"质询与沟通"这种技能逐渐流行并发展起来。但是，如果不将这些技能置于使儿童成为知情公民的语境下进行审视，公民学学科特定知识体系将会面临被边缘化的风险，这一点是显而易见的。

如果按照课程安排在英语课中讲授公民学，我们将会发现，最后对读写技能的评价会大大超过对公民技能的评价。只用举一个例子就足以说明这一点。9年级（关键阶段3的末期）的青少年，在他们公民学的档案中，通常有一部分内容是要他们写一篇以法律与秩序为主题的信件。所有这些最初看起来似乎进展得比较顺利，尤其是当他们在收集调查信息的基础上形成对某一个公民学议题的观点时（比如，酗酒、宵禁令、禁止商业中心销售青少年穿的连帽衫）。但是，如果要对一封写给某位权威人士并劝服其采取某种特定行动方案的信件进行评价的话，将关注点集中在对公民学目标的评价、而非英语课中 En 3 写作目标的评价，这一点又是尤其重要的。这项任务有可能轻易地转变为一种与信件写作有关的训练，而不是一种展示个体对法律及其修订知识掌握情况的机会。在9年级，这种评价大致可以被划分为三种水平。水平4或水平5是可以阐述某种观点，水平5或水平6是可以提供有关的证据，水平7是可以就某项法律的修订提出相关的建议。在评价一开始，就让儿童意识到这些简单的目标，有助于他们明确对自身的要求。用非传统以及较少学术化的方式来评价公民教育，尤其是自由地运用档案的方式来评价公民教育时，很多具有想象力的可能性也随之应运而生。视频日记、广播访谈、伴随着压力集团或政党口头解释后续的宣传海报、照片、戏剧大纲以及运用苹果一体机制作的动画，都是让处在9年级末的儿童享受这一评价过程的可能方式。

（三）关键阶段4上对公民身份或公民身份学习的评价

在关键阶段4结束时，评价尤其要针对那些在公民身份学习方面选择了普通中等教育证书短期课程的学生。需要指出的是，普通中等教育证书中的公民身份学习，并没有体现关键阶段4上公民学学习完整的法定方案，指出这一点是很重要的。因此，"标题的选择是非常有意义的，它传递着这样一种清晰的信息：即它不是对公民身份的评价，而是对公民身份的某个特定方面与部分的评价"（Arthur and Wright，2001，p. 135）。很明显，公民身份学习不是指"公民学"这一门普通中等教育证书考试的科目。人们可能会认为，这意味着要防止某人在"公民学"或公民质量评级方面失败的可能性。但对于很多人来说，这一点是无法证实的。一旦要开展"公民身份的鉴定"，"作为所有社会成员权利的公民身份，同普通中等教育证书用成绩标准在不同应试者之间作出区分的认证性质，这二者之间就存在紧张关系"（Arthur and Wright，2001，p. 128）。我们已经在本章中探讨了福柯有关考试制度的观点。不要"将学生置于'失败公民'的境地"，或"一开始就向他们关闭成为合格公民的大门"（*ibid.*），这一点是至关重要的。

从道德的立场看，是否应该对所有人进行公民身份方面的认证，这一点是高度可疑的。但是，学校成绩排行榜的影响力会自然而然地导致这样一种结果：那些有助于提升学校在排行榜中地位的学科会被赋予更大的价值。普通中等教育证书中公民身份学习的引入，意味着对强调作为所有社会成员权利的公民身份原初意义与精神内核的某种转变。这对于那些向学生提供这样一门普通中等教育证书课程的学校而言，既有益处，也有弊端。一方面，提供这样一种考试，可能会赋予这门学科相应的地位，并招聘专门的教师队伍；另一方面，它也可能会导致强调的重心由参与和行动向知识和理解力转变。对公民教育非常重视的学校通常会抵制引入普通中等教育证书考试的压力，因为教师们相信对公民身份的总结性评价与公民学的目标与性质之间是不一致的。无论是否引入普通中等教育证书考试，针对学生的反馈应该集中在他们自身的进步上，而不是将他们与别人进行比较。

如果学生们要参与普通中等教育证书考试，他们应该很熟悉考试的要求。在早期的部分普通中等教育证书考试试卷中，倾向于考察学科知识的记忆情况。2004 年英国普通中等教育证书公民身份学习的光学识别阅读器（OCR）试卷中，最开始就是多项选择题。儿童被给出了以下问题的四个可能答案："以下哪一项是压力集团""以下哪一项是地税""全球相互依存的概念是什么？""地方 21 世纪议程的概念是什么？"他们还被问道：

在对某人是否犯罪作出判决时，以下哪个问题是法官应该思考的？

（1）被告人是否有前科？

（2）检方是否能够证实被告人有罪？

（3）辩护律师是否能够表明被告人的行为有合理的原因？

（4）被告人是否对他的所作所为感到后悔？

这里重要的是对公民学国家课程特定的实质性学科知识的评价。在普通中等教育证书考试公民身份学习科目（OCR，2004）中，要求应试者展现他们对可信赖的法律建议之来源以及警察机关执法权的了解情况。这些知识同学生的生活都是直接相关的，所有公民都应该掌握。

2004年普通中等教育证书OCR考试试卷的最后一个问题，要求考生以"个体、群体与政府的行动能够给本地区以及国家带来什么样的改变和发展"为题写一篇论文。题目给出了三份"文件"。第一份文件是摘录尼尔森·曼德拉（Nelson Mandela）的一段话："创造历史的不是国王和将军，而是人民群众。"同时配上了他的照片。第二份文件是摘自玛格丽特·米德（Margaret Mead）的话："永远不要怀疑，一个小群体能够改变世界，事实也一直如此。"第三个文件包含着以下内容："1992年，世界各国在地球峰会上讨论全球变暖的问题。里约会议达成了许多重要的国际共识。其中之一，就是利用一种既能满足当代人的需求，又不会损害满足未来人类需求能力的方式来管理我们的环境。政府的行动能够带来现实的改变和发展。"

成绩为"水平2"（约15分的总分中获得4~6分）的考生，应展示出"对积极公民身份对于学校或本地区的益处"的清晰理解并且能举出相关例证。而成绩为"水平3"（约15分的总分中获得7~9分）的考生，能够提供例证"来展示对自身或他人的经验进行反思的能力"。成绩为"水平4"（约15分的总分中获得10~12分）的考生，能够提供"一个详细的案例"，来"说明不同层次的行动在本地区以及全球范围内的积极影响"。而成绩为"水平5"（约15分的总分中获得13~15分）的考生，应该能认识到"所有层次上的行动对改变的发生都是重要的"，或者"能够举出一个令人信服的案例来说明某一层次上的行动能够激发其他层次上的行动"。理解积极公民身份的益处对于所有这些答案而言都是不可缺少的，而对行动进行反思毫无疑问处于核心地位。

用书面考试的形式来评价积极公民身份，其局限性已经在前文进行了阐述。但是，根据教育标准局的观点，"对参与进行反思也能够产生出非常优秀的作业"（Ofsted，2005a）。2004 年英国普通中等教育证书公民身份学习 OCR 考试的 C 部分（Section C），明确告知考生："你应该使用你在学校、大学、工厂或社区中亲身参与的行动的案例。"（OCR，2004，p. 12）在 C 部分中，第 21 道题要求考生"阐述在提升人们对公平交易、人权、可持续发展等某个议题的认知及理解力方面所能做的三件事情"，并且提示要"运用来自自己的研究和所参与的个人、学校、大学或工厂行动的案例加以阐述"。对参与进行反思，提高了参加普通中等教育证书考试考生的成绩。但是，对于评价积极公民身份而言，它是不是一种完备的方式，则需要另外进行探讨。通过引入普通中等教育证书公民身份学习考试科目来促进积极公民身份的发展，这种方式可能会将某些学生群体排除在外甚至使他们被边缘化，这些学生群体参加活动的目的并不是为了获得普通中等教育证书考试的成绩。有一点非常清楚："参与以及负责任的行动，在很多学校中仍然是一个重要议题。大部分学校为某些学生创造了这方面的机会，但是，在公民学国家课程中，这应该是针对所有学生的权利。"（Ofsted，2005a，p. 7）对公民身份中"更为复杂的参与要素"（Arthur and Wright，2001，p. 127）进行评价，尤其是一种挑战。我们应该意识到，当政府对某些公民的行动而不是所有公民的努力进行官方的承认与奖励时，其背后却隐藏着巨大的危机。

第十一章　对公民身份与道德教育
专业实践的反思

在本书中，我们已经对公民身份与道德教育的理论与实践给予同等程度的关注。

在第一部分中，我们阐述公民身份是一种使来自不同信仰与背景的人们，尽管他们拥有不同的效忠感、观点、优先考虑的事项以及偏好，但仍然能够共同生活在一起的凝聚力。因此，公民教育的目的是帮助儿童理解他们作为公民的角色，在实践中发展对这种角色的承诺，最终参与这种角色相关的权利与责任的批判性反思。作为公民共同生活在一起，需要一种共享的政治与公共价值观体系，我们认为政治自由主义在不会过度侵犯公民追求自身善观念自由的前提下提供了这种体系。但是，我们认为价值教育如果只关注政治与公民价值观，是不平衡的。儿童要成为成熟的、知情的、具有奉献精神与批判性反思精神的道德主体，具备应对他们日常生活中各种道德挑战的能力，还必须有机会学习个人道德价值观。因此，对公民教育而言，道德教育是一种必要的制衡。事实上，道德教育提供了一种借以判断法律与政治决定之伦理适切性的基础。

在第二部分中，我们的注意力转到公民身份与道德教育的实践上。我们认为，有充足的理由说明，与公民身份与道德教育有关的学科同学校中的艺术与人文学科之间具有最为密切的联系。在第四章中，我们探讨了批判性读写对公民身份的作用，包括沟通、鉴别等技能的发展，同时也考察了语言、认同与价值观之间的关系。在第五章至第七章中，我们检视了公民身份与道德教育同艺术、人文学科及宗教教育/个人、社会与健康教育之间的关系。我们认为，正是在艺术与人文学科中，学生最有可能遭遇与他们自身作为公民与道德主体的角色相关的议题，也正是这两个领域发展了同情心、想象力、社会参与以及更广泛的对道德与公共议题的理解。虽然公民教育与个人、社会与健康教育之间在内容与方法上有很多共同点，但是我们仍然认为，在这些学科之外保留某种形式的道德教育（也许是在宗教教育中）是合理的，因为道德教育提供了辨识、批判非正义法律或压迫性政治行动的资源。

在第三部分中，我们勾勒了在学校中提供公民教育的七种模式，并认为只有将分散提供与整合提供结合起来才是最有可能取得成功的，只要有关整合的决策不是以便利为基础，而是以将各门学科在提供良好公民学课程方面的潜力发挥到最大为基础。我们也考察了公民身份方面的沟通技能和掌握信息通信技术的技能，以及争议性议题的教学。我们对儿童学习价值观的不同方式进行了探索，这包括直接指导、观察、参与与行为指导、反思。另外，教师的榜样示范、隐蔽课程、学校的精神气质、学校礼仪、学校环境的作用也不可忽视。最后，我们思考了公民身份评价的道德性问题。我们认为应该警惕评价可能会导致的危险，即因为对塑造知情公民目标的过分强调，而牺牲了塑造忠诚的、自治的、积极参与社区生活的公民的目标。

通观全书，将对批判性反思的强调视为公民身份与道德教育的必要组成部分看起来是合适的。我们应该回过头来，对构成这些学科内核的根本原则与实践进行反思性总结。为什么近年来要特别将公民学纳入英国新的国家课程学科体系中？它所欲实现的目标是什么？儿童与青少年从中习得哪些新的知识、技能、态度与价值观？要成功地习得这些东西，所需的条件是什么？它会增进学生个体的福祉还是会为社会作出什么贡献？社会自身因此会得到改变吗？如果是这样的话，改变是怎么发生的？未来的社会将会是什么样子？

一　价值观方面存在危机吗？

在过去的 10 年里，不管是道德教育还是公民教育，从一定意义上说都是对年轻人中所存在的、可感知的价值观危机的某种适当的回应。教育与社会价值观国家论坛（SCAA，1996a，1996b）的建立，就是对以下一种流行观点的回应。这种观点认为，很多儿童和青少年缺失甚至完全没有是非观，在某些学校中，违纪行为非常猖獗，语言与身体骚扰、学生之间的暴力行为、有时甚至是针对教师的攻击行为，严重影响了学习环境和教育体验，导致辍学率的上升。而包括儿童和青少年谋杀、强奸在内的大量恐怖事件，也加剧了这种道德恐慌感。同样，正如我们在第三章中所提到的，公民教育咨询小组将年轻人中政治的"异化现象和犬儒主义"（这一点可以从他们对制度化权威的怀疑、对政治的厌倦，以及被剥夺感中看出）与"旷课、破坏行为、偶然暴力活动、预谋犯罪、习惯性吸毒"等其他异化现象联系起来（the Advisory Group on Citizenship，1998，p. 15）。

换句话说，蕴含在当代学校公民身份与道德教育开展背后的是这样一种假设，即部分年轻人中所存在的道德及政治冷漠是对我们的民主制度以及社会文明价值观的巨大威胁。还可以进一步假设，只有通过系统的政治教育（political education），转化年轻人的态度与行为，使他们成为有良知的、忠诚的（也可能是顺从的）公民，才能解决这些问题。公民教育咨询小组热情洋溢地引用了英国青年委员会（British Youth Council）的话："公民教育必须使儿童清晰地理解他们作为公民的义务。"（the Advisory Group on Citizenship，1998，p. 20）然而，对很多人而言，这种对问题的分析与解决方式显得太过简单化。比如，斯金纳和麦科勒姆（Skinner and McCollum）指出：

> 很多评论员认为，今天英国年轻人的政治态度与行为，是我们民主社会中深层次问题的一种体现，这些问题都与重要的社会结构转变与文化转变有关。这些转变导致了新型的社会与经济排斥，对于我们如何定义认同与文化具有深层的意义。这些转变也消解了传统的公民身份形式，改变了我们对生活在民主的、文化多元的社会中到底意味着什么这一问题的理解。因此，他们需要对支撑我们教育实践的理论及教学假设进行一种根本性的重估。

（2004，pp. 149 - 150）

以此作为起点，本书最后一章将提出三个核心原则，我们认为这些原则在最近的公民身份与道德教育举措中并没有得到充分的强调，而没有这些原则，任何举措可能都只会取得有限的成功。这些原则是：第一，把年轻人作为拥有自己价值观、观点与决策能力的个体加以尊重，而不是把他们视为需要进行塑造、从而使其适应某种预定公民身份模式的未来社会的成年人；第二，在文化上日益多样化的社会里促进社会正义；第三，为应对未来社会里传统公民身份形式可能过时的挑战而进行谋划。以下，我们将分别对这些观点进行详细阐述。

二　尊重年轻人

第一个问题，从年轻人道德与政治异化的假设出发，来论证开展公民身份与道德教育这一决策的合理性，首先是与研究结论相冲突的。研究表明，儿童的道德发展最早从 2 岁开始，这个时期的儿童开始运用某种标准来评价自身及他人的行为（Buzzelli，1992）。这些标准最初可能是从儿童对成年人赞许或反对其行为的情感反应中产生的，但是到 4 岁之后，儿童可能就不再是出于对惩罚的恐惧而遵守父母的标准，而是出于一种模仿父母的意愿。这些父母通常与儿童建立了充满温暖与爱的关系（Kagan，1984）。这种对标准不断增长的自我意识（参见 Woolfson，1995，有关说谎与讲真话的研究）也可能与儿童在认知、语言和情感等方面能力的发展有关。斯美塔纳等人认为，3 岁半的儿童能够独立地对违反道德与社会习俗情形的严重程度作出判断（Smetana and Braeges，1990）。艾科布森（Iakobson）等人则认为 6 岁儿童在面临道德选择时，就开始有意识地遵守社会互动与行为过程中的规范和准则（Iakobson and Moreva，1992）。在对 9 ~ 10 岁儿童的性价值观和态度进行研究的过程中，我们发现儿童会讨论诚实与开放这些品质在人际关系中的必要性，就爱是否能够帮助人们某种程度上克服上瘾这一问题展开争论，还会就电视肥皂剧中的一些复杂的道德两难问题进行探索（Halstead and Waite，2001a，2001b）。一项针对 4 所多种族初中里的 13 ~ 14 岁学生价值观的质性研究表明，这些学生通常都能够表达自己的价值观，并且能够对学校生活中同教师和同辈群体交往方面所获得的道德与文化体验进行表述和反思（Taylor，1996）。一项针对 196 名 11～16 岁学生的莫里民意测验表明，这些学生中有 4/5 的人认为，"人们对生态环境并不太关注"（SCAA，1996a，p. 22）。而针对 580 名年龄在 12～19 岁之间青少年的英国社会态度调查（British Social Attitudes）也发现，88% 的人认为英国社会对亚洲人和黑人存在着偏见（Sachdev，1996）。

　　儿童在道德复杂性及对社会与政治议题关注等方面的证据，轻易地驳斥了年轻人中存在着道德与公共价值观危机的言论。儿童也许正在因为成年人身上所实际存在的问题而受到责备。在第九章中，我们指出了成年人的榜样示范是如何影响儿童和青少年价值观发展的。因此，如果他们受到公共生活中很多领域里低伦理标准的影响，受到某些在政治、商业、体育和娱乐产业方面著名人物负面示范效应的影响，尤其是当媒体感到有责任对这些公众人物的私生活进行事无巨细的曝光时，那么，这些现象就没什么奇怪了。媒体是影响儿童价值观发展的另一个源泉。然而，由于把娱乐性置于道德目的之上，媒体不可避免地用一种特定的方式下意识地塑造了人们对某些事件的"事实"认知和感情，并且丝毫没有认识到这种塑造对于儿童的认知、行为及整个价值体系的影响。

　　但是，儿童可能更容易受到与他们密切接触的成年人的影响。如果他们对成年人的权威失去了信心，这可能是因为他们发现自己在与成年人的关系中，是处在长期的不被尊重、不被关注以及缺乏信任的状态。不幸的是，这些对儿童消极的态度，依然在从警察到学校教师等制度化权威的代表性人物中广泛存在。不管教师对儿童的态度有多么不尊重，儿童都应该按照教师教他们的话去做，这种普遍的假设依然存在。在我们最近参观的一所学校中，头等重要的校规是要求学生"服从教师的指导或毫无疑问地支持教职工"。这所学校最近在操场周边安装了一个约 1.83 米高、顶部带有锋利铁钉的金属护栏，这看起来好像是对福柯所说的避难所或监狱的有意模仿。不管是校规还是学校环境，似乎都是通过一种持续监督和完全控制的系统，使之成为规训儿童、使他们的身体变得更加"驯服"（Foucault，

1977a，p. 156）的手段。教师当中某些缺乏尊重的行为，也采取了其他的、更具有个人化的形式。比如，跋扈的行为、伤害性的挖苦、欺凌、呵斥、咒骂（即使是压低嗓音的）、傲慢、不耐烦、滥用规则、因为少数学生的行为不端而惩罚整个班级等不适当的纪律管制方式、不愿听取学生的解释或不能对学生的合法要求作出回应。在苏珊·考利的《让坏蛋变得老实》（*Getting the Buggers to behave*）这本书的标题中（Susan Cowley，2001），也存在着类似的缺乏尊重的问题，不管她如何声称这只是以一种轻松的方式来探讨有关纪律的问题。

还有一种不那么极端的情况，即忽视了学生带入学校的技能、价值观或观点，或者认为维持学校的秩序比满足个别学生的需求更加重要，这也是对学生的不尊重。当学校需要作出现实的决策时，如果学生的声音被忽略了，这也是一种不尊重。斯金纳和麦科勒姆（Skinner and McCollum，2004，p. 155）讲述了这样一个故事。在某学校中，根据穆斯林对女孩子的着装应该盖住大腿的要求，校方改变了着装样式，允许穆斯林女生穿长裤。这导致部分非穆斯林女生的不满，她们也要求获得穿长裤的自由。学校不得不成立一个由学生、教职工与家长在内的工作团队，最终才解决这件事情（参见 Verma *et al.*，1994）。倾听学生的声音在决策过程中并不是必需的，正是这种最初的假定一开始就导致了问题的产生。事实上，把让学生参与决策看作理所当然的事情，这就是向儿童展示什么是尊重的一种方式。

如果儿童在学校中没有得到应有的尊重，他们当中某些人发展出对权威的消极态度就并不足为怪了。在一项针对 65 所英格兰与威尔士公立学校中 13000 名 13～15 岁学生的调查中，弗朗西斯和凯（Francis and Kay，1995）发现，有超过 1/4 的学生认为教师所做的工作并不理想，几乎一半的学生都不愿意同教师讨论问题，约 1/3 的学生认为学校并没有为他们将来的生活做好准备。约有 2/5 的学生不相信警察的工作是称职的。对制度性权威的消极态度，可能既不是道德发展失败的表现，也不意味着是对公民价值观的无效社会化（参见 Emler and Reicher，1987），而仅仅可能是对从成年人那里所获得的消极体验的一种反应。在我们看来，这些都是与学校中公民身份与道德教育所应该倡导的东西背道而驰的。如果年轻人在学校中没有体验到尊重，他们将不会体会到作为公民所应享有的尊重。他们当中某些人可能就会形成这样一种认识，即他们是外在于这个社会结构的，这个结构只是用一个共同的目标将公民绑在一起。

尊重，在学生对教师的期望中具有很高的地位（Rhodes，1990）。因为尊重支撑着儿童的自尊和积极的自我观念。正如我们在第九章中所指出的，儿童最容易受到教师身上令他们敬佩的品质的影响，这些品质包括温和、有礼（Haberman，1994），对学生需求的敏感与回应（Kutnik and Jules，1993），宽容、公平、理性的行为与解释的意愿（Hayes，1993）。所有这些都可以被视为尊重观念的扩展。如果一名儿童与教师之间建立了温暖的、积极的、安全的人际关系，这就使他（她）更加有可能在青春期与成年后的生活中具备良好的自我调适与自我满足的能力（Werner and Smith，1992）。儿童不仅向对自己展现出尊重的教师作出更好的回应，而且也从中逐渐学会如何向他人展示尊重。在一个儿童感受不到自己被尊重的环境里，向他们讲授公民身份，这就像让鸭子离开了水一样，是不可能取得成功的。

三　在一个开放的公民身份体系中促进社会正义

斯金纳和麦科勒姆认为，公民教育咨询小组的最终报告（1998）在两个方面是存在漏洞的。第一，他们认为，这份报告没有对公民身份的性质这一复杂而具有争议性的问题（比如，如何平衡个体权利与社会权利、如何定义共同价值观或英国国家认同）给予充分的关注。第二，报告对学校以及社会层面的经济不平等与制度性的种族主义缺少应有的关注，没有对多样性以及平等等问题进行充分的探讨（Skinner and McCollum，2004，p. 146）。如果这些批评成立的话，在解构建立在这份最终报告基础上的立法与官方指南这些上层建筑方面，他们已经走得很远了。因此，对这些批评进行仔细的审视是非常重要的。

考虑到公民身份这一概念的复杂性，米勒（Miller）区分了国家试图通过教育去训练与发展的四种"文化主体"（或公民）：

·需要通过训练而变得更富有人性的、伦理上不完全的主体；

·需要通过某种文化视镜对自身进行审视的国民；

·需要在公民身份方面进行民主训练的、政治上不完全的公共主体；

·需要具备与这种公共市民相适应的理性消费主体。

（1993，pp. xi – xii）

这四种类型（我们可以将其称为道德的、文化的、政治的、经济的）之间存在着多方面的相互作用。比如，摇滚乐被描述为"由大公司支持的、反抗性的呐喊"（Miller，1988，p. 180），也就是说，它体现了道德与经济之间所存在的意想不到的联系。另外一种有趣的联系存在于政治与经济之间，因为这二者对公民提出了相互冲突的要求：民主制度要求公民将国家与社会的需要置于个体需求之前，而资本主义则要求消费者将以自我为中心的欲求置于首位。公民教育的部分任务，就是要调和政治制度与经济制度之间这种相互冲突的目标。然而，公民教育咨询小组所定义的公民教育，主要处理的是另外一种不同的相互关系，即政治与文化之间的关系。好公民或者"有德性的政治参与者"（套用米勒的话讲，Miller，1993，p. xxi）是这样一种人，他（她）主要根据自己对所属民族—国家的忠诚来看待其文化认同。而对于那些在忠诚感方面存在分裂的人（比如，那些出生在英国之外，或者同国外有各种血缘联系的英国人），或从其他源泉中获得其基本认同的人（比如，穆斯林或福音派基督徒可能认为他们的信仰比他们的国籍更加重要）来说，这就造成了一定的困难。那些不遵守国家认同主流定义的人，就面临着将自己变成偏见与歧视之目标的危险，这似乎是不可避免的。谈到文化与国家认同，福柯认为，在这种认同里，"只存在唯一的一部戏剧……永无止境地重复着控制的剧情"（Foucault，1977b，p. 149）。他指出，这种控制性的关系，"在仪式中、在强制施行权利与义务的烦琐程序中……（也）在规则的普遍化中，得到了巩固"（*ibid.*）。

于是，问题就来了。这种"控制的戏剧"，多大程度上与我们对当代公民身份的理解相关，多大程度上与年轻人在学校中为公民身份做准备的经验相关？福柯在讨论历史问题时认为，历史传统对于维护体现社会统治集团利益的价值观而言构成了一种合法化的机制，如果他说的是对的，那么，我们就有必要警惕经过设计的公民身份是不是也隐含着同样的目标呢？公民身份是一种使那些无权力者进一步被边缘化的手段，还是一种促进社会正义的方式呢？

越来越多的论文开始讨论特殊教育需求（Special Educational Needs）和公民身份的问题（如：Hartas，2003；Lawson，2003），这是一个令人鼓舞的迹象。这些论文建议，要将对社会正义、人权、包容等原则的认识，体现在公民教育的实践中。正如哈尔特斯所指出的，那些在情感/行为方面存在障碍以及语言与学习方面存在困难的儿童和青少年，可能会对社会心怀不满，对这些年轻人进行有关公民身份和个人及社会责任议题的教育时，如果不能采取一种贴近他们生活的方式，可能会遇到特殊的挑战（Hartas，2003，p. 138）。有效教学既有赖于充满关心和包容性的学校氛围，也有赖于教师关注社会技能、动机、自尊、归属感等因素的意愿。只有在这样一种环境下，有特殊需求的儿童才有可能发展出表达观点和参与问题解决时所必需的信任感和自信心。当学校创造了这样一种环境时，学校同时也为儿童学习社会正义、包容等这些在公民身份中居于核心地位的价值观，作出了重要的贡献。这一点是毫无疑问的。

不过，在其他领域，公民身份既有可能是一种促进包容的机制，也有可能是一种社会排斥机制（Lister，1997，p. 4）。让我们以英国的穆斯林为例，穆斯林是一个遭受着多重社会—经济不利地位、种族与宗教偏见、低水平学习成绩、低就业率的群体（Halstead，2005b）。在促进社会团结以及使穆斯林更充分地融入英国社会方面，公民教育到底能做什么？很明显，如果没有社会正义以及对少数社会团体的尊重，是不可能实现社会凝聚的。我们一定不能把穆斯林儿童（事实上还包括来自任何信仰团体的儿童）置于期望他们反对自身核心信仰与价值观的立场上。必须在学校中出台并实施反对伊斯兰恐惧症以及其他形式的偏见与歧视的政策。少数族裔的语言及文化技能应该得到欣赏，而不是将它们视为一种问题。了解（尊重）其他文化，必须被看作对每个人精神生活的一种丰富，而不是对少数族裔的一种"让步"。无论是在正式课程还是隐蔽课程中，都必须打破"我们与他们"（us-and-them）的思维方式（不管是黑人对白人、儿童对成人、穆斯林对非穆斯林），只有这样，儿童才不会择取那些无意识的消极信息。在我们最近考察的一所学校中，一名教师向孩子们谈道，如果在公交上发现有长得像阿拉伯/穆斯林的人坐在后面，她会感到恐惧。对此，我们（包括很多儿童）都深感震惊。一些学校在帮助儿童理解与欣赏多元文化的公民身份方面，还有很多工作要做。

性别被视为是公民身份中比社会正义更具有控制力的因素。尤瓦尔 - 戴维斯（Yuval-Davies）说道，公民身份的自由主义定义，将所有公民都建构在相同的基础上，认为阶级、种族、性别等差异都与他们作为公民的地位无关（转引自 Dillabough and Arnot，2004，p. 158）。男女之间作为公民的正式平等关系，并没有消除在权力和控制力方面的差异。公民身份的定义方式（主要由男性定义），不可避免地导致男性优先，并使女性的地位被边缘化。学术界已经对男性与女性之间在价值观方面的鸿沟问题进行了研究和记录（Gilligan，1982），而这种鸿沟似乎是从生命早期就开始形成的（Halstead and Waite，2001a）。与公民身份相关的问题是，很多陈词滥调都是建立在性别中立的立场上，而现实是性别之间的确存在着差异。人们更多的是强调正义与权利这些"男性化"（masculine）的概念，而很少关注关心与相互依赖这些"女性化"（feminine）的概念。利斯特（Lister，1997，ch. 4）认为，这种二元对立的立场本身就是毫无意义的，一方面我们需要从"对女性更加友善"（woman-friendly）的角度来理解公民身份，另一方面我们应该认识到女性之间也是存在差异的。

四　为不确定的未来塑造公民

如果我们相信未来比当下更加美好，那么我们就不应该满足于当下的公民教育。最近几年，移动手机、电子邮件以及互联网的出现，通信技术乃至语言自身不断发展，这些都在表明，我们生活的某些方面正处于急速的变化中。在全球化进程深化的背景下，我们必须思考这样一个问题，即学校如果继续以民族—国家成员为主要依据来定义公民身份，这种做法到底能够持续多久？当前的经济模式能够维持多久？世界人口的不断膨胀将会带来什么样的影响？将会出现什么新的政治联盟、新的战争、新的剥削？人们的预期寿命将会延长多少？随着不可再生资源的耗尽，将会发展出什么样的新技术？

信息与经济的全球化，对消费的强化，公共企业的私有化，就业方面的不安全感，数字时代的来临，国家福利保障的衰退，电子媒体的统治，既有些确定性因素不断被打破，这些快速的社会与文化转型日益成为当代社会的标志。如果这个判断成立的话，我们就必须思考所有这些变化对于理解公民身份到底有什么影响。鲍德里亚（Baudrillard）等后现代批评家认为，社会正在被虚拟的城市、想象的社区这些超现实东西所取代，政治正在被化约为一种电视景象、一组声音片段和一系列狡辩老手（spin-doctors）的操纵（参见 Bauman，1992，p. 151）。波斯特认为，个体不再是理性有序国家里的公民，他们只是急切地渴望将自身的公民权利最大化，无产阶级也不期望共产主义有一天会降临，只有那些被动的消费者，面对着无数的广告图像和自我指涉的符号（Poster，1995，p. 112）。在这样一个世界里，我们很容易发现，"面对大众传媒对现实世界的碎片化演绎"（Gilbert，1997，p. 71），有关公民身份与个体道德自治的现代主义概念正在消失。

果真如此吗？鲍曼令人信服地指出，在后现代的时代里，我们能够重新获得真正属于人类的道德主体形式，但这不是通过教给儿童一套"可习得的规则知识"（Bauman，1993，p. 11）——这些知识通常建立在理性的、以法律为导向的伦理学基础上——来获得，而是通过对多样道德责任观念——这些观念建立在人类的自发性、模糊性和好奇心基础上——的寻找而获得的。威尔逊认为，以下两种道德视域都是同等重要的：一种是人际维度，这种维度强调运行在互利社会中的规范与准则（Wilson，1990，pp. 47 - 49）；一种是个体维度（通常是宗教的），这种维度通常与"人的欲望、情感与行为的基本生态"以及"我们心灵的状态"相关（ibid.，pp. 82 - 88；参见 McLaughlin and Halstead，2000）。也许，作为一种思想形式的道德，其独特性就在于这两种维度的融合。但是，本书中所强调的批判性反思的技能与想象力的创造性运用，无疑是道德发展以及为不可知的未来塑造公民这一过程的核心。我们同时也认为，在道德的内核中存在着持久的、普遍的价值观。道德为丰富学校对公民身份的理解以及对公民身份的批判开辟了道路。我们所描述的这种公民身份与道德教育，都将会帮助儿童充满信心地应对未来社会中他们必然会面临的道德与公共生活方面的挑战。

参考文献

Abrams, M., Gerard, D. and Timms, N. (1985) *Values and Social Change in Britain*, London: Macmillan.

Achebe, C. (1971) *Beware Soul Brother*, London: Heinemann African Writers Series.

Advisory Group for Education (2000) *Citizenship for 16–19-year-olds in Education and Training. Report of the Advisory Group to the Secretary of State for Education and Employment*, Coventry: Further Education Funding Council.

Advisory Group on Citizenship (1998) *Education for Citizenship and the Teaching of Democracy in Schools: final report of the advisory group on citizenship*, London: QCA.

Andrews, G. (1991) 'Introduction', in G. Andrews (ed.) *Citizenship*, London: Lawrence and Wishart.

Applebaum, B. (1995) 'Creating a trusting atmosphere in the classroom', *Educational Theory*, 45, 4: 443–52.

Aristotle (1953) *Nicomachean Ethics*, Harmondsworth: Penguin.

Aristotle (1962) *Nichomachean Ethics*, tr. M. Ostwald, Indianapolis: Liberal Arts Press.

Arnold, M. (1879/1988) 'Preface to Wordsworth's poems', in R. Selden (ed.) *The Theory of Criticism – From Plato to the Present*, London and New York: Longman.

Arthur, J. (1994) 'The ambiguities of Catholic schooling', *Westminster Studies in Education*, 17: 65–77.

Arthur, J. and Wright, D. (2001) *Teaching Citizenship in the Secondary School*, London: David Fulton.

Attanucci, J. (1991) 'Changing subjects: growing up and growing older', *Journal of Moral Education*, 20, 3: 317–28.

Auden, W. H. (1968) *Secondary Worlds*, New York: Random House.

Augustine (1958) *The City of God*, tr. G. G. Walsh, Garden City, New York: Image Books.

Ayer, A. J. (1936) *Language, Truth and Logic*, London: Gollancz.

Bakhtin, M. M. (1981) *The Dialogic Imagination*, ed. M. Holquist, Austin: University of Texas Press.

Barker, D., Halman, L. and Vloet, A. (1992) *The European Values Study 1981–1990*, Aberdeen: Gordon Cook Foundation for European Values Group.

Batho, G. (1990) 'The history of the teaching of civics and citizenship in English schools', *The Curriculum Journal*, 1, 1: 91–100.

Battistich, V., Watson, M., Solomon, D., Schaps, E. and Soloman, J. (1989) 'The Child Development Project: a comprehensive programme for the development of prosocial character', in W. M. Kurtines and J. L. Gewirtz (eds) *Moral Behaviour and Development: Advances in Research, Theory and Applications*, Hillsdale, NJ: Erlbaum.

Baudrillard, J. (1983) *Simulations*, New York: Semiotext(e).

Baudrillard, J. (1992) *The Transparency of Evil*, London: Verso.

Bauman, Z. (1992) *Intimations of Postmodernity*, London: Routledge.

Bauman, Z. (1993) *Post-modern Ethics*, Oxford: Blackwell.

Bauman, Z. (1994) *Alone Again: ethics after certainty*, London: Demos.

Baumfield, V. (2003) 'Democratic RE: preparing young people for citizenship', *British Journal of Religious Education*, 25, 3: 173–84.

Beck, C. (1990) *Better Schools: A Values Perspective*, London: Falmer Press.

Beck, J. (1998) *Morality and Citizenship in Education*, London: Cassell.

Beiner, R. (1995) *Theorizing Citizenship*, Albany, NY: State University of New York Press.

Bell, D. 'Citizenship', paper presented at Hansard Society Conference, Ofsted lecture, January 2005. Available at http://www.ofsted.gov.uk/publications (accessed 30 August 2005).

Bennett, W. J. (1993) *The Book of Virtues: a Treasury of Great Moral Stories*, New York: Simon and Schuster.

Bentham, J. (1799/1948) *Introduction to Principles of Morals and Legislation*, New York: Hafner.

Benton, M. (1995) 'From "A Rake's Progress" to "Rosie's Walk": lessons in aesthetic reading', *Journal of Aesthetic Education*, 29, 1: 33–46.

Berlin, I. (1969) *Four Essays on Liberty*, London: Oxford University Press.

Berlin, I. (1991) *The Crooked Timber of Humanity*, New York: Alfred Knopf.

Best, R. and Curran, C. (1995) *The Caring Teacher in the Junior School: a Case Study and Discussion*, London: Roehampton Institute.

Blackman, S. and France, A. (2001) 'Youth Marginality under "Postmodernism"', in N. Stevenson (ed.) *Culture and Citizenship*, London: Sage.

Blatt, M. M. and Kohlberg, L. (1975) 'The effects of classroom moral discussion upon children's level of moral judgement', *Journal of Moral Education*, 4, 2: 129–61.

Blaycock, L. (ed.) (2002) *Secondary RE and Citizenship: towards an open frontier*, Birmingham: Christian Education Publications.

Bloom, A. (1987) *The Closing of the American Mind*, London: Penguin.

Bloom, H. (1994) *The Western Canon: The Books and School of the Ages*, New York: Harcourt and Brace.

Boss, J. (1994) 'The effect of community service work on the moral development of college ethics students', *Journal of Moral Education*, 23, 2: 183–98.

Bottery, M. (2003) 'The end of citizenship? The nation state, threats to its legitimacy and Citizenship Education in the twenty-first century', *Cambridge Journal of Education*, 33, 1: 101–22.

Bourn, D. (2004) 'Development education and science education', *School Science Review*, 86, 314: 87–92.

Broadbent, L. (2004) 'Values education, citizenship and the contribution of RE', in R. Bailey (ed.) *Teaching Values and Citizenship Across the Curriculum: educating children for the world*, London: RoutledgeFalmer.

Brown, A. and E. (1999) 'Religious Education', in S. Bigger and E. Brown (eds) *Spiritual, Moral, Social and Cultural Education: exploring values in the curriculum*, London: David Fulton.

Brown, G. (2004) British Council Annual Lecture, 7 July. Available at http://politics.guardian.co.uk/labour/story/0,9061,125655000.html (accessed 18 August 2005).

Buckingham, D. (2000) *The Making of Citizens – Young People, News and Politics*, London: Routledge.

Bulmer, M. and Rees, A. M. (eds) (1996) *Citizenship Today: the contemporary relevance of T. H. Marshall*, London: University College London Press.

Burns, G. (1992) *The Frontiers of Catholicism: the Politics of Ideology in a Liberal World*, Berkeley: University of California Press.

Burtonwood, N. (1995) 'Beyond local cultures: towards a cosmopolitan art education', *Journal of Art and Design Education*, 14: 205–12.

Burtonwood, N. (2000) 'Must liberal support for separate schools be subject to a condition of individual autonomy?' *British Journal of Educational Studies*, 48, 3: 269–84.

Burtonwood, N. (2003) 'Isaiah Berlin, diversity liberalism, and education', *Educational Review*, 55, 3: 323–31.

Buzzelli, C. A. (1992) 'Young children's moral understanding: learning about right and wrong', *Young Children*, 47, 6: 47–53.

Byatt, A. S. (1998) 'Hauntings', in B. Cox (ed.) *Literacy is not enough*, Manchester: Manchester University Press.

Cairns, J. and Gardner, R. (2003) 'Assessment in Citizenship', in L. Gearon (ed.) *Learning to Teach Citizenship in the Secondary School*, London: RoutledgeFalmer.

Callan, E. (1997) *Creating Citizens: Political Education and Liberal Democracy*, Oxford: Clarendon Press.

Cameron, L. (2003) *Writing in English as an additional language at Key Stage 4 and post-16*, London: Ofsted.

Carr, D. (1991) *Educating the Virtues: an essay on the philosophical psychology of moral development and education*, London: Routledge.

Carr, D. (1993) 'Moral values and the teacher: beyond the paternal and the permissive', *Journal of Philosophy of Education*, 27, 2: 193–207.

Carr, D. and Steutel, J. (eds) (1999) *Virtue Ethics and Moral Education*, London: Routledge.

Carrington, V. (2002) *New Times: New Families*, Dordrecht: Kluwer Academic Press.

Chaskin, R. J. and Rauner, D. M. (1995) 'Youth and caring: an introduction', *Phi Delta Kappan*, 76, 9: 667–74.

Claire, H. (2001) *Not Aliens: primary school children and the Citizenship/PSHE curriculum*, Stoke on Trent: Trentham.

Claire, H. (2004) *Teaching Citizenship in Primary Schools*, Exeter: Learning Matters.

Clark, N. (2004) 'Citizenship and ecological obligations', in J. Demaine (ed.) *Citizenship and Political Education Today*, New York: Palgrave Macmillan.

Coady, C. A. J. (ed.) (2005) Special Issue: Moralism, *Journal of Applied Philosophy*, 22: 2.

Colby, A. and Kohlberg, L. (1987) *The Measurement of Moral Judgement, Volume 1: Theoretical Foundations and Research Validation*, Cambridge: Cambridge University Press.

Coles, R. (1989) *The Call of Stories: Teaching and the Moral Imagination*, Boston: Houghton Mifflin Co.

Conover, P. J., Crewe, I. M. and Searing, D. D. (1999) 'The nature of citizenship in the United States and Great Britain: empirical comments on theoretical themes', *Journal of Politics*, 53: 801–27.

Cooper, D. E. (1999) *Existentialism: a reconstruction*, Oxford: Blackwell.

Costa, M. V. (2004) 'Rawlsian civic education: political not minimal', *Journal of Applied Philosophy*, 21, 1: 1–14.

Cottingham, M. (2005) 'Developing spirituality through the use of literature in history education', *International Journal of Children's Spirituality*, 10, 1: 45–60.

Cowley, S. (2001) *Getting the Buggers to Behave*, London: Continuum.

Cox, C. and Scruton, R. (1984) *Peace Studies: a critical survey*, London: Institute for European Defence and Strategic Studies.

Cox, W. (1997) 'Lessons about education that Christianity can learn from a defector', *Journal of Education and Christian Belief*, 1, 2: 111–18.

Cox, W. F. (2000) 'Relationship of enlightenment to the cultural mandate for a Biblical view of education', *Journal of Research on Christian Education*, 9: 1.

Crick, B. (1998a) 'Values education for democracy and citizenship', in D. Christie, H. Maitles and J. Halliday (eds) *Values Education for Democracy and Citizenship*, Aberdeen: Gordon Cook Foundation.

Crick, B. (ed.) (1998b) *Education for Citizenship and the Teaching of Democracy in Schools*, London: QCA.

Crick, B. (2000a) *Essays on Citizenship*, London: Continuum.

Crick, B. (2000b) 'The Citizenship Order for schools', in N. Pearce and J. Hallgarten (eds) *Tomorrow's Citizens: critical debates in citizenship and education*, London: Institute for Public Policy Research.

Crick, B. (ed.) (2001) 'Citizens: towards a citizenship culture', *The Political Quarterly*, Oxford: Blackwell.

Crick, B. and Porter, A. (eds) (1978) *Political Education and Political Literacy*, London: Longman.

Cross, M. (2000) 'Key assessment issues', in N. Pearce and J. Hallgarten (eds) *Tomorrow's Citizens: critical debates in citizenship and education*, London: Institute for Public Policy Research.

Crystal, D. (1995) *The Cambridge Encyclopaedia of the English Language*, Cambridge: Cambridge University Press.

Csikszentmihalyi, M. and McCormack, J. (1986) 'The influence of teachers', *Phi Delta Kappan*, February, 415–19.

Cunningham, J. (2000) 'Democratic practice in a secondary school', in A. Osler (ed.) *Citizenship and democracy in schools: diversity, identity, equality*, Stoke on Trent: Trentham Books.

Davies, C. (1996) *What is English Teaching?* Buckingham: Open University Press.

Davies, I. (2004) 'Science and Citizenship Education', *International Journal of Science Education*, 26, 14: 1751–63.

Davies, I. and Sobisch, A. (1997) *Developing European Citizens*, Sheffield: Sheffield Hallam University Press.

Davies, I., Gregory, I. and Riley, S. C. (1999) *Good Citizenship and Educational Provision*, London: Falmer Press.

Day, J. M. (1991) 'Role-taking reconsidered: narrative and cognitive-developmental interpretations of moral growth', *Journal of Moral Education*, 20, 3: 305–15.

Day, J. M. (2002) '"Putting yourself in other people's shoes": the use of Forum theatre to explore refugee and homeless issues in schools', *Journal of Moral Education*, 31, 1: 21–34.

Deakin Crick, R., Coates, M., Taylor, M. and Ritchie, S. (2004) 'A systematic review of the impact of citizenship education on the provision of schooling', in *Research Evidence in Education Library*, London: EPPI-Centre, Social Science Research Unit, Institute of Education.

Deakin Crick, R., Taylor, M., Tew, M., Samuel, E., Durant, K. and Ritchie, S. (2005) 'A systematic review of the impact of citizenship education on student learning and achievement', in *Research Evidence in Education Library*, London: EPPI-Centre, Social Science Research Unit, Institute of Education.

Demaine, J. (2004) 'Citizenship education and globalization', in J. Demaine (ed.) *Citizenship and Political Education Today*, New York: Palgrave Macmillan.

Department for Education and Employment (1999) *Preparing Young People for Adult Life: a report of the National Advisory Group on Personal, Social and Health Education*, London: DfES.

Department for Education and Employment/Qualifications and Curriculum Authority (1999b) *The National Curriculum: a handbook for primary teachers in England – key stages 1 and 2*, London: DfEE/QCA.

Department for Education and Employment/Qualifications and Curriculum Authority (1999c) *The National Curriculum: a handbook for secondary teachers in England – key stages 3 and 4*, London: DfEE/QCA.

Department for Education and Employment/Qualifications and Curriculum Authority (2001) *Key Stage 3 National Strategy: Framework for Teaching English: years 7, 8 and 9*, DfEE 0019/2001, London: HMSO.

Department of Education and Science (1967) *Towards World History*, pamphlet no. 52, London: HMSO.

Department for Education and Skills (2002a) *Access and Engagement in English: Teaching Pupils for whom English is an Additional Language (Key Stage 3 National Strategy)*, (Ref 0609/2002), London: HMSO.

Department for Education and Skills (2002b) *Unlocking Potential – raising ethnic minority achievement at Key Stage 3*, London: HMSO.

Department for Education and Skills (2003) *Aiming High: Raising the Achievement of Minority Ethnic Pupils*, (Ref 0183/2003), London: HMSO.

Department for Education and Skills (2004a) *Aiming High: Understanding the educational needs of minority ethnic pupils in mainly white schools*, (Ref 0416/2004), London: HMSO.

Department for Education and Skills (2004b) *Key Stage 3 National Strategy ICT across the curriculum – ICT in Citizenship*, (Ref 0197/2004 G), London: HMSO.

Department for Education and Skills (2004c) *Literacy in Citizenship*, (Ref 0258/2004), London: HMSO.

Devlin, P. (1965) *The Enforcement of Morals*, Oxford: Oxford University Press.

Devon County Council (2001) *The Devon, Plymouth and Torbay Agreed Syllabus for Religious Education*, Exeter: Devon County Council.

Dewey, J. (1916/2002) *Democracy and Education*, New York: Free Press.

Dillabough, J.-A. and Arnot, M. (2004) 'A magnified image of female citizenship in education: illusions of democracy or liberal challenges to symbolic domination?' in J. Demaine (ed.) *Citizenship and Political Education Today*, New York: Palgrave Macmillan.

Donnelly, J. (2004) 'Humanizing Science Education', available at www.interscience.wiley.com (accessed 30 August 2005).

Draycott, P. (ed.) (2002) *Primary RE and Citizenship*, Birmingham: Christian Education.

Dunn, J. (1987) 'The beginnings of moral understanding: development in the second year', in J. Kagan and S. Lamb (eds) *The Emergence of Morality in Young Children*, London: University of Chicago Press.

Dunn, J. (1988) *The Beginnings of Social Understanding*, Oxford: Blackwell.

Dworkin, R. (1978) 'Liberalism', in S. Hampshire (ed.) *Public and Private Morality*, Cambridge: Cambridge University Press.

Edmonds, M. (2005) 'Science and the citizen', *Teaching Citizenship*, 10: 30–33.

Edwards, D. and Mercer, N. (1987) *Common Knowledge*, London: Routledge.

Elias, J. L. (1989) *Moral Education: Secular and Religious*, Malabar: Robert E. Krieger.

Elicker, J. and Fortner-Wood, C. (1995) 'Adult-child relationships in early childhood programmes', *Young Children*, 51, 2: 69–78.

Eliot, T. S. (1935) 'Religion and literature', *Selected Essays*, London: Faber.

Elliott, J. (2000) 'Revising the National Curriculum: a comment on the Secretary of State's proposals', *Journal of Educational Policy*, 15, 2: 247–55.

Emler, N. and Reicher, S. (1987) 'Orientations to institutional authority in adolescence', *Journal of Moral Education*, 16, 2: 108–16

Engle, S. H. and Ochoa, A. S. (1988) *Education for Democratic Citizenship*, New York: Teachers College Press.

Ennis, R. H. (1995) *Critical Thinking*, Upper Saddle River, NJ: Prentice Hall.

Evans, J. (1990) 'Teacher-child interaction during yard duty: the Australian experience', *Education 3–13*, 18, 2: 48–54.

Fahim Khan, M. (1995) *Essays in Islamic Economics*, Leicester: Islamic Foundation.

Farrer, F. (2000) *A Quiet Revolution: encouraging practice values in our children*, London: Rider Books.

Finnis, J. (1980) *Natural Law and Natural Rights*, Oxford: Clarendon Press.

Fishkin, J. S. (1984) *Beyond Subjective Morality*, New Haven, CT: Yale University Press.

Foster, V. (1997) 'Feminist theory and the construction of citizenship education', in K. Kennedy (ed.) *Citizenship Education and the Modern State*, London: Falmer Press.

Foucault, M. (1977a) *Discipline and Punish*, London: Allen Lane.

Foucault, M. (1977b) 'Nietzsche, genealogy, history', in D. Bouchard (ed.) *Language, Counter-memory, Practise*, Ithaca, NY: Cornell University Press.

Foucault, M. (1988) *Politics, Philosophy, Culture: Interviews and Other Writings, 1977–1984*, tr. A. Sheridan and others, New York and London: Routledge.

Francis, L. J. and Kay, W. K. (1995) *Teenage Religion and Values*, Leominster: Gracewing/Fowler Wright.

Franks, A. (1999) 'Where the action is: how drama contributes to the art of the teaching and learning of English', *English in Education*, 33, 2: 39–49.

Frazer, E. (2000) 'Citizenship Education: anti-political culture and political education in Britain', *Political Studies*, 48: 88–103.

Freathy, R. (2004) 'Religious Education and education for citizenship: religious traditionalism versus secular progressivism', paper presented at the University of Exeter, September.

Freeden, M. (1978) *The New Liberalism*, Oxford: Clarendon Press.

Friere, P. and Macedo, S. (1987) *Literacy: Reading the Word and World*, South Hadley, MA: Bergin and Garvey.

Gaarder, J. (1994) *Sophie's World*, London: Phoenix House.

Gallagher, S. V. and Lundin, R. (1989) *Literature through the Eyes of Faith*, San Francisco: HarperCollins.

Galston, W. (1989) 'Civic education and the liberal state', in N. L. Rosenblum (ed.) *Liberalism and the Moral Life*, Cambridge, MA: Harvard University Press.

Gardner, H. (1949) *The Art of T. S. Eliot*, London: Faber.

Garner, P. (1992) 'Involving "disruptive" pupils in school discipline structures', *Pastoral Care*, 10, 3: 13–19.

Giddens, A. (2000) 'Citizenship in the global era', in N. Pearce and J. Hallgarten (eds) *Tomorrow's Citizens: critical debates in citizenship and education*, London: Institute for Public Policy Research.

Gilbert, R. (1992) 'Citizenship, education and postmodernity', *British Journal of Sociology of Education*, 13, 1: 51–68.

Gilbert, R. (1997) 'Issues for citizenship in a post-modern world', in K. Kennedy (ed.) *Citizenship Education and the Modern State*, London: Falmer Press.

Gilligan, C. (1982) *In a Different Voice: Psychological Theory and Women's Moral Development*, Cambridge, MA: Harvard University Press.

Grainger, T. (1998) 'Drama and reading: illuminating their interaction', *English in Education*, 32, 1: 29–36.

Great Britain. Statutes (1988) *Education Reform Act 1988*. Chapter 40. (Part 1. 2 (b)) London: HMSO.

Graham, G. (1994) 'Liberal vs radical feminism revisited', *Journal of Applied Philosophy* 11, 2: 155–70.

Grimmitt, M. (1987) *Religious Education and Human Development*, Great Wakering: McCrimmon.

Grimmitt, M. (2000) *Pedagogies of Religious Education*, Great Wakering: McCrimmon.

Grusec, J. E. and Dix, T. (1986) 'The socialisation of pro-social behaviour: theory and reality', in C. Zahn-Waxler, E. M. Cummings and R. Iannotti (eds) *Altruism and Aggression: Biological and Social Origins*, Cambridge: Cambridge University Press.

Gutmann, A. (1980) *Liberal Equality*, Cambridge: Cambridge University Press.

Gutmann, A. (1987) *Democratic Education*, Princeton, NJ: Princeton University Press.

Haberman, M. (1994) 'Gentle teaching in a violent society', *Educational Horizons*, 72, 3: 131–5.

Hahn, C. L. (1998) *Becoming Political: comparative perspectives on citizenship education*, Albany, NY: State University of New York Press.

Hall, K. (2003) *Listening to Stephen Read – multiple perspectives on literacy*, Buckingham: Open University Press.

Hall, S. (2000) 'Multicultural citizens, monocultural citizenship?' in N. Pearce and J. Hallgarten (eds) *Tomorrow's Citizens: critical debates in citizenship and education*, London: Institute for Public Policy Research.

Halstead, J. M. (1995a) 'Voluntary apartheid? Problems of schooling for religious and other minorities in democratic societies', *Journal of Philosophy of Education*, 29, 2: 257–72.

Halstead, J. M. (1995b) 'Should schools reinforce children's religious identity?' *Religious Education*, 90, 3–4: 360–76.

Halstead, J. M. (1996) 'Values and values education in schools', in J. M. Halstead and M. J. Taylor (eds) *Values in Education and Education in Values*, London: Falmer Press.

Halstead, J. M. (1998) 'Should homosexuality be taught as an acceptable alternative lifestyle? A Muslim perspective', *Cambridge Journal of Education*, 28, 1: 49–64.

Halstead, J. M. (1999a) 'Moral education in family life: the effects of diversity', *Journal of Moral Education*, 28, 3: 265–81.

Halstead, J. M. (1999b) 'Teaching about homosexuality: a response to John Beck', *Cambridge Journal of Education*, 29, 1: 131–6.

Halstead, J. M. (2001) 'Baudrillard, simulation and the debate about worship in schools', in L. J. Francis, J. Astley and M. Robbins (eds) *The Fourth R for the Third Millennium: education in religion and values for the global future*, Dublin: Lindisfarne Books.

Halstead, J. M. (2003) 'Schooling and cultural maintenance for religious minorities in the liberal state', in K. McDonough and W. Feinberg (eds) *Collective Identities and Cosmopolitan Values: group rights and public education in liberal democratic societies*, New York: Oxford University Press.

Halstead, J. M. (2004) 'An Islamic concept of education', *Comparative Education*, 40, 4: 517–29.

Halstead J. M. (2005a) 'Liberal values and liberal education', in W. Carr (ed.) *The RoutledgeFalmer Reader in Philosophy of Education*, London: Routledge.

Halstead, J. M. (2005b) 'Muslims in the UK and education', in T. Choudhury (ed.) *Muslims in the UK: Policies for Engaged Citizens*, Budapest and New York: Open Society Institute.

Halstead, J. M. (2005c) 'Teaching about love', *British Journal of Educational Studies*, 53, 3: 290–305.

Halstead, J. M. (2006) 'Does Citizenship Education make moral education redundant?' in L. Lo, J. Lee and R. Cheng (eds) *Values Education for Citizens in the New Century*, Hong Kong: Hong Kong Institute for Educational Research.

Halstead, J. M. and McLaughlin, T. H. (2005) 'Are faith schools divisive?' in R. Gardner, J. Cairns and D. Lawton (eds) *Faith Schools: consensus or conflict?* London: RoutledgeFalmer.

Halstead, J. M. and Outram Halstead, A. (2004) 'Awe, tragedy and the human condition', *International Journal of Children's Spirituality*, 9, 2: 163–77.

Halstead, J. M. and Reiss, M. J. (2003) *Values in Sex Education: from principles to practice*, London: RoutledgeFalmer.

Halstead, J. M. and Taylor, M. J. (2000a) *The Development of Values, Attitudes and Personal Qualities: a review of recent research*, Slough: National Foundation for Educational Research.

Halstead, J. M. and Taylor, M. J. (2000b) 'Learning and teaching about values: a review of recent research', *Cambridge Journal of Education*, 30, 2: 169–202.

Halstead, J. M and Waite, S. (2001a) '"Living in different worlds": gender differences in the developing sexual values and attitudes of primary school children', *Sex Education*, 1: 59–76.

Halstead, J. M and Waite, S. (2001b) 'Nurturing the spiritual in children's sexual development', *International Journal of Children's Spirituality*, 6: 185–206.

Hansen, D. T. (1992) 'From role to person: the moral layeredness of classroom teaching', *American Educational Research Journal*, 30, 4: 651–74.

Hansen, D. T. (1993a) 'The emergence of a shared morality in a classroom', *Curriculum Inquiry*, 22, 4: 345–61.

Hansen, D. T. (1993b) 'The moral importance of the teacher's style', *Journal of Curriculum Studies*, 25, 5: 397–421.

Hare, R. M. (1979) 'Language and moral education', in D. B. Cochrane, C. M. Hamm and A. C. Kazeides (eds) *The Domain of Moral Education*, New York: Paulist Press.

Hargreaves, D. H. (1994) *The Mosaic of Learning: schools and teachers for the next century*, London: Demos.

Harman, G. and Jarvis-Thomson, J. (1996) *Moral Relativism and Moral Objectivity*, Oxford: Blackwell

Harris, K. (1979) *Education and Knowledge*, London: Routledge and Kegan Paul.

Harris, P. L. (1989) *Children and Emotion. The Development of Psychological Understanding*, Oxford: Blackwell.

Harrison, C. (2004) *Understanding Reading Development*, London: Sage/Paul Chapman.

Hart, A. (2001) 'Awkward practice: teaching media', *Changing English – studies in reading and culture*, 8, 1: 65–81.

Hart, H. L. A. (1963) *Law, Liberty and Morality*, Oxford: Oxford University Press.

Hart, H. L. A. (1984) 'Are there any natural rights?' in J. Waldron (ed.) *Theories of Rights*, Oxford: Oxford University Press.

Hartas, D. (2003) 'Special Educational Needs in Citizenship', in L. Gearon (ed.) *Learning to Teach Citizenship in the Secondary School*, London: RoutledgeFalmer.

Hawkes, N. (2001) *Being a School of Excellence: Values-based Education*, Oxford: Oxfordshire County Council Education Service.

Haydon, D. (1999) *What is Citizenship?*, Cambridge: Polity Press.

Haydon, G. (2000a) 'The moral agenda of Citizenship Education', in R. Gardner (ed.) *Citizenship and Education*, London: Kogan Page.

Haydon, G. (2000b) 'John Wilson and the place of morality in education', *Journal of Moral Education*, 29, 3: 355–65.

Hayek, F. A. (1960) *The Constitution of Liberty*, London: Routledge and Kegan Paul.

Hayes, D. (1993) 'The good, the bad, the ugly and the memorable: a retrospective view of teacher-pupil relationships', *Education 3–13*, 21, 1: 53–9.

Heater, D. (1980) *World Studies: education for international understanding in Britain*, London: Harrap.

Heater, D. (1990) *Citizenship: the civic ideal in world history, politics and education*, London: Longman.

Heater, D. (2001) 'The history of citizenship education in England', *The Curriculum Journal*, 12, 1: 103–23.

Hicks, D. (1988) *Education for Peace: Issues, principles and action in the classroom*, London: Routledge.

Hills-Potter, P. (2004) 'The art of citizenship', *Teaching Citizenship*, Issue 9, Summer: 39–43.

Hilton, M. (2003) 'Mary Hilton's observations, suggestions and theoretical perspectives', in K. Hall (ed.) *Listening to Stephen Read – multiple perspectives on literacy*, Buckingham: Open University Press.

Hirsch, E. D. (1987) *Cultural Literacy: what every American needs to know*, Boston, MA: Houghton Mifflin.

Hirst, P. H. (1974) *Moral Education in a Secular Society*, London: Hodder and Stoughton.

Hobbes, T. (1651/1996) *Leviathan*, Oxford: Oxford University Press.

Hoekema, A. (1986) *Created in God's Image*, Grand Rapids: Eerdmans.

Hoffmeister, F. (2004) 'European rights: citizen rights or human rights?' in J. Demaine (ed.) *Citizenship and Political Education Today*, New York: Palgrave Macmillan.

Houghton, B. (1998) *The Good Child: how to instil a sense of right and wrong in your child*, London: Headline.

Housego, E. and Burns, C. (1994) 'Are you sitting too comfortably? A critical look at circle time in primary classrooms', *English in Education*, 28, 2: 23–9.

Hull, J. M. (2001) *Religious Education in Schools: Ideas and Experiences from around the world*, Oxford: International Association for Religious Freedom.

Hume, D. (1739/2000) *A Treatise of Human Nature*, Oxford: Oxford University Press.

Husbands, C. (1996) *What is History Teaching? Language, ideas and meaning in learning about the past*, Birmingham: Open University Press.

Hutcheon, L. (2003) *The Politics of Postmodernism*, London: Routledge.

Iakobson, S. G. and Moreva, G. I. (1992) 'Preschoolers' self-image and moral behaviour', *Russian Education and Society*, 34, 2: 5–21.

Ibrahim, T. (2005) 'Global citizenship education: mainstreaming the curriculum', *Cambridge Journal of Education*, 35, 2: 177–94.

Ichilov, O. (ed.) (1998) *Citizenship and Citizenship Education in a Changing World*, London: Woburn Press.

Ignatieff, M. (1991) 'Citizenship and moral narcissism', in G. Andrews (ed.) *Citizenship*, London: Lawrence and Wishart.

Iser, W. (1971) 'Indeterminacy and the reader's response in prose fiction', in J. Hillis Miller (ed.) *Aspects of Narrative: Selected Papers from the English Institute*, New York: Columbia University Press.

Isin, E. F. and Wood, P. K. (1999) *Citizenship and Identity*, London: Sage.

Jackson, P. W. (1992) 'The enactment of the moral in what teachers do', *Curriculum Inquiry*, 22, 4: 401–7.

Jackson, P. W., Boostrom, R. E. and Hansen, D. T. (1993) *The Moral Life of Schools*, San Francisco: Jossey-Bass.

Jackson, R. (2002) 'Editorial: Religious education and education for citizenship', *British Journal of Religious Education*, 24, 3: 162–9.

Jackson, R. (ed.) (2003) *International Perspectives on Citizenship, Education and Religious Diversity*, London: RoutledgeFalmer.

Jassat, A. (2003) 'British citizenship tests', *Khilafah Magazine*, October issue.

Jauss, H. R. (1982) *Toward an Aesthetic of Reception*, trans. T. Bahti, Minneapolis, MN: University of Minnesota Press.

John, P. D. and Osborne, A. (1992) 'The influence of school ethos on pupils' citizenship attitudes', *Educational Review*, 44, 2: 153–65.

Johnston, D. K. (1991) 'Cheating: reflections on a moral dilemma', *Journal of Moral Education*, 20, 3: 283–91.

Jones, A. (ed.) (1998) *Science in Faith: A Christian Perspective on Teaching Science*, Romford, Essex: Christian Schools Trust (CST).

Kagan, J. (1984) *The Nature of the Child*, New York: Basic Books.

Kagan, J. and Lamb, S. (1987) *The Emergence of Morality in Young Children*, London: University of Chicago Press.

Kant, I. (1784) 'Idee zu einer allgemeinen Geschichte in weltburgerlicher Absicht' (The idea of a general history of world citizenship aims), *Philosophische Bibliothek*, Vol. 24, Leipzig: Felix Meiner.

Kant, I. (1785/1948) *The Moral Law*, London: Hutchinson.

Kekes, J. (1999) 'Pluralism, moral imagination and moral education', in J. M. Halstead and T. H. McLaughlin (eds) *Education in Morality*, London: Routledge.

Kerr, D. (1999) 'Re-examining citizenship education in England', in J. Torney-Purta, J. Schwille and J.-A. Amadeo (eds) *Civic Education across Countries: 24 Case Studies from the IEA Civic Education Project*, Amsterdam: Eburon Publishers for IEA.

Kerr, D. (2003) 'Citizenship: local, national and international', in L. Gearon (ed.) *Learning to Teach Citizenship in the Secondary School*, London: RoutledgeFalmer.

Kerr, D., Cleaver, E., Ireland, E. and Blenkinsop, S. (2003) *Citizenship Education Longitudinal Study. First cross-sectional survey 2001–2003*, London: DfES.

Kerr, D., Ireland, E., Lopes, J. and Craig, R. with Cleaver, E. (2004) *Making Citizenship Education Real – Citizenship Education Longitudinal Study: Second Annual Report: First Longitudinal Survey, DfES Research Report 531*, London: DfES.

Kilpatrick, W. (1992) *Why Johnny Can't Tell Right from Wrong: Moral Illiteracy and the Case for Character Education*, New York: Simon and Schuster.

King, A. (2005) 'Fair play and tolerance stand out', *Daily Telegraph*, 27 July: 12.

Kirk, P. (2004) 'Mapping the contours of faith in the land of separation: spiritual geographies for children', *International Journal of Children's Spirituality*, 9, 2: 189–202.

Kohlberg, L. (1969) 'Stage and sequence: the cognitive developmental approach to socialisation', in D. Gosling (ed.) *Handbook of Socialisation, Theory and Research*, Chicago: Rand McNally.

Kohlberg, L. (1971) 'From is to ought: how to commit the naturalistic fallacy and get away with it in the study of moral development', in T. Mischel (ed.) *Cognitive Development and Epistemology*, New York: Academic Press.

Kristjansson, K. (2004) 'Beyond democratic justice: a further misgiving about Citizenship Education', *Journal of Philosophy of Education*, 38, 2: 207–19.

Kutnik, P. and Jules, V. (1993) 'Pupils' perceptions of a good teacher: a developmental perspective from Trinidad and Tobago', *British Journal of Educational Psychology*, 63, 3: 400–13.

Kymlicka, W. (1999) 'Education for Citizenship', in J. M. Halstead and T. H. McLaughlin (eds) *Education in Morality*, London: Routledge.

Kyriacou, C. (1998) *Essential Teaching Skills*, Cheltenham: Nelson Thornes.

Langer, S. (1957) *Problems of Art – Ten Philosophical Lectures*, London: Routledge & Kegan Paul.

Lawson, H. (2003) 'Citizenship education for pupils with learning difficulties: towards participation?' *Support for Learning*, 18, 3: 117–22.

Leavis, F. R. (1948) *The Great Tradition*, London: Chatto and Windus.

Leavis, F. R. (1975) *The Living Principle: 'English' as a Discipline of Thought*, London: Chatto and Windus.

Lees, J. and Plant, S. (2000) *PASSPORT: a framework for personal and social development*, London: Calouste Gulbenkian Foundation.

Leighton, R. (2004) 'The nature of citizenship education provision: an initial study', *The Curriculum Journal*, 15: 2.

Lewis, C. S. (1943/1978) *The Abolition of Man or Reflections on education with special reference to the teaching of English in the upper forms of schools*, Glasgow: Collins/ Fount Paperbacks.

Lewis, C. S. (1955/1970) *The Magician's Nephew*, New York: Macmillan, Collier Books.

Lickona, T. (1991) *Educating for Character: How our Schools can Teach Respect and Responsibility*, New York: Bantam.

Lickona, T. (1996) 'Eleven principles of effective character education', *Journal of Moral Education*, 25, 1: 93–100.

Life in the UK Advisory Group (2004) *Life in the UK: a journey to citizenship*, London: The Stationery Office.

Linsley, B. and Rayment, E. (eds) (2004) *Beyond the Classroom: exploring active citizenship in 11–16 education*, London: New Politics Network.

Lipman, M. (1984) 'The cultivation of reasoning through philosophy', *Educational Leadership*, 42, 2: 51–6.

Lipman, M. (1987) 'Ethical reasoning and the craft of moral practice', *Journal of Moral Education*, 16, 2: 139–47.

Lister, R. (1997) *Citizenship: Feminist Perspectives*, Basingstoke: Macmillan.

Lovat, T. J. (1995) *Teaching and Learning Religion: a phenomenological approach*, Wentworth Falls, NSW: Social Science Press.

Luke, A., Carrington, V. and Kapitzke, C. (2003) 'Textbooks and early childhood literacy', in J. Marsh (ed.) *Handbook of Early Childhood Literacy*, London: Falmer.

Lynch, J. (1992) *Education for Citizenship in a Multi-cultural Society*, London and New York: Cassell.

Macedo, S. (1990) *Liberal Virtues: Citizenship, Virtues and Community in Liberal Constitutionalism*, Oxford: Clarendon Press.

Macedo, S. (2000) *Diversity and Distrust: civic education in a multicultural democracy*, Cambridge, MA: Harvard University Press.

MacIntyre, A. (1984) *After Virtue. A Study in Moral Theory*, London: Duckworth.

Mannan, M. A. (1986) *Islamic Economics: theory and practice*, Cambridge: Islamic Academy.

Marks, D. (2001) 'Disability and cultural citizenship: exclusion, "integration" and resistance', in N. Stevenson (ed.) *Culture and Citizenship*, London: Sage.

Marks, J. (1984) *Peace Studies in our Schools: propaganda for defencelessness*, London: Women and Families for Defence.

Matthews, M. (1980) *The Marxist Theory of Schooling*, London: Routledge and Kegan Paul.

Maybin, J. (1996) 'An English canon', in N. Mercer and J. Maybin (eds) *Using English: From Conversation to Canon?* London: Routledge.

McCulloch, R. and Mathieson, M. (1995) *Moral Education through English 11–16*, London: David Fulton.

McLaughlin, T. H. (1992) 'Citizenship, diversity and education: a philosophical perspective', *Journal of Moral Education*, 21, 3: 235–50.

McLaughlin, T. H. (1995) 'Public values, private values and educational responsibility', in E. Pybus and T. H. McLaughlin (eds) *Values, Education and Responsibility*, St Andrews: University of St Andrews Centre for Philosophy and Public Affairs.

McLaughlin, T. H. (1999) 'Beyond the reflective practitioner', *Educational Philosophy and Theory*, 31, 1: 9–25.

McLaughlin, T. H. (2000) 'Citizenship education in England: the Crick Report and beyond', *Journal of Philosophy of Education*, 34, 4: 541–70.

McLaughlin, T. H. and Halstead, J. M. (1999) 'Education in character and virtue', in J. M. Halstead and T. H. McLaughlin (eds) *Education in Morality*, London: Routledge.

McLaughlin, T. H and Halstead, J. M. (2000) 'John Wilson on moral education', *Journal of Moral Education*, 29: 3.

McPhail, P., Ungoed-Thomas, J. R. and Chapman, H. (1972) *Moral Education in the Secondary School*, London: Longman Group Limited.

Mead, N. (2000) 'Researching skills common to Religious Education and Citizenship', in S. Clipson-Boyles (ed.) *Putting Research into Practice in Primary Teaching and Learning*, London: Fulton.

Mead, N. (2001) 'Identifying pedagogic skills common to primary Religious Education and PSHE/Citizenship and the implications for continuing professional development', *Curriculum*, 22, 2: 43–51.

Mead, N. (2004) 'The provision for Personal, Social, Health Education (PSHE) and

Citizenship in school-based elements of primary initial teacher education', *Pastoral Care*, 22, 2: 19–26.

Mellor, S. and Elliott, M. (1996) *School Ethos and Citizenship*, Melbourne: Australian Council for Educational Research.

Mill, J. S. (1863/1970) *Utilitarianism*, London: Everyman.

Miller, D. (2000a) 'Citizenship: what does it mean and why is it important?' in N. Pearce and J. Hallgarten (eds) *Tomorrow's Citizens: critical debates in citizenship and education*, London: Institute for Public Policy Research.

Miller, D. (2000b) *Citizenship and National Identity*, Cambridge: Polity Press in association with Blackwell Publishers.

Miller, M. C. (1988) *Boxed In: the culture of TV*, Evanston, Ill.: North-western University Press.

Miller, T. (1993) *The Well-tempered Self: citizenship, culture and the postmodern subject*, Baltimore: Johns Hopkins University Press.

Ministry of Education (1949) *Citizens Growing Up: at home, in school and after*, (pamphlet no. 16), London: HMSO.

Modood, T. (1992) *Not Easy Being British: colour, culture and citizenship*, Stoke-on-Trent: Runnymede Trust and Trentham Books.

Molnar, A. (1997) *The Construction of Children's Character*, Chicago: National Society for the Study of Education.

Moore, G. E. (1903) *Principia Ethica*, Cambridge: Cambridge University Press.

Morris, J. G. (1998) *Get the Picture – A Personal History of Photojournalism*, New York: Random House.

Mosley, J. (1993) *Turn Your School Round*, Wisbech: LDA.

Murray, L. (1998) 'Research into the social purposes of schooling: Personal and Social Education in secondary schools in England and Wales', *Pastoral Care*, 16, 3: 28–35.

Nash, R. J. (1997) *Answering the 'Virtuecrats'. A Moral Conversation on Character Education*, New York and London: Teachers College Press.

National Curriculum Council (1990a) *The Whole Curriculum*, (Curriculum Guidance 3), York: NCC.

National Curriculum Council (1990b) *Education for Citizenship*, (Curriculum Guidance 8), York: NCC.

Naugle, D. K. (2002) *Worldview – The History of a Concept*, Cambridge and Grand Rapids, Michigan: Eerdmans.

Newbolt Committee (1921) *The Teaching of English in England*, London: HMSO.

Noddings, N. (1984) *Caring: a Feminine Approach to Ethics and Moral Education*, Berkeley: University of California Press.

Noddings, N. (1992) *The Challenge to Care in Schools: an Alternative Approach to Education*, New York: Teachers College Press.

Noddings, N. (1995) 'Teaching themes of care', *Phi Delta Kappan*, 76, 9: 675–9.

Oakeshott, M. (1956) 'Political education', in P. Laslett (ed.) *Philosophy, Politics and Society*, Oxford: Blackwell.

Oakeshott, M. (1989) *The Voice of Liberal Learning*, ed. T. Fuller, New Haven, CT: Yale University Press.

OCR (Oxford, Cambridge and the Royal Society of Arts Examination Board) (2004) *GCSE Citizenship Studies Examination Paper*, Foundation Tier, Summer.

Office for Standards in Education (2004a) *Initial teacher training for teachers of citizenship 2003/4: overview*, HMI report 2299, London: Ofsted.

Office for Standards in Education (2004b) *Promoting and Evaluating Pupils' Spiritual, Moral, Social and Cultural Development*, London: Ofsted.

Office for Standards in Education (2005a) *Citizenship in secondary schools: evidence from Ofsted inspections (2003/2004)*, HMI report 2335, London: Ofsted.

Office for Standards in Education (2005b) *Personal, Social and Health Education in Secondary Schools*, HMI report 2311, London, Ofsted.

Okin, S. M. (1992) *Women in Western Political Thought*, (revised edition), Princeton: Princeton University Press.

Osler, A. (ed.) (2000) *Citizenship and Democracy in Schools: diversity, identity, equality*, Stoke-on-Trent: Trentham Books.

Osler, A. and Starkey, H. (2000) 'Intercultural education and foreign language learning: issues of racism, identity and modernity', *Race, Ethnicity and Education*, 3: 2.

Osler, A. and Starkey, H. (2004) *Changing Citizenship – Democracy and Inclusion in Education*, Buckingham: Open University Press.

Osler, A. and Starkey, H. (2005) *Citizenship and Language Learning: international perspectives*, Stoke-on-Trent: Trentham.

Oxfam (1997) *A Curriculum for Global Citizenship*, Oxfam: London.

Pagano, J. (1991) 'Relating to one's students: identity, morality, stories and questions', *Journal of Moral Education*, 20, 3: 257–66.

Palmer, P. (1983) *To Know As We Are Known*, London: HarperCollins.

Parekh, B. (1991) 'British citizenship and cultural difference', in G. Andrews (ed.) *Citizenship*, London: Lawrence and Wishart.

Parker, W. (2001) 'Towards enlightened political engagement', in W. Stanley (ed.) *Critical Issues in Social Studies Research*, Greenwich: Information Age Press.

Passy, R. A. (2003) 'Children and family values: a critical appraisal of "family" in schools', unpublished PhD thesis, University of Plymouth.

Pateman, C. (1989) 'Feminist critiques of the public/private dichotomy', in C. Pateman (ed.) *The Disorder of Women: democracy, feminism and political theory*, Cambridge: Polity Press.

Pearce, N. and Hallgarten, J. (2000) 'Introduction', in N. Pearce and J. Hallgarten (eds) *Tomorrow's Citizens: critical debates in citizenship and education*, London: Institute for Public Policy Research.

Pestridge, J. (ed.) (2002) *Citizens of faith: making a difference*, Birmingham: Christian Education Publications.

Peters, R. S. (1974) *Psychology and Ethical Development*, London: George Allen and Unwin.

Phillips, A. (1991) 'Citizenship and feminist politics', in G. Andrews (ed.) *Citizenship*, London: Lawrence and Wishart.

Phillips, A. (2000) 'Second-class citizenship', in N. Pearce and J. Hallgarten (eds), *Tomorrow's Citizens: critical debates in citizenship and education*, London: Institute for Public Policy Research.

Pike, G. and Selby, D. (1988) *Global Teacher, Global Learner*, London: Hodder and Stoughton.

Pike, M. A. (2000a) 'Pupils' poetics', *Changing English – studies in reading and culture*, 7, 1: 45–54.

Pike, M. A. (2000b) 'Spirituality, morality, poetry', *International Journal of Children's Spirituality*, 5, 2: 177–91.

Pike, M.A. (2000c) 'Keen readers: adolescents and pre-twentieth century poetry', *Educational Review*, 52, 1: 13–28.

Pike, M. A. (2002) 'Aesthetic distance and the spiritual journey: educating for morally and spiritually significant events across the art and literature curriculum', *International Journal of Children's Spirituality*, 7, 1: 9–21.

Pike, M. A. (2003a) 'From personal to social transaction: a model of aesthetic reading', *Journal of Aesthetic Education*, 37, 2: 61–72.

Pike, M. A. (2003b) 'From the picture to the diagram? Literacy and the art of English teaching', *The Use of English*, 54, 3: 211–16.

Pike, M. A. (2003c) 'The canon in the classroom: students' experiences of texts from other times', *Journal of Curriculum Studies*, 35, 3: 355–70.

Pike, M. A. (2003d) 'The Bible and the reader's response', *Journal of Education and Christian Belief*, 7, 1: 37–52.

Pike, M. A. (2003e) 'Belief as an obstacle to reading? The case of the Bible', *Journal of Beliefs and Values*, 24, 2: 155–63.

Pike, M. A. (2003f) 'On being in English teaching: a time for Heidegger?', *Changing English – studies in reading and culture*, 10, 1: 91–9.

Pike, M. A. (2004a) *Teaching Secondary English*, London: Paul Chapman.

Pike, M. A. (2004b) 'Aesthetic teaching', *Journal of Aesthetic Education*, 38, 2: 20–37.

Pike, M. A. (2004c) 'Well-being through reading: drawing upon literature and literacy in spiritual education', *International Journal of Children's Spirituality*, 9, 2: 155–62.

Pike, M. A. (2004d) 'The challenge of Christian schooling in a liberal democracy', *Journal of Research on Christian Education*, 13, 2: 149–66.

Pike, M. A. (2005a) 'Citizenship Education and Faith Schools: What should children in Christian schools understand and appreciate about a liberal and secular society?' *Journal of Education and Christian Belief*, 9, 1: 35–46.

Pike, M. A. (2005b) 'Reading and responding to Biblical texts: aesthetic distance and the spiritual journey', in C. Ota and C. Erricker (eds) *Spiritual Education – Literary, Empirical and Pedagogical Approaches*, Brighton: Sussex Academic Press.

Poster, M. (1995) *The Second Media Age*, Cambridge: Polity Press.

Postman, N. (1992) *Technopoly: The Surrender of Culture to Technology*, New York: Alfred A. Knopf.

Potter, J. (2002) *Active Citizenship in Schools: a good-practice guide to developing a whole-school policy*, London: Kogan Page.

Poulson, C. L, and Kymissis, E. (1988) 'Generalised imitation in infants', *Journal of Experimental Child Psychology*, 46, 3: 324–36.

Powell, R., Chambers Cantrell, S. and Adams, S. (2005) 'Saving Black Mountain: the promise of critical literacy in a multicultural society', in G. Moss (ed.) *Critical Reading in the Content Areas 2004/2005*, Dubuque, IA: McGraw Hill/Dishking.

Priestley, J. (1987) 'Comic role or cosmic vision? Religious Education and the teaching of values', in J. Thacker, R. Pring and D. Evans (eds) *Personal, Social and Moral Education in a Changing World*, Windsor: NFER-Nelson.

Pring, R. (1984) *Personal and Social Education in the Curriculum*, London: Hodder and Stoughton.

Print, M. and Coleman, D. (2003) 'Towards understanding of social capital and citizenship education', *Cambridge Journal of Education*, 33, 1: 123–49.

Pritchard, I. (1988) 'Character education: research, prospects and problems', *American Journal of Education*, 96, 4: 469–95.

Prosser, J. (ed.) (1998) *Image-based Research*, London: RoutledgeFalmer.

Purpel, D. E. (1997) 'The politics of character education', in A. Molnar (ed.) *The Construction of Children's Character*, Chicago: National Society for the Study of Education.

Qualifications and Curriculum Authority (2000a) *Personal, Social and Health Education at Key Stages 1 and 2: initial guidance for schools*, London: QCA.

Qualifications and Curriculum Authority (2000b) *Personal, Social and Health Education at Key Stages 3 and 4: initial guidance for schools*, London: QCA.

Qualifications and Curriculum Authority (2000c) *Religious Education: non-statutory guidance on RE 5–16*, London: DfEE.

Qualifications and Curriculum Authority (2000d) *Religious Education and Collective Worship, an analysis of 1999 SACRE reports*, London: QCA.

Qualifications and Curriculum Authority (2001a) *Citizenship at Key Stages 3 and 4. Initial guidance for schools*, London: QCA.

Qualifications and Curriculum Authority (2001b) *Citizenship: a scheme of work for Key Stage 3*, London: QCA.

Qualifications and Curriculum Authority (2001c) *Citizenship through Religious Education at Key Stage 3*, London: QCA.

Qualifications and Curriculum Authority (2001d) *Citizenship through Geography at Key Stage 3*, London: QCA.

Qualifications and Curriculum Authority (2002a) *Citizenship: a scheme for work for Key Stage 4*, London: QCA.

Qualifications and Curriculum Authority (2002b) *Citizenship at Key Stages 1–4: guidance on assessment, recording and reporting*, London: QCA.

Qualifications and Curriculum Authority (2004) *Personal, Social and Health Education: 2002–3 annual report on curriculum and assessment*, London: QCA.

Qualifications and Curriculum Authority/Department for Education and Employment (1998) *Teaching: high status, high standards: Circular 4/98*, London: HMSO.

Qualifications and Curriculum Authority/Department for Education and Employment (1999a) *Citizenship – The National Curriculum for England*, London: QCA.

Qualifications and Curriculum Authority/Department for Education and Employment (1999b) *Geography – The National Curriculum for England*, London: HMSO.

Qualifications and Curriculum Authority/Department for Education and Employment (1999c) *History – The National Curriculum for England*, London: HMSO.

Raths, L. E., Harmin, M. and Simon, S. B. (1966) *Values and Teaching: Working with Values in the Classroom*, Columbus, OH: Charles E. Merrill.

Rawls, J. (1993) *Political Liberalism*, New York: Columbia University Press.

Raz, J. (1986) *The Morality of Freedom*, Oxford: Clarendon.

Rest, J. (1988) 'Why does college promote development in moral judgement?' *Journal of Moral Education*, 17, 3: 183–94.

Rhodes, J. (1990) 'Telling off: methods and morality', *Pastoral Care*, 8, 4: 32–4.

Richardson, D. (2001) 'Extending Citizenship: cultural citizenships and sexuality', in N. Stevenson (ed.) *Culture and Citizenship*, London: Sage.

Rosenblatt, L. (1985) 'The transactional theory of the literary work: implications for research', in C. R. Cooper (ed.) *Researching Response to Literature and the Teaching of Literature*, London and New York: Ablex.

Ross, G. M. (1996) 'Socrates versus Plato: the origins and development of Socratic thinking', *Thinking: the Journal of Philosophy for Children*, 12, 4: 2–8.

Rotblat, J. (2002) 'Citizenship and Science', *Physics Education*, 37, 3: 186–90.

Rousseau, J.-J. (1762/1911) *Emile*, London: Dent.

Rowe, D. (1996) 'The business of school councils: a investigation into democracy in schools', unpublished report, available from Citizenship Foundation.

Rowe, D. and Newton, J. (1997) *Aims of Citizenship Education*, London: Citizenship Foundation.

Ryle, G. (1972) 'Can virtue be taught?' in R. F. Dearden, P. H. Hirst and R. S. Peters (eds) *Education and the Development of Reason*, London: Routledge and Kegan Paul.

Sachdev, D. (1996) 'Racial prejudice and racial discrimination: whither British youth?' in H. Roberts and D. Sachdev (eds) *Young People's Social Attitudes. Having Their Say – the views of 12–19 Year Olds*, Ilford: Barnardos.

Sartre, J.-P. (1948/1971) *Existentialism and Humanism*, London: Methuen.

School Curriculum and Assessment Authority (1995) *Spiritual and Moral Development*, SCAA Discussion Papers: No. 3, London: SCAA.

School Curriculum and Assessment Authority (1996a) *Education for Adult Life: the Spiritual and Moral Development of Young People*, SCAA Discussion Papers: No. 6, London: SCAA.

School Curriculum and Assessment Authority (1996b) *The National Forum for Values in Education and the Community. Final Report and Recommendations*, SCAA/96/43, London: SCAA.

Schools Council (1970) *The Humanities Project: an introduction*, London: Heinemann Educational.

Schrag, F. (1999) 'Why Foucault now?' *Journal of Curriculum Studies*, 31, 4: 375–83.

Scruton, R. (1984) *The Meaning of Conservatism*, 2nd edn, London: Macmillan.

Scruton, R. (1985) *World Studies: education as indoctrination*, London: Institute for European Defence and Strategic Studies.

Seerveld, C. (1995) *A Christian Critique of Art and Literature*, Sioux Centre, Iowa: Dordt College Press.

Selden, R. and Widdowsen, P. (1993) *A Reader's Guide to Contemporary Literary Theory*, 3rd edn, Lexington KN: University of Kentucky Press.

Sevenhuijsen, S. (1998) *Citizenship and the Ethics of Care: feminist considerations on justice, morality and politics*, London: Routledge.

Shaver, J. P. and Strong, W. (1976) *Facing Value Decisions: Rationale-building for Teachers*, Belmont, CA: Wadsworth.

Shortt, J. (1980) *Towards a Reformed Epistemology and its Significance for Education*, unpublished PhD thesis, University of London.

Simon, S. B., Howe, L. W. and Kirschenbaum, H. (1972) *Values Clarification: A Handbook of Practical Strategies for Teachers and Students*, New York: Hart.

Skinner, G. and McCollum, A. (2004) 'Values education, citizenship and the challenge of cultural diversity', in R. Bailey (ed.) *Teaching Values and Citizenship Across the Curriculum: educating children for the world*, London: RoutledgeFalmer.

Slater, J. (1993) 'Where there is dogma, let us sow doubt', in P. Lee, J. Slater, P. Walsh, and J. White, *The Aims of School History: The National Curriculum and Beyond*, London: Institute of Education, University of London.

Small, T. (2004) *Developing Citizenship in Schools*, Bristol: Doveton Press.

Smart, J. C. C. and Williams, B. (1973) *Utilitarianism: for and against*, Cambridge: Cambridge University Press.

Smetana, J. G. and Braeges, J. L. (1990) 'The development of toddlers' moral and conventional judgments', *Merrill-Palmer Quarterly*, 36: 329–46.

Smith, A. and Print, M. (eds) (2003) 'Special Issue: Citizenship Education in Divided Societies', *Cambridge Journal of Education*, 33: 1.

Smith, D. (2004) 'The poet, the child and the blackbird: aesthetic reading and spiritual development', *International Journal of Children's Spirituality*, 9, 2: 143–54.

Smith, D. and Shortt, J. (2005) 'Editorial: Technology, learning and the "Ephesian moment"', *Journal of Education and Christian Belief*, 9, 1: 3–6.

Smith, D. I. (2004) 'Technology and pedagogical meaning: lessons from the language classroom', *Christian Scholar's Review*, XXXIII, 4, Summer 2004.

Speaker's Commission in Citizenship (1990) *Encouraging Citizenship*, London: HMSO.

Stibbs, A. (1998) 'Language in art and art in language', *Journal of Art and Design Education*, 17, 2: 201–9.

Stibbs, A. (2000) 'Can you (almost) read a poem backwards and view a painting upside down? Restoring aesthetics to poetry teaching', *Journal of Aesthetic Education*, 34, 2: 37–47.

Stibbs, A. (2001) 'For how long, where, and with whom: narrative time, place and company as generic distinguishers and ideological indicators', *Changing English*, 8, 1: 35–42.

Stow, W. (2000) 'History: values in the diversity of human experience', in R. Bailey (ed.) *Teaching Values and Citizenship Across the Curriculum: Educating children for the world*, London: RoutledgeFalmer.

Straughan, R. (1982) *I Ought to But . . . A Philosophical Approach to the Problem of Weakness of Will in Education*, Windsor: NFER-Nelson.

Straughan, R. (1988) *Can We Teach Children to be Good? Basic Issues in Moral, Personal and Social Education*, Milton Keynes: Open University Press.

Straughan, R. (1999) 'Weakness, wants and the will', in J. M. Halstead and T. H. McLaughlin (eds) *Education in Morality*, London: Routledge.

Strike, K. A. (1982b) *Educational Policy and the Just Society*, Urbana, IL: University of Illinois Press.

Tappan, M. B. and Brown, L. M. (1989) 'Stories told and lessons learned: toward a narrative approach to moral development and education', *Harvard Educational Review*, 59, 2: 182–205.

Tate, N. (1995) 'Teach children to be British idea stirs up a storm', *The Guardian*, 19 July 1995.

Tattum, D. and Tattum, E. (1992) *Social Education and Personal Development*, London: David Fulton.

Taylor, M. J. (1989) *Religious Education, Values and Worship: LEA advisers' perspectives on the implementation of the Education Reform Act 1988*, Slough: NFER.

Taylor, M. J. (ed.) (1994) *Values Education in Europe: a Comparative Overview of a Survey of 26 Countries in 1993*, Dundee: SCCC for UNESCO/CIDREE.

Taylor, M. J. (1996) 'Voicing their values: pupils' moral and cultural experience', in J. M. Halstead and M. J. Taylor (eds) *Values in Education and Education in Values*, London: Falmer Press.

Taylor, M. J. (2003) *Going Round in Circles: implementing and learning from circle time*, Slough: NFER.

Taylor, M. J and Johnson, R. (2002) *School Councils: their role in Citizenship and Personal and Social Education*, Slough: NFER.

Teece, G. (1998) 'Citizenship education and religious education: threat or opportunity?' *Resource: Journal of the Professional Council for RE*, 21, 1: 7–10.

Thompson, P. (2004a) *Whatever Happened to Religious Education?* Cambridge: Lutterworth Press.

Thompson, P. (2004b) 'Whose confession? Which tradition?', *British Journal of Religious Education*, 26, 1: 61–72.

Tierno, M. J. (1996) 'Teaching as modeling: the impact of teacher behaviours upon student character formation', *The Educational Forum*, 60, 2: 174–80.

Tooley, J. (2000) *Reclaiming Education*, London: Cassell.

Torney-Purta, J. (1996) 'The connections of values education and civic education. The IEA Civic Education Study in twenty countries', paper presented at the *Journal of Moral Education* Conference, University College of St Martin, Lancaster.

Torney-Purta, J., Lehaman, R., Oswald, H. and Schulz, W. (2001) *Citizenship and Education in Twenty-Eight Countries: civic knowledge and engagement at age fourteen*, Amsterdam: International Association for the Evaluation of Educational Achievement.

Torney-Purta, J., Schwille, J. and Amadeo, J. A. (eds) (1999) *Civic Education Across Countries: Twenty-four National Case Studies from the IEA Civic Education Project*, Amsterdam: The International Association for the Evaluation of Educational Achievement.

Trevaskis, D. K. (1994) *Mediation in Schools*. Bloomington, in ERIC Clearinghouse for Social Studies and Social Science, ERIC Digest.

Trousdale, A. (2004) 'Black and white fire: the interplay of stories, imagination and children's spirituality', *International Journal of Children's Spirituality*, 9, 2: 177–88.

Teacher Training Agency (2002) *Qualifying to Teach: Standards for the Award of QTS.*

Twine, F. (1994) *Citizenship and Social Rights: The Interdependence of Self and Society*, London: Sage.

Ungoed-Thomas, J. (1996) 'Vision, values and virtues', in J. M. Halstead and M. J. Taylor (eds) *Values in Education and Education in Values*, London: Falmer Press.

Verma, G. K., Zec, P. and Skinner, G. D. (1994) *The Ethnic Crucible: harmony and hostility in multi-ethnic schools*, London: Falmer Press.

Veugelers, W. (2000) 'Different ways of teaching values', *Educational Review*, 52: 1.

Vitz, P. C. (1990) 'The use of stories in moral development: new psychological reasons for an old education method', *American Psychologist*, 45, 6: 709–20.

Vygotsky, L. S. (1986) *Thought and Language*, Cambridge, MA: MIT Press.

Vygotsky, L. S. (1971) *The Psychology of Art*, Cambridge, MA: MIT Press.

Walker, L. J. (1986) 'Experimental and cognitive sources of moral development in adulthood', *Human Development*, 29: 113–24.

Walkington, H. (2000) 'Geography, values education and citizenship', in R. Bailey (ed.) *Teaching Values and Citizenship Across the Curriculum: Educating children for the world*, London: RoutledgeFalmer.

Walzer, M. (1980) *Radical Principles: reflections of an unreconstructed democrat*, New York: Basic Books.

Ward, J. V. (1991) '"Eyes in the back of your head": moral themes in African American narratives of racial conflict', *Journal of Moral Education*, 20, 3: 267–81.

Warnock, M. (1979) *Education: The Way Ahead*, Oxford: Blackwell.

Warnock, M. (1996) 'Moral values', in J. M. Halstead, and M. J. Taylor (eds) *Values in Education and Education in Values*, London: Falmer Press.

Watson, J. (2004) 'Educating for Citizenship – the emerging relationship between religious education and citizenship education', *British Journal of Religious Education*, 26, 3: 259–71.

Werner, E. E. and Smith, R. S. (1992) *Overcoming the Odds: High Risk Children from Birth to Adulthood*, Ithaca, NY: Cornell University Press.

Wexler, P. (1990) 'Citizenship in the semiotic society', in B. Turner (ed.) *Theories of Modernity and Postmodernity*, London: Sage.

White, J. (1989) 'The aims of personal and social education', in P. White (ed.) *Personal and Social Education: philosophical perspectives*, London: Kogan Page.

White, J. (1993) 'The purpose of school history: has the National Curriculum got it right?' in P. Lee, J. Slater, P. Walsh, and J. White, *The Aims of School History: The National Curriculum and Beyond*, London: Institute of Education, University of London.

White, P. (1996) *Civic Virtues and Public Schooling: educating citizens for a democratic society*, New York: Teachers College Press.

Whitty, G., Rowe, G. and Aggleton, P. (1994) 'Subjects and themes in the secondary school curriculum', *Research Papers in Education*, 9, 2: 159–81.

Wilson, J. (1973) *A Teacher's Guide to Moral Education*, London: Geoffrey Chapman.

Wilson, J. (1990) *A New Introduction to Moral Education*, London: Cassell.

Wilson, J. (1995) *Love Between Equals. A philosophical study of love and sexual relationships*, London: Macmillan.

Wilson, J. (1996) 'First steps in moral education', *Journal of Moral Education*, 25: 85–91.

Wilson, J. and Cowell, B. (1987) 'Method, content and motivation in moral education', *Journal of Moral Education*, 16: 31–6.

Wilson, J. B., Williams, N. and Sugarman, B. (1967) *Introduction to Moral Education*, Middlesex: Penguin Books.

Winston, J. (1999) 'Theorising drama as moral education', *Journal of Moral Education*, 28, 4: 459–71.

Witte-Townsend, D. and DiGiulo, E. (2004) 'Something from nothing: exploring dimensions of children's knowing through the repeated reading of favourite books', *International Journal of Children's Spirituality*, 9, 2: 127–42.

Woff, R. (1991) 'The scope of the humanities', in P. Gordon (ed.) *Teaching the Humanities*, London: Woburn Press.

Wolterstorff, N. (2002) *Educating for Life*, Grand Rapids, Michigan: Baker Academic.

Woolfson, R. (1995) 'True or false – do children mean to lie?' *Nursery World*, 95, 23.3.95: 12–13.

Wray, D. and Lewis, M. (1997) *Extending Literacy: Reading and Writing Non-fiction in the Primary School*, London: Routledge.

Wright, A. (1996) 'The child in relationship: towards a communal model of spirituality', in R. Best (ed.) *Education, Spirituality and the Whole Child*, London: Cassell.

Wright, A. (2000) *Spirituality and Education*, London: RoutledgeFalmer.

Wringe, C. (1992) 'The ambiguities of education for active citizenship', *Journal of Philosophy of Education*, 26, 1: 29–38.

Wynn, E. A. and Ryan, K. (1992) *Reclaiming our Schools: a Handbook on Teaching Character, Academics and Discipline*, New York: Merrill.

Yeatman, A. (2001) 'Feminism and citizenship', in N. Stevenson (ed.) *Culture and Citizenship*, London: Sage.

Young, I. M. (1989) 'Polity and group difference: a critique of the ideal of universal citizenship', *Ethics*, 99, 2: 250–74.

Young, I. M. (1990) *Justice and the Politics of Difference*, Princeton, NJ: Princeton University Press.

索　引

译后记

本书的作者——马克·霍尔斯特德教授，是英国著名的教育学家，主要致力于公民教育、道德教育、价值教育、性教育、宗教教育、穆斯林等少数族裔的教育问题等方面的研究。他与当今活跃在世界道德教育研究领域里著名学者莫妮卡·泰勒（M. Taylor）、托马斯·麦考林（T. McLaughlin）等人，都有着广泛而深入的合作。他著述颇丰，在劳特利奇出版社（Rout-ledge）、洁尔默出版社（Falmer Press）等重要出版社以及《剑桥教育杂志》（*Cambridge Journal of Education*）、《道德教育杂志》（*Journal of Moral Educa-tion*）、《英国教育研究杂志》（*British Journal of Educational Studies*）等顶级学术期刊上发表了大量有关价值教育、公民教育、道德教育方面的成果，具有重要的学术影响。本书是他与合作者在公民教育、道德教育研究方面的一个阶段性的总结。

本书从政治学、法学、哲学、宗教学等多学科视角对公民身份、道德教育的概念进行了明晰的阐发，从地区、国家、全球的广阔视野对公民教育、道德教育的意义进行了深刻的揭示。更为重要的是，作者将关注的重点放在价值观问题上，探讨了公民教育、道德教育中的价值观问题，在价值教育的框架下将公民教育、道德教育统一起来，并以政治自由主义的立场深入探讨了支撑公民身份与道德教育的根本价值观。作者认为，公民教育致力于促进学生在公共生活、公共价值观等方面的发展，道德教育则致力于促进学生在道德生活、私人价值观方面的发展，二者之间不是分割与对立的，而是相互补充与制衡的。本书检讨了一味强调公共价值观的公民教育与过于注重私人价值观的道德教育各自的偏误，认为学校要为儿童及青少年未来的公共生活与私人生活做好准备，必须在公民教育与道德教育之间寻求一种合理的平衡，使之共同作用于学生的价值世界与行为方式。在公民教育与道德教育的价值光谱上，作者摒弃了"公域与私域""政治与道德"二元对立的思维方式，选择了政治自由主义、文化多元主义的立场，阐述了核心的自由主义价值观——自由、平等、理性——对于支撑公民身份与道德教育的重要意义，论述了公民身份与道德教育的基本目标是塑造成熟的、知情的、具有奉献精神与批判性反思精神的公民及道德主体。

作者不仅在理论基础、价值观上主张将公民教育与道德教育结合起来，而且倡导在学校课程及学校教育中将二者实质性地整合起来。本书立足于价值教育的实践，对如何通过语言、文学、艺术、人文学科、宗教教育，以及个人、社会与健康教育课程来开展公民身份与道德教育，对儿童的价值学习、公民教育的主要模式、公民教育的评价问题，进行了全面的探讨。本书对公民身份与语言、艺术关系的研究，对公民的宗教信仰、宗教价值观与学校宗教教育、道德教育关系的研究，对家长权利、少数族裔权利的保护与公民教育关系的研究，对公民教育模式的研究，对公民教育评价之道德问题的研究，切中当前英国社会以及学校教育中的热点难点问题，并且对相关的社会议题与教育政策进行了学理反思，为我们展示了本书对公民身份与道德教育研究的广度与深度。

诚如英国学者格雷汉姆·海登（Graham Haydon）所说，本书在公民教育、道德教育很多议题上都采取了一种较为平衡的、不走极端的立场，对当前的教育实践进行了批判性反思，为在学校中从事公民身份与道德教育的教师提供了有益的启发，同时也展现了对英国社会中穆斯林的"同情之理解"。① 本书对于我们从价值教育的角度审视英国学校公民身份与道德教育，从学科论、课程论、教学论、学习论、评价论等视角，研究学校的公民教育、道德教育，提供了重要的参照与启迪。同时，本书对英国学校公民身份与道德教育实践所进行的全面而系统的介绍，为增进我们对英国学校价值教育的了解，借鉴与吸收域外的学术营养与实践智慧也提供了"它

---

① Graham Haydon. "Book Reviews," *Journal of Moral Education*. Vol. 36, No. 4, December 2007, pp. 527 – 528.

山之石"。

本书的翻译经历了一个漫长而又痛苦的过程。从 2013 年赴美访学，对国外价值教育文献进行广泛搜索时偶得此书，在反复比较与权衡后决定着手翻译，再到回国后断断续续、如蜗牛般地向前推进，最后到完稿付梓，真正让我体验了译事之艰辛。感谢社会科学文献出版社社会政法分社总编辑曹义恒先生，他以专业的精神与严谨的态度为本书的出版做了大量的工作。感谢恩师骆郁廷教授的鼓励与支持。感谢武汉大学马克思主义学院各位领导与同仁的鼎力相助。感谢武汉大学政治与公共管理学院的刘伟教授为相关概念的译法提供了富有启发的建议。感谢武汉大学马克思主义学院的曾志洁、符莹、邢沁、胡子怡、杨光、金哲、杜哲、谢梦琪、肖政军等同学，他们进行了前期的校对与文字编辑工作。书中难免有诸多错谬之处，恳请各位读者不吝赐教！

杨　威

2016 年 12 月

图书在版编目（CIP）数据

公民身份与道德教育：行动中的价值观／（英）J.
马克·霍尔斯特德（J. Mark Halstead），（英）马克·
A. 派克（Mark A. Pike）著；杨威译. —— 北京：社会
科学文献出版社，2017.6

书名原文：Citizenship and Moral Education：
Values in Action

ISBN 978 - 7 - 5201 - 0625 - 2

Ⅰ.①公…　Ⅱ.①J… ②马… ③杨…　Ⅲ.①公民教
育 - 品德教育 - 研究　Ⅳ.①G416

中国版本图书馆 CIP 数据核字（2017）第 077748 号

公民身份与道德教育
——行动中的价值观

著　　者／［英］J. 马克·霍尔斯特德（J. Mark Halstead）
　　　　　［英］马克·A. 派克（Mark A. Pike）
译　　者／杨　威

出 版 人／谢寿光
项目统筹／曹义恒
责任编辑／曹义恒　程　艳　孙军红

出　　版／社会科学文献出版社·社会政法分社（010）59367156
　　　　　地址：北京市北三环中路甲 29 号院华龙大厦　邮编：100029
　　　　　网址：www. ssap. com. cn
发　　行／市场营销中心（010）59367081　59367018
印　　装／三河市东方印刷有限公司

规　　格／开本：787mm×1092mm　1/16
　　　　　印张：16.75　字数：249 千字
版　　次／2017 年 6 月第 1 版　2017 年 6 月第 1 次印刷
书　　号／ISBN 978 - 7 - 5201 - 0625 - 2
著作权合同
　　　　　／图字 01 - 2016 - 9354 号
登 记 号
定　　价／79.00 元

本书如有印装质量问题，请与读者服务中心（010 - 59367028）联系